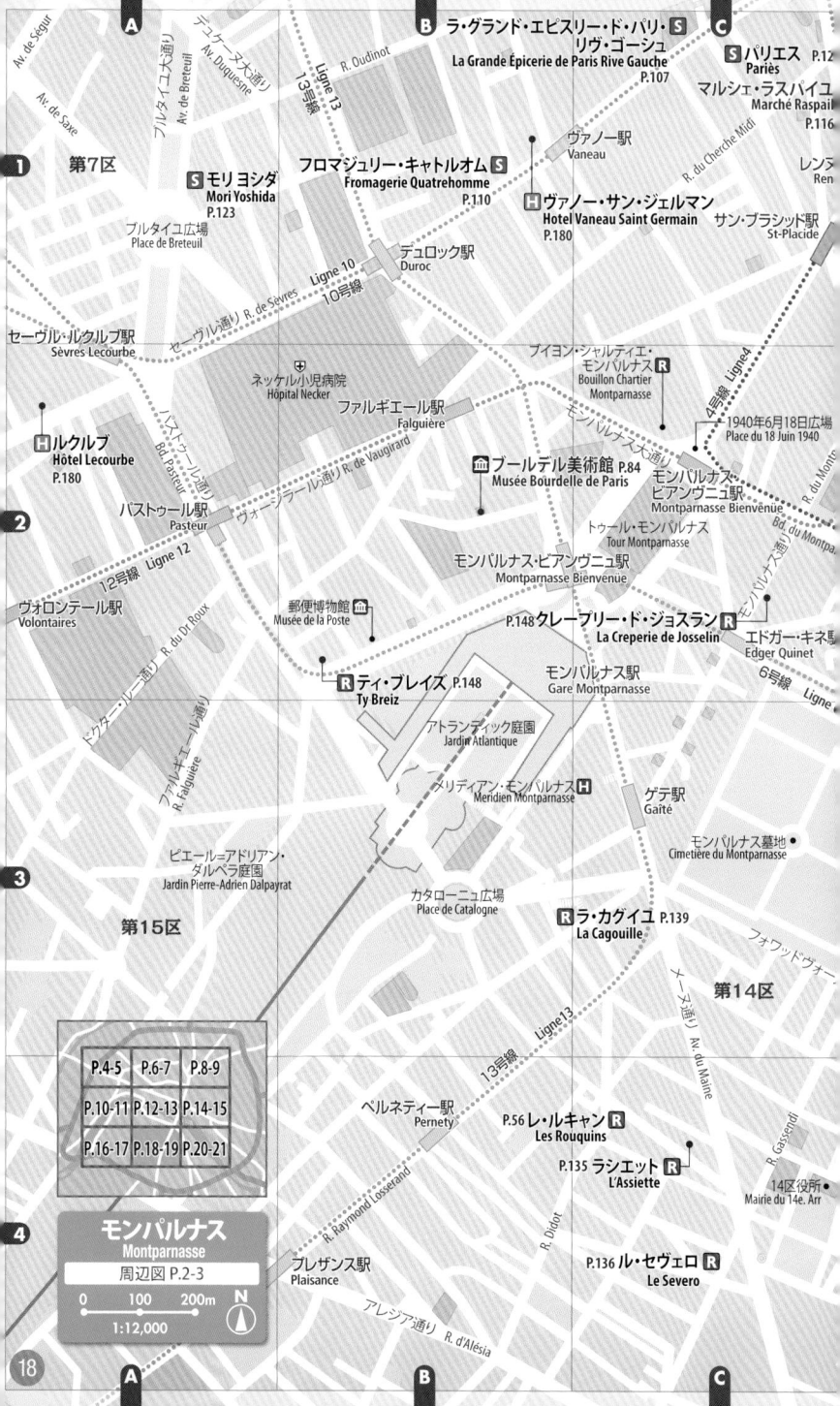

第6区

シテ島周辺 P.26-27

☆オデオン座
Théâtre de l'Odéon P.175

Ⓢアー・ベー・セー
A.P.C.

リュクサンブール宮殿
Palais du Luxembourg

☆リュクサンブール公園 P.159
Le Jardin du Luxembourg

リュクサンブール駅
Sta. Luxembourg

スフロ通り R. Soufflot

☆パンテオン
Panthéon P.161

パンテオン広場
Place du Panthéon

ノートル・ダム・デ・シャン駅
Notre-Dame des Champs

人形劇場
Les Marionnetes du Luxembourg

カフェ・ド・ラ・ Ⓒ
ヌーヴェル・メリー
Café de la Nouvelle Mairie P.150

R.E.R. Ligne B / R.E.R. B線

サン・ジャック・デュ・オー・パ教会 ✝
Eglise St-Jacques du Haut Pas

国立高等装飾美術学校 ⊗

Ⓡレ・ドゥー・シガール
Les Deux Cigales

ル・セレクト P.31
Le Select

ザッキン美術館
Musée Zadkine

Ⓒカフェ・ド・ラ・ロトンド P.30
Café de la Rotonde

Ⓗ コンフォート
アンドレ・ラテン
Comfort Hôtel André Latin

ヴァヴァン駅
Vavin

Ⓗヴィラ・リュクサンブール
Villa Luxembourg

⊗高等師範学校
Ecole Novmale Spérieure

第5区

ラ・クポール P.34
La Coupole

Ⓒ ル・ドーム P.32
Le Dôme Montparnasse

グラン・
エクスプロラトゥール庭園
Jardin des Grands Explorateurs

天文台の噴水
Fontaine de l'Observatoire

✝ヴァル・ドゥ・グラース
Val de Grâce

レノックス・モンパルナス
Lenox Montparnasse P.180

ポール・ロワイヤル駅
Sta. Port Royal

ラ・クロズリー・デ・リラ Ⓒ
La Closerie des Lilas P.34

Ⓗイストリア
Istria

ラスパイユ駅
Raspail

ポール・ロワイヤル通り Bd. de Port Royal

Ⓡ ル・デュック P.138
Le Duc

⊞ Maternité Port Royal

カルティエ財団現代アート美術館
Fondation Cartier pour
l'Art Contemporain

⊞コシャン病院
Hôpital Cochin

パリ天文台
Observatoire de Paris

アラゴ大通り Bd. Arago

ダンフェール・
ロシュロー駅
Denfert Rochereau

サンテ監獄
Maison d'Arrêt de La Santé

アン・ジュール・アノイ
UN JOUR À HANOÏ P.145

カタコンブ
Catacombes

サン・ジャック駅
St-Jacques

第13区

ダンフェール・
ロシュロー駅
Denfert-Rochereau

⊞ロシュフコー病院
La Rochefoucauld

グラシエール駅
Glacière

ムトン・デュヴェルネ駅
Mouton Duvernet

6号線 Ligne 6

19

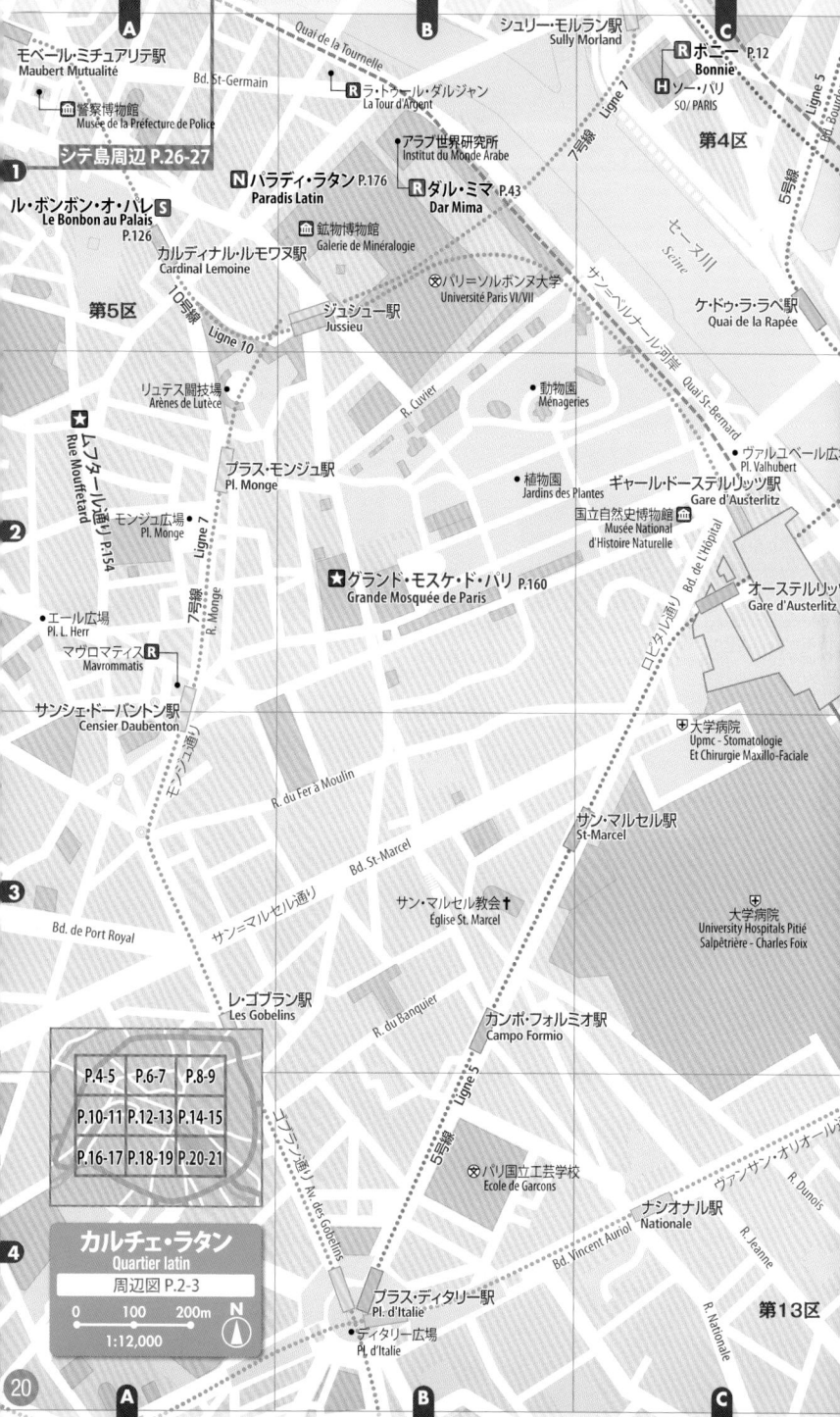

Quai de la Tournelle

シュリー・モルラン駅
Sully Morland

モベール・ミチュアリテ駅
Maubert Mutualité

Bd. St-Germain

R ラ・トゥール・ダルジャン
La Tour d'Argent

R ボニー P.12
Bonnie

H ソー・パリ
SO/ PARIS

博物館
Musée de la Prefecture de Police

1 シテ島周辺 P.26-27

●アラブ世界研究所
Institut du Monde Arabe

第4区

セーヌ川
Seine

N パラディ・ラタン P.176
Paradis Latin

R ダル・ミマ P.43
Dar Mima

ル・ボンボン・オ・パレ **S**
Le Bonbon au Palais
P.126

カルディナル・ルモワヌ駅
Cardinal Lemoine

●鉱物博物館
Galerie de Minéralogie

ケ・ドゥ・ラ・ラペ駅
Quai de la Rapée

第5区

⊗パリ=ソルボンヌ大学
Université Paris VI/VII

サン=ベルナール河岸

10号線 Ligne 10

ジュシュー駅
Jussieu

●リュテス闘技場
Arènes de Lutèce

R. Cuvier

●動物園
Ménageries

Quai St-Bernard

Rue Mouffetard ムフタール通り P.154

プラス・モンジュ駅
Pl. Monge

●ヴァルユベール広場
Pl. Valhubert

●植物園
Jardins des Plantes

ギャール・ドーステルリッツ駅
Gare d'Austerlitz

2 ●モンジュ広場
Pl. Monge

Ligne 7 7号線

R. Monge

★グランド・モスケ・ド・パリ P.160
Grande Mosquée de Paris

国立自然史博物館
Musée National
d'Histoire Naturelle

オーステルリッ
Gare d'Austerlitz

●エール広場
Pl. L. Herr

マヴロマティス **R**
Mavrommatis

サンシェ・ドーバントン駅
Censier Daubenton

R. du Fer à Moulin

ロピタル通り Bd. de l'Hôpital

⊞ 大学病院
Upmc - Stomatologie
Et Chirurgie Maxillo-Faciale

モンジュ通り

Bd. St. Marcel

サン・マルセル駅
St-Marcel

3 Bd. de Port Royal

サン=マルセル通り

サン・マルセル教会 †
Église St. Marcel

⊞ 大学病院
University Hospitals Pitié
Salpêtrière - Charles Foix

レ・ゴブラン駅
Les Gobelins

R. du Banquier

カンポ・フォルミオ駅
Campo Formio

P.4-5	P.6-7	P.8-9
P.10-11	P.12-13	P.14-15
P.16-17	P.18-19	P.20-21

Ligne 5 5号線

ゴブラン通り Av. des Gobelins

⊗パリ国立工芸学校
Ecole de Garcons

ヴァンサン・オリオール

R. Dunois

ナシオナル駅
Nationale

R. Jeanne

4

カルチェ・ラタン
Quartier latin

周辺図 P.2-3

0　　100　　200m
1:12,000　N

プラス・ディタリー駅
Pl. d'Italie

●ディタリー広場
Pl. d'Italie

第13区

R. Nationale

モンマルトル詳細
Montmartre
周辺図 P.6-7

0 50 100m
1:6,000
N

コーランクール通

プルトノー AP-HP病院
Hôpital Bretonneau AP-HP

ガヌロン通り R. Ganneron

ジョセフ・ド・メストル通り R. Joseph de Maistre

R. Damrémont

Av. Junot

R. Tourlaque

コーランクール通り R. Caulaincourt

ビュイッソン公園
Squre. Buisson

モンマルトル墓地
Cimetière de Montmartre

ガヌロン通り R. Ganneron

R. Lepic

ムーラン・ドゥ・ラ・ギャレット
Le Moulin de la galette

R. Durantin

ゴッホのアパルトマン
Appartement de Théo Van Gogh

R. Tholozé

R. des Abbesses

メリキュール・モンマルトル
Mercure Paris Montmartre

R. Caulaincourt

2号線 Ligne 2

R. Lepic

アベス劇
Théâtre des Abbes

凱旋門

J. フェリー校
Lycée J. Ferry

ムーラン・ルージュ P.176
Moulin Rouge

ブランシュ駅
Blanche

クリシー大通り Bd. de Clichy

R. German Pilon

ベルリオーズ公園
Square Berlioz

R. de Pouqi

コメディー・ド・パリ
Comédie de Paris

ヴィラ・ロワイヤル
Villa Royale

ヴァンティミル通り R. de Vintimille

R. Blanche

R. P. Fontaine

R. Duperré

ピガール広
Place Piga

クリシー通り R. de Clichy

リリ・ブーランジェ広場
Pl. Lili Boulanger

R. Ballu

R. Jean Baptiste Pigalle

ブランシュ通り

ロマン派美術館
Musée de la Vie Romantique

フォンテーヌ劇場
Th. Fontaine

R. Chaptal

シャン・バティスト・ピガール通り

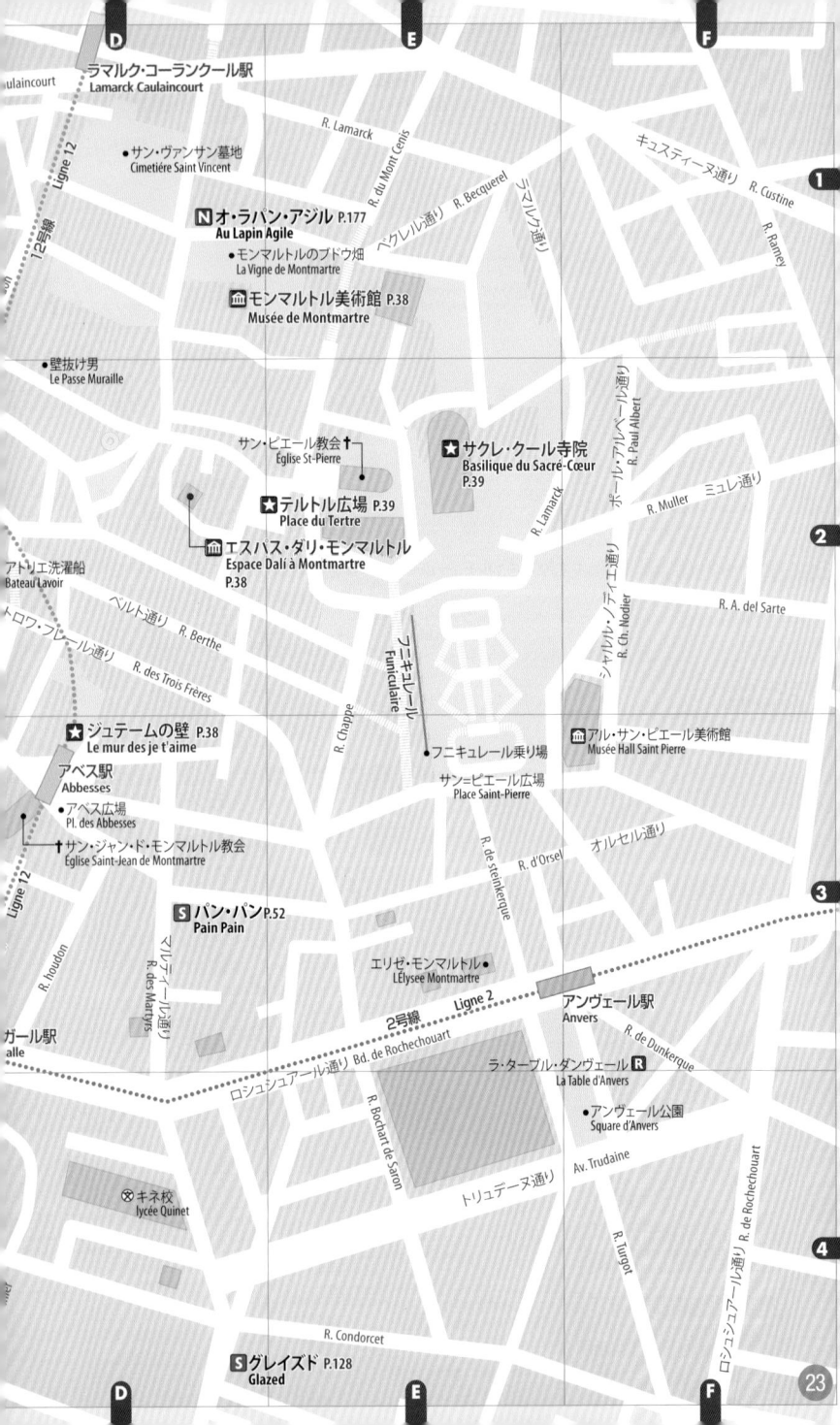

D　**E**　**F**

R. Lamarckulaincourt

ラマルク・コーランクール駅
Lamarck Caulaincourt

R. Lamarck

キュスティーヌ通り R. Custine

1

● サン・ヴァンサン墓地
Cimetière Saint Vincent

R. du Mont Cenis

R. Becquerel

ラマルク通り

ベクレル通り

R. Ramey

N オ・ラパン・アジル P.177
Au Lapin Agile

● モンマルトルのブドウ畑
La Vigne de Montmartre

🏛 モンマルトル美術館 P.38
Musée de Montmartre

● 壁抜け男
Le Passe Muraille

ポール・アルベール通り

R. Paul Albert

サン・ピエール教会 ✝
Église St-Pierre

★ サクレ・クール寺院
Basilique du Sacré-Cœur
P.39

R. Lamarck

R. Muller

ミュレ通り

2

★ テルトル広場 P.39
Place du Tertre

🏛 エスパス・ダリ・モンマルトル
Espace Dali à Montmartre
P.38

シャルル・ノディエ通り

R. Ch. Nodier

R. A. del Sarte

アトリエ洗濯船
Bateau Lavoir

ベルト通り R. Berthe

トロワ・フレール通り R. des Trois Frères

フニキュレール
Funiculaire

★ ジュテームの壁 P.38
Le mur des je t'aime

R. Chappe

● フニキュレール乗り場

🏛 アル・サン・ピエール美術館
Musée Hall Saint Pierre

アベス駅
Abbesses

● アベス広場
Pl. des Abbesses

サン・ジャン・ド・モンマルトル教会
Église Saint-Jean de Montmartre

サン=ピエール広場
Place Saint-Pierre

オルセル通り

3

R. Houdon

Ligne 12

R. de steinkerque

R. d'Orsel

S パン・パン P.52
Pain Pain

R. des Martyrs

サン=ベルナール通り

● エリゼ・モンマルトル
L'Élysée Montmartre

アンヴェール駅
Anvers

ガール駅
alle

2号線　Ligne 2

R. de Dunkerque

ロシュシュアール通り Bd. de Rochechouart

ラ・ターブル・ダンヴェール **R**
La Table d'Anvers

● アンヴェール公園
Square d'Anvers

4

⊗ キネ校
Lycée Quinet

R. Bochart de Saron

トリュデーヌ通り Av. Trudaine

R. Turgot

ロシュシュアール通り R. de Rochechouart

R. Condorcet

S グレイズド P.128
Glazed

D　**E**　**F**

23

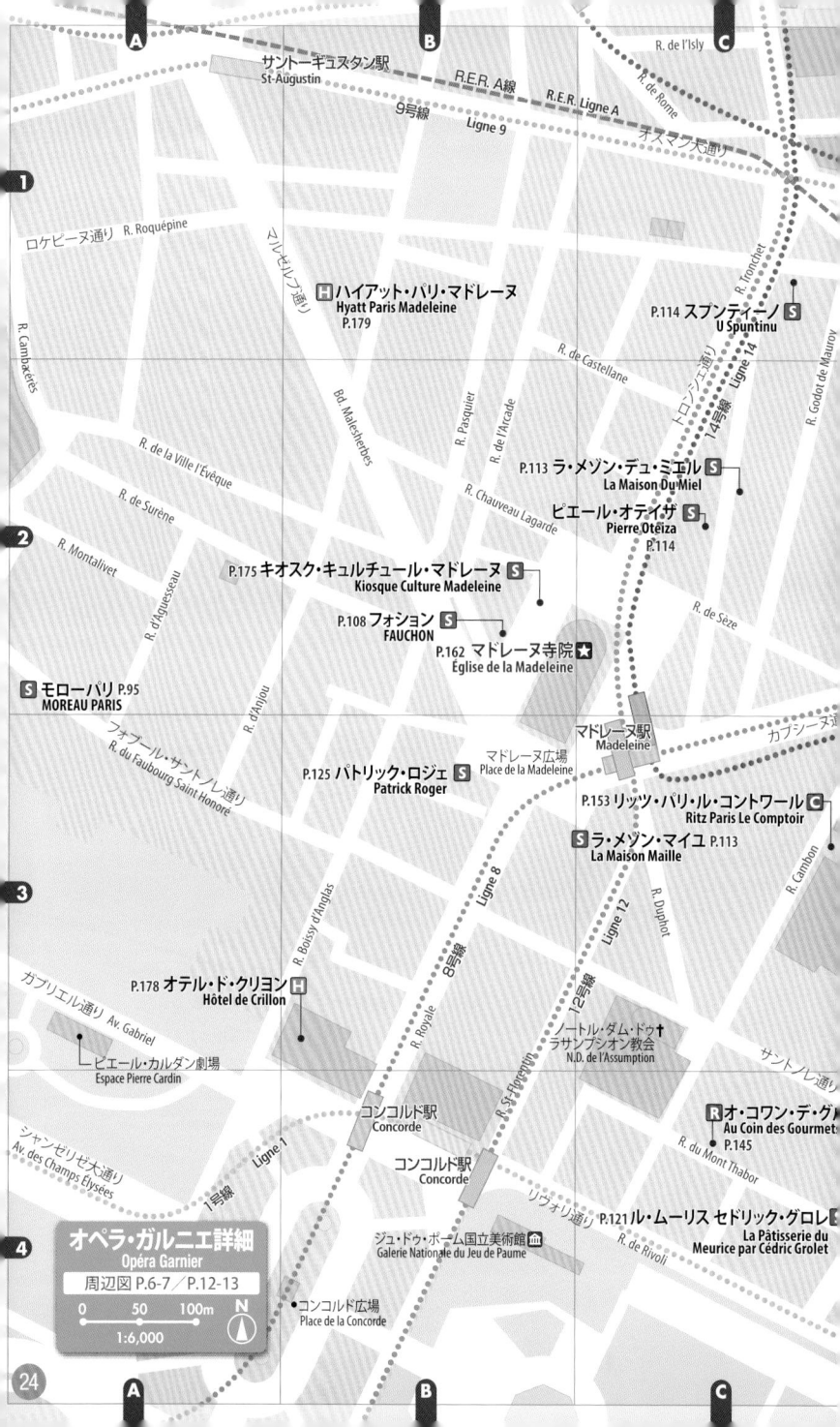

サントーギュスタン駅
St-Augustin

R. de l'Isly

R. de Rome

R.E.R. A線　R.E.R. Ligne A

9号線　Ligne 9

オスマン大通り

ロケピーヌ通り　R. Roquépine

R. Cambacérès

R. de Castellane

[H] ハイアット・パリ・マドレーヌ
Hyatt Paris Madeleine
P.179

P.114 **スプンティーノ [S]**
U Spuntinu

R. Trontchet

R. Godot de Mauroy

Bd. Malesherbes

R. Pasquier

R. de l'Arcade

R. de la Ville l'Evêque

R. de Surène

R. Chauveau Lagarde

トロンシェ通り　14号線　Ligne 14

P.113 **ラ・メゾン・デュ・ミエル [S]**
La Maison Du Miel

ビエール・オテイザ [S]
Pierre Otéiza
P.114

R. Montalivet

R. d'Aguesseau

P.175 **キオスク・キュルチュール・マドレーヌ [S]**
Kiosque Culture Madeleine

R. de Seze

P.108 **フォション [S]**
FAUCHON

[S] モローパリ P.95
MOREAU PARIS

R. d'Anjou

P.162 **マドレーヌ寺院 [★]**
Église de la Madeleine

マドレーヌ駅
Madeleine

カプシーヌ通り

フォブール・サントノレ通り
R. du Faubourg Saint Honore

P.125 **パトリック・ロジェ**
Patrick Roger

マドレーヌ広場
Place de la Madeleine

P.153 **リッツ・パリ・ル・コントワール [C]**
Ritz Paris Le Comptoir

[S] ラ・メゾン・マイユ P.113
La Maison Maille

R. Cambon

R. Boissy d'Anglas

Ligne 8

Ligne 12

R. Duphot

[3]

ガブリエル通り　Av. Gabriel

P.178 **オテル・ド・クリヨン [H]**
Hôtel de Crillon

R. Royale

R. St-Florentin

ノートル・ダム・ドゥ [†]
ラサンプシオン教会
N.D. de l'Assumption

サントノレ通り

ビエール・カルダン劇場
Espace Pierre Cardin

[R] オ・コワン・デ・グ
Au Coin des Gourmet
P.145

シャンゼリゼ大通り
Av. des Champs Elysées

Ligne 1

コンコルド駅
Concorde

コンコルド駅
Concorde

R. du Mont Thabor

P.121 **ル・ムーリス セドリック・グロレ**
La Pâtisserie du
Meurice par Cédric Grolet

リヴォリ通り

R. de Rivoli

[4]

オペラ・ガルニエ詳細
Opéra Garnier
周辺図 P.6-7／P.12-13

ジュ・ドゥ・ポーム国立美術館 [🏛]
Galerie Nationale du Jeu de Paume

0　50　100m
1:6,000　N

コンコルド広場
Place de la Concorde

A　B　C

シテ島周辺
Île de la Cité

周辺図 P.13 / P.14 / P.19 / P.20

0　50　100m
1:6,000

A

S セヌリエ P.102
Sennelier

Quai Malaquais

R.E.R. C線
R.E.R. Ligne C

⊗ 国立美術学校
École Nationale Supérieure des Beaux Arts

S オフィシーヌ・ユニヴェルセル・ビュリー
Officine Universelle Buly
P.98

R. des Beaux Arts

R. Jacob

R. Visconti

C カフェ・ドゥ・フロール P.32
Café de Flore

国立ドラクロワ美術館
Musée National
Eugène Delacroix

C レ・ドゥ・マゴ P.33
Les Deux Magots

P.56 フレディーズ R
Freddy's

† サン・ジェルマン・デ・プレ教会
Église de Saint Germain des Prés
P.157

4号線
Ligne 4

サン・ジェルマン・デ・プレ駅
St-Germain-des-Prés

C ブラッスリー・リップ P.34
Brasserie Lipp

S モノプリ MONOPRIX P.115

R. du Four

シティファルマ S
Citypharma
P.98

マビヨン駅
Mabillon

R アヴァン・コントワール・
デュ・マルシェ P.57
L'Avant Comptoir du Marché

R. de Seine

R. Lobineau

P.118 シール・トリュドン S
Cire Trudon

S ア・ラ・メール・ド・ファミーユ
A La Mère de Famille
P.126

R. St-Sulpice

† サン・シュルピス教会
Église St Sulpice

サン・シュルピス広場
Pl. St-Sulpice

● 6区役所
Mairie du 6e Arr.

R. Palatine

⊗ ソルボンヌ大学

P.100 イヌイ・エディションズ S
Inoui Editions

ヴォージラール通り

B

★ ポン・デザール P.24
Pont des Arts

R. des Beaux Arts

ギィ・サヴォワ R
Restaurant Guy Savoy
P.141

● 造幣局

貨幣博物館
Musée de la Monnaie

C ラ・パレット P.33
La Palette

R. de Buci

S ラ・シャンブル・オ・コンフィチュール P.113
La Chambre aux Confitures

S アモリーノ P.128
Amorino

P.134 アラール R
Allard

R ユゲット P.139
Huguette

R ブラッスリー・デ・プレ P.1
Brasserie Des Prés

サン・ジェルマン大通り

S メゾン・ブレモン P.114
Maison Brémond

オデオン駅
Odéon

Bd. St-Germain

P.98 アロマ・ゾーン S
Aroma Zone

R. de Condé

R. de Tournon

P.175 オデオン座 ★
Théâtre de l'Odéon

● リュクサンブール宮殿
Palais du Luxembourg

★ リュクサンブール公園 P.159
Le Jardin du Luxembourg

R. de Vaugirard

C

セーヌ川
Seine

P.25 ウデット・デュ・ポン・ヌフ ★
Vedettes du Pont Neuf

ヴェール・ギャラン広場
Square du Vert Galant

Quai de Conti

R. Dauphine

R. des Grands Augustins

R. St-Audré des Arts

10号線

⊗ パリシテ大

R. de l'École de Médecine

R. C. Delavigne

⊗ パリ=ソルボンヌ大

R. Racine

R. Monsieur le Prince

26

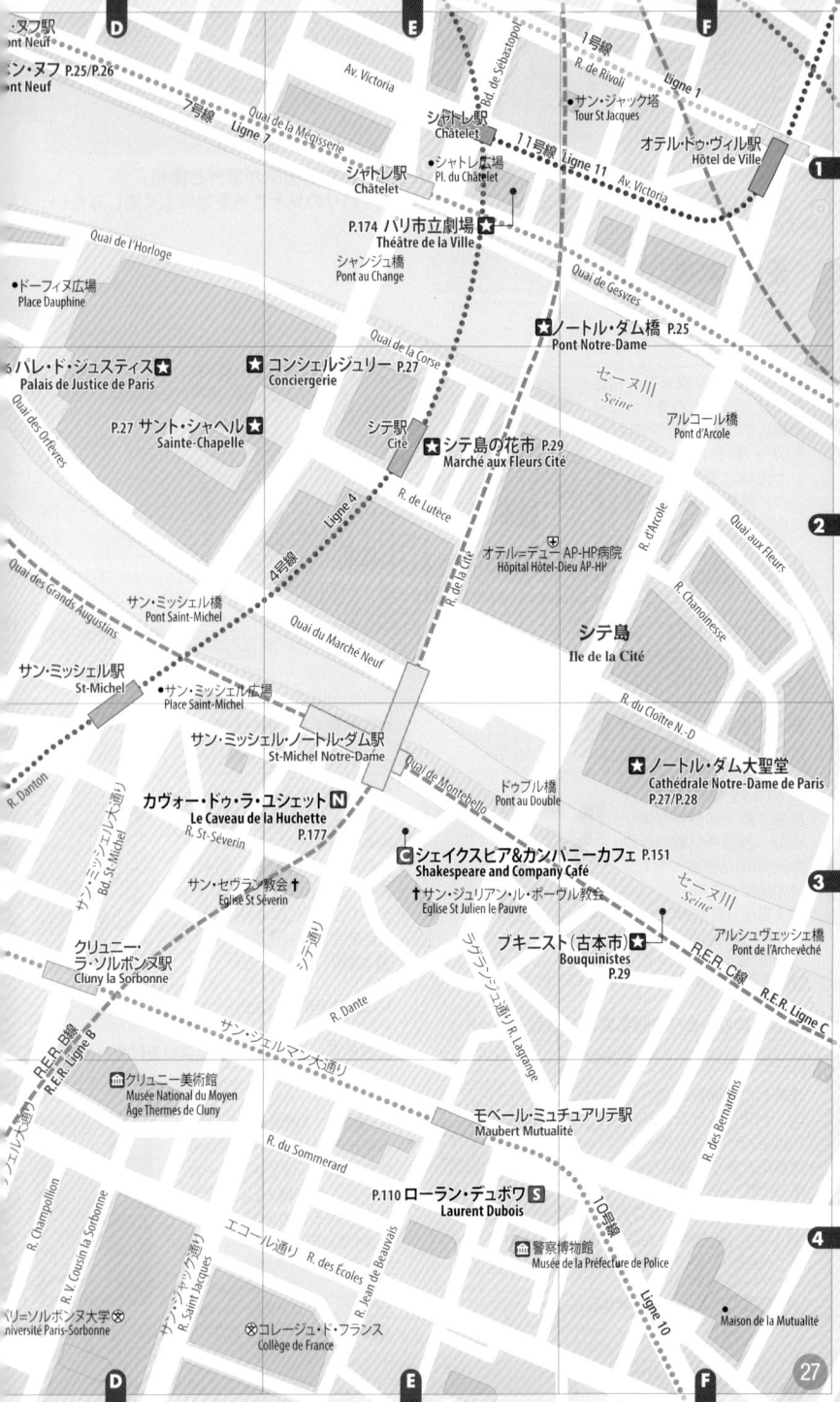

TRAFFIC INFORMATION
パリの市内交通

世界中から観光客が集まるパリでは、公共交通機関が意外と便利。
メトロ（地下鉄）やバス、RERを上手に使いこなして、パリの見どころを効率よく楽しみたい。

乗り方簡単、日中の移動に

  メトロ　Métro

1号線から14号線まで全14路線あり、パリ市内をくまなく網羅している。運行時間は5時30分〜翌1時15分、色分けされた路線と番号でわかりやすいが、早朝や深夜は治安がよくないので避けるべき。

チケットの種類

メトロ、バス、トラム、RER、Transilien（国鉄）のチケットは共通。基本の回数券のほか、カード式のICカードがある。滞在日数やプランに合わせて活用しよう。

旅程に合わせて使いこなそう

`1回券&回数券　Ticket t+`

メトロは全線均一料金。1回券で最大90分乗り降り可能。回数券（1回から枚数選択可）は複数人数で分けて使用できる。

[購入場所] 駅の窓口、自動券売機。カードも使える。
回数券はTabac（売店）でも購入可能。
[ゾーン&料金] ゾーン1 €2.15、（バスで購入した場合は€2.5）
[有効期限] 入場から90分間（バスも同様）

観光客にぴったりの記名式乗り放題チケット

`パリ・ヴィジット　Paris Visite`

連続した有効期限内メトロ、バス、トラム、RER、Transilien、近郊の公共交通機関が乗り放題になる。凱旋門、パンテオン、ディズニーランドなどの入場の割引も付いている。

[購入場所] 駅の窓口、自動券売機など
[ゾーン&料金] ゾーン1〜3　€13.95〜44.45、
ゾーン1〜5　€29.25〜76.25
[有効期限] 1・2・3・5日間（連続日）

「ゾーン」を知っておこう

パリとその近郊を5つの区域に分けたものをZone（ゾーン）という。パリ市内だけの移動にはゾーン1でOK。ヴェルサイユへはゾーン4、シャルル・ド・ゴール空港はゾーン5になる。行きたい場所のゾーンを確認しよう。

シャルル・ド・ゴール空港
パリ
ヴェルサイユ
オルリー空港
ディズニーランド・パリ

比較的動く人に向いたチャージ式ICカード（無記名）

`パス ナヴィゴ・イージー　PASS NAVIGO EASY`

チャージ式カード。€2でカードを購入し、自動券売機で1回券や回数券、1日乗車券や紙のチケットより安く空港行きのバス券がチャージできる。カードは1名につき1枚必要。無記名式だが共用不可。

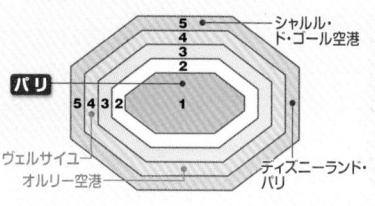

[購入場所] 駅の窓口など
[料金] 1回券€2.15、回数券（10枚）€17.35、
1日乗り放題乗車券€8.65〜など [有効期限] 10年

比較的長い滞在をする人に向いたICカード（記名式）

`パス ナヴィゴ・デクヴェルト　PASS NAVIGO DECOUVERT`

1日乗車券、1週間乗車券、1ヶ月乗車券のいずれかを自動券売機でチャージできる記名式カード。€5で購入し、写真が必要となる。カードは1名につき1枚必要。共用不可。

[購入場所] 駅の窓口など
[料金] 1日乗り放題乗車券
€8.65〜、1週間乗車券€26.80〜、
1週間乗車券€74.80〜 [有効期限] 10年

自動券売機の使い方

1 言語を選択する

フランス語の場合は画面の指先のあたりをタッチ。ほかの言語を選ぶ場合はそれぞれの言語部分をタッチ。

ICカード（パス ナヴィゴ）を持っている場合は、読み取り部分にカードを置き操作を開始。チケットとは表示画面が異なります。

2 チケットを選択する

チケットの種類やチャージの項目が表示されるので希望のものを選択。回数券もある。

3 枚数を選択する

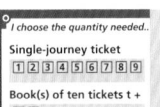

枚数（回数券ならセット数）を選択。Paris Visitの場合はMore Ticketsを選び先に進む。（日数、ゾーンなど）を選択する。

4 料金を投入する

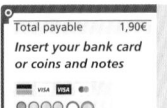

購入内容、枚数を確認後Validate（確定）を押しクレジットカードか硬貨（投入口のある券売機のみ）、紙幣で支払う。

メトロでの注意事項

券売機付近、混雑した車内や乗車口、エスカレーターではスリやひったくり被害が多発しているので荷物は体の前で持つ。チケットは出口では不要だが検札もあるので到着駅まで保管。工事中で閉鎖している駅や区間も多いので、毎朝HPで工事エリアと時間をチェックしておこう。

メトロの乗り方

1 改札を通る

改札は無人。チケットを挿入してバーを押し構内へ進む。ICカードはタッチする。路線番号と終着駅名を見て乗り場へ。なお、ペーパーレス化が進み、紙チケットが使えない場合があるため、なるべく窓口のある改札を通るようにしよう。

2 乗車する

乗車時に自動でドアが開かなければボタンを強く押すか、レバーを引き上げて乗車する。閉まるときは自動。

手動の場合も！

3 降車する

駅名のアナウンスがない場合もあるので、ドア上部にある路線図を確認するなどして個人で注意を払う。

4 出口or乗り換え

乗り換えは路線番号と終着駅名の表示に従って行けば簡単だ。ホームには出口が記された駅周辺の地図があるので、確認してSortie（出口）へ向かう。看板には面している通りの名前や主な建物名が併記されている。

主なメトロの路線

路線名	色	路線の概要	主な乗り換え駅
1号線 Ligne 1		パリの中心部分を東西に走るメジャー路線。観光客の利用も多いためスリが一番多い路線でもある	La Défense、Charles de Gaulle Étoile、Châtelet、Gare de Lyon駅
4号線 Ligne 4		パリの中心部分を南北に走る路線。1号線と同じく混雑する路線	Gare du Nord、Les Halles、Châtelet、St-Michel 駅
6号線 Ligne 6		凱旋門やシャンゼリゼ大通り、エッフェル塔へのアクセスポイントとして利用率の高い路線	Charles de Gaulle Étoile、Montparnasse Bienvenüe、Nationale駅
14号線 Ligne 14		サンラザール駅、マドレーヌ、ピラミッド、シャトレ、ベルシー、リヨン駅、オルリー空港などを通る路線	Gare Saint-Lazare、Madeleine、Pyramide、Châtelet、Bercy、Gare de Lyon、Aéroport Orly駅

パリ市内から近郊へ

RER/Transilien

RER(エールウーエール)はパリ市交通局、Transilien(トランジリアン)はフランス国鉄の運営。路線にアルファベットの文字が振り当ててある。チケットの買い方や乗り方は基本的にメトロと同じ。郊外へ出かけるときには目的地までのチケットを購入しなければならないので注意。

乗り方

① チケットを購入する

自動券売機で目的地の駅名、片道・往復の別、枚数を選ぶ。現地精算はなく、チケットを持っていないと罰金になる。

② 改札を通る

改札は入口と出口の2回あるので紛失しないように。メトロから乗り継ぐ際、メトロの駅構内に駅がある場合は、一旦メトロの構内を出て乗り継ぐ場合があり、複数回同じチケットが必要となるので注意。

③ 乗車する

路線が複雑なうえ、途中駅を通過する電車もあるので掲示板でよく確認して乗車。治安も悪いので車内でも気を抜かない。

④ 降車する

車内の表示板などに注意して降車駅に着いたらドアのボタンを強く押して降りる。改札があるのでチケットを通す。メトロへ乗り継ぐ場合は改札を出て直接ホームへ。

主なRERの路線

路線名	路線の概要
A線 Ligne A	ディズニーランド・パリの最寄り駅、オペラ座、凱旋門(シャルル・ド・ゴール・エトワール駅)
B線 Ligne B	シャルル・ド・ゴール空港、オルリー空港、シャトレ・レ・アル駅
C線 Ligne C	ヴェルサイユ宮殿の最寄り駅、エッフェル塔、オルセー美術館、ノートル・ダム大聖堂

使いこなせたらすごく便利

バス Bus

70ほどの路線で街を網羅している小回りの利くバス。市民の日常に欠かせない存在で、観光にも便利。車窓からの風景も楽しめるので街歩きに取り入れたい。

バスの乗り方

① バス停を探す

バス停は青に白文字。バス停で乗車する路線番号と停車コースを確認。

② バスに乗る

バスが来たら手を水平に挙げ乗車の合図を。メトロの共通券または運転手から購入したチケット(€2.5)を刻印機に通すかICカードをタッチ。

③ バスを降りる

降りる1つ前のバス停を出発したら社内の赤いボタンを押して降車を知らせる。2両連結の車両では、扉の内側にある緑色の丸いパネルに触れる。

パリ郊外を走る路面電車

トラム Tram

ゾーン3を中心にパリ郊外の環状高速道路や近郊などに8路線展開している。

トラムの乗り方

① チケットを購入する

チケットはメトロと共通、90分以内にバスとトラムで乗り換えが可能。乗り場に券売機がある。

② 乗車する

ドアのボタンを押して乗り込む。刻印機にチケットを入れるかICカードをタッチ。

③ 降車する

トラムは各駅に停車するので降りるときにはドアのボタンを押して下車する。

いざというときにやっぱり安心

🚕 **タクシー** Taxi

どこから乗る?

流しのタクシー(上のライトが緑)を見つけるのは難しいので、大通りに出てTAXI表示のある乗り場を探そう。通常定員3人で後部座席に着席する。

どうぞ→

📍 **自動車配車アプリ「Uber」**

スマホにアプリをインストールしてインターネットが接続できる状態であれば、割安で現金取引不要なUberの配車サービスを使うのも手だ。詳しくはUber日本語サイトで出国前に確認、登録しよう。

料金はどのくらい?

料金は時間や曜日によって分かれている。信号待ちや渋滞で速度が遅いときには1時間あたりの価格設定に切り替わる。即時予約したときは€4、事前予約は€7、ワゴン式でも5人目から€5.5/人の追加料金が発生する。

タクシーの乗り方

① タクシーに乗る

タクシー乗り場から手動でドアを開けて乗る。行き先はフランス語または紙に書いて渡すのがよい。

② タクシーを降りる

メーターの料金を現金またはカードで支払う。チップの目安は、空港から荷物を乗せてもらった場合で€3～4ほど。

パリ市内のタクシー料金

初乗り	€3(最低料金€8)
平日、土曜10:00～17:00	€1.22/km(€37.9/1h)
平日17:00～10:00、土曜17:00～24:00、日曜7:00～24:00、祝日終日	€1.61/km(€50.52/1h)
日曜0:00～7:00	€1.74/km(€43.1/1h)

パリっ子御用達の移動手段

🚲 **ヴェリブ** Vélib'

市内に1400以上のドッキングポイント(ステーション)が有理、24時間365日使用使用可能。リヴォリ通り、セーヌ川沿いなど自転車専用レーンが整備されているが、専用通路がない場合は車道(右側)を走行する。夜間のライト点灯は義務。自転車の色は電動自転車が「青」、普通自転車が「緑」。

乗り方

公式サイトhttps://www.velib-metropole.fr/ または街なかのBorne(ボルヌ)という機械で短期チケットを購入する。登録して支払いをすると8桁のコードと4桁のピン番号(自分で選べる)が送られてくるので、使用の際はそれを使う。保証金は€300の引き落とし許可が必要だが、何もなければ引き落とされることはない。

料金

電動自転車・普通自転車ともに1回のみ€3/45分。超過料金は30分ごとに電動自転車€2、普通自転車€1。24時間普通自転車パス€5。1回の使用で30分までは追加課金されない。超過料金は30分ごとに€1(電動自転車を使った場合は€2プラス、超過料金は30分ごとに€2)。このほか、24時間電動自転車パス€10、3日(72時間)パス€20がある。

らくらく♪

31

レ・クルティーユ
（アニエール・ジュヌヴィリエ）
Les Courtilles
(Asnières Gennevilliers)

レザニェット
Les Agnettes

ガブリエル・ペリ
Gabriel Péri

ガリバルディ
Garibaldi

メリー・ドゥ・クリシー
Mairie de Clichy

ポルト・ドゥ・サントゥーアン
Porte de St-Ouen

Pont de Levallois Bécon ポン・ドゥ・ルヴァロワ・ベコン

ポルト・ドゥ・クリシー
Porte de Clichy

ナンテール・ラ・フォリ
Nanterre-La Folie

Anatole France アナトール・フランス

Louise Michel ルイーズ・ミッシェル

プロシャン
Brochant

ギ・モケ
Guy Môquet

Nanterre Préfecture

Porte de Champerret ポルト・ドゥ・シャンペレ

ラ・フルシュ
La Fourche

ラ・デファンス
La Défense

ペレール・ルヴァロワ Pereire-Levallois ペレール Pereire

ブラス・ドゥ・クリシー
Pl. de Clichy

ブランシュ
Blanche

Esplanade de La Défense エスプラナード・ドゥ・ラ・デファンス

Wagram ワグラム

サン・ジョル
St-Geor

Pont de Neuilly ポン・ドゥ・ヌイイ
Les Sablons レ・サブロン

Malesherbes マルセルブ

ローム
Rome

ノートル・ダム・ドゥ・ロレット
Notre-Dame-de-Lorette

リエージュ
Liège

Porte Maillot ポルト・マイヨー

ヌイイ・ポルト・マイヨー
Neuilly Porte Maillot

Villiers ヴィリエ

Monceau モンソー

トリニテ・デスティエンヌ・ドルヴ
Trinité-d'Estienne d'Orves

ダ

ユウロプ
Europe

Courcelles クールセル

アルジャンティーヌ
Argentine

サン・ラザール
St-Lazare

ラ・ファ
Cha

Ternes テルヌ

サン・フィリップ・
デュ・ルール
St-Philippe du Roule

ミロメニル
Miromesnil

シャルル・ド・ゴール・エトワール
Charles de Gaulle Étoile

サントーギュスタン
St-Augustin

La
アーヴル
Havre
Caumart

Kléber クレベール

ジョルジュ・サンク
George V

Victor Hugo ヴィクトル・ユゴー

Porte Dauphine ポルト・ドーフィヌ

シャンゼリゼ・
クレマンソー
Champs-Élysées
Clemenceau

オペラ
Opéra

Franklin D. Roosevelt フランクラン・デ・ルーズヴェルト

Boissière ボワシエール

Alma Marceau アルマ・マルソー

オ
Aub

マドレーヌ
Madeleine

ゾーン3

リュ・ドゥ・ラ・ポンプ
Rue de la Pompe

トロカデロ
Trocadéro

イエナ
Iéna

コンコルド
Concorde

ビラ

ゾーン1

ブーランヴィリエ
Boulainvilliers

ラ・ミュエット
La Muette

パッシー
Passy

アングァリッド
Invalides

Tuileries チュイルリー
パレ・ロワイヤル
Palais Royal

Py

ゾーン2

Ranelagh ラヌラグ
Jasmin ジャスマン

ビラケム
Bir-Hakeim

シャン・ドゥ・
マルス・トゥール・
エッフェル
Champ de Mars
Tour Eiffel

ヴァレンヌ Varenne

ミゼ・デュ・ルーヴル
Musée du Louvre

ミケランジュ・オートゥイユ
Michel-Ange Auteuil

ジャヴェランド・
シトロエン テュプレックス Duplex
Javel André Citroën

ラ・トゥール・モブール La Tour Maubourg

アサンブレ・ナシオナル Assemblée N.
ソルフェリーノ / Solférino

Porte
d'Auteuil

エグリーズ・ドートゥイユ
Église d'Auteuil

エコール・ミリテール
École Militaire

サン・ジェルマン・デ・プレ
St-Germain-des-Prés

ブーローニュ
ジャンジョレス
Boulongne
Jean Jaurès

サン・フランソワグザヴィエ
St-François Xavier

ブーローニュポン・
ドゥ・サン・クルー
Boulogne Pont de St-Cloud

Mirabeau ミラボー

ジャヴェル
Javel

シャルル・ミッシェル
Charles Michels

サン・シュルピス
St-Sulpice

ミケランジュ・ジャルダン・ラガシュ
Michel-Ange Molitor Chardon Lagache
モリトール

エミール・ゾラ
Av. Emile Zola

ラ・モット・ピケ・グルネル
La Motte Picquet-Grenelle

セーヴル・バビロン
Sèvres Babilone

ノートル・
デ・シャン
Notre-D.
des-Cha

Exelmans エグゼルマン

コメルス
Commerce

セギュール
Ségur

Porte de St-Cloud ポルト・ドゥ・サン・クルー

Félix Faure フェリックス・フォール

Boucicaut ブシコート

デュロック
Duroc

ヴァノー
Vaneau

Marcel Sembat マルセル・サンバ

Lourmel ルールメル

カンブロンヌ
Cambronne

サン・プラシッド
St-Placide

レンヌ
Rennes

Billancourt ビヤンクール

バラール
Balard

ヴォロンテール
Volontaires

セーヴル・ルクルブ
Sèvres Lecourbe

ファルギエール
Falguière

Pont de Sèvres ポン・ドゥ・セーヴル

ヴォージラール
Vaugirard

パストゥール
Pasteur

モンパルナス・
ビヤンヴニュ
Montparnasse Bienvenüe

Edger Quinet エドガー・キネ
ガイテ Gaîté

ヴァヴァン Vavin
Vavin

コランタン・セルトン
Corentin Celton

コンヴァンシオン
Convention

ベルネティ
Pernety

ラスパイユ
Raspail

ラ・ジャック
St-Jacques

メリー・ディシー
Mairie d'Issy

ポルト・ドゥ・ヴェルサイユ
Porte de Versailles

プレザンス
Plaisance

ダンフェール・ロシュロー
Denfert Rocherau

グラシ
Gl

ポルト・ドゥ・ヴァンヴ
Porte de Vanves

ムトン・デュヴェルネ
Mouton Duvernet

マラコフ・プラトー・ドゥ・ヴァンヴ
Malakoff Plateau de Vanves

アレジア
Alésia

Viroflay Rive Gauche

マラコフ・リュ・エティエンヌ・ドレ
Malakoff-Rue Etienne Dolet

ポルト・ドルレアン
Porte d'Orléans

メリー・ド・モンルージュ
Mairie de Montrouge

シテ・ユニヴェルシタ
Cité Universita

シャティヨン・モンルージュ
Châtillon Montrouge

バルバラ Barbara

ラ デファンス
Bagneux Lucie Aubras

Bourg-la-Reine

Antony

メトロ
1号線
2号線
3号線
3B号線
4号線
5号線
6号線
7号線
7B号線
8号線
9号線
10号線
11号線
12号線
13号線
14号線

RER
A線
B線
C線
D線
E線

トラム
オルリーヴァル（バス）
駅
乗換駅

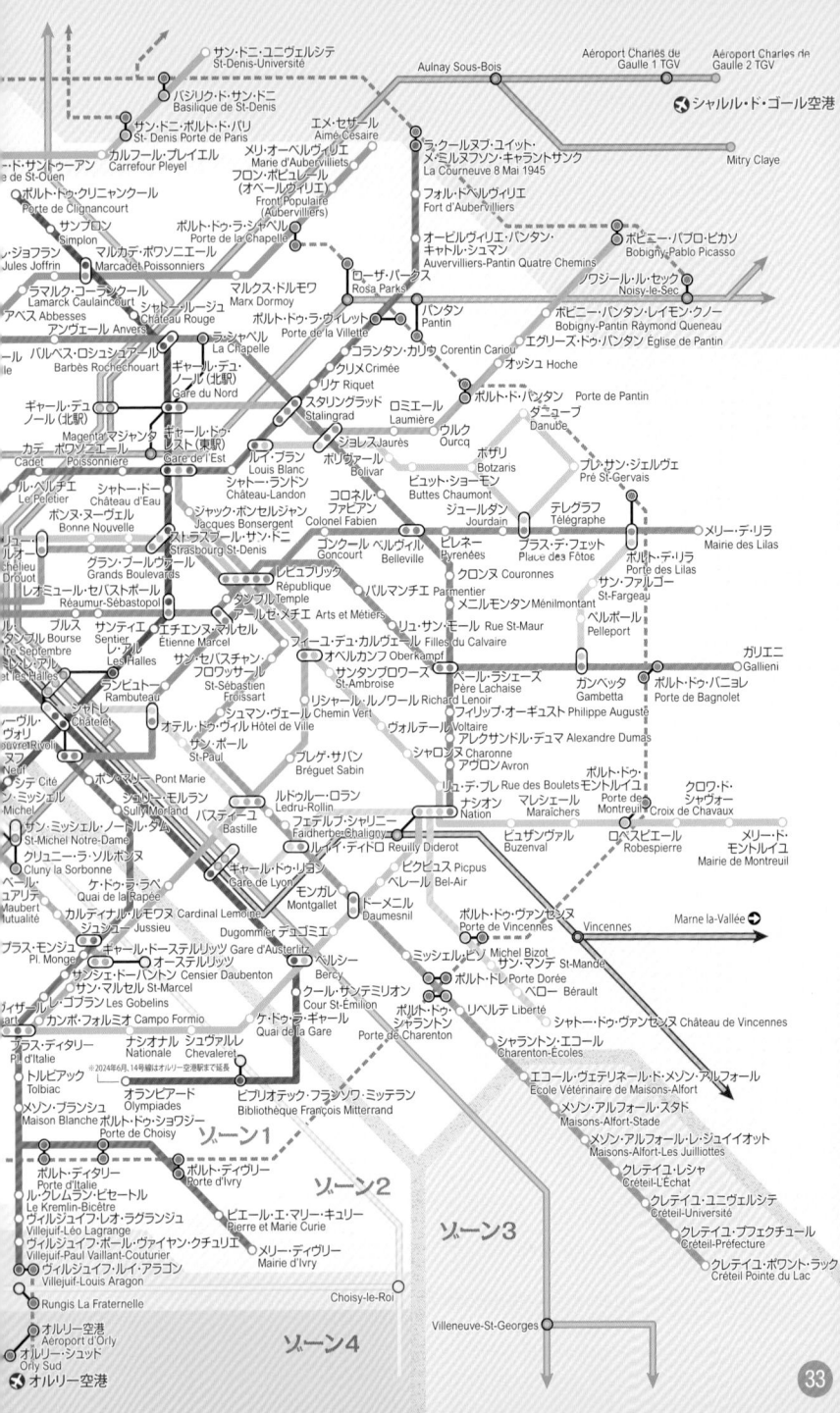

旅のフランス語＋英語
FRENCH & ENGLISH CONVERSATION

パリは比較的英語が通じる。行き先や商品などフランス語と英語を織り交ぜながら、コミュニケーションしてみよう。

基本フレーズ

□□□ をください（お願いします）。
Please □□□.
プリーズ □□□
□□□ **s'il vous plaît.**
□□□ スィル ヴ プレ

ex. これをください。
I'll take this.
アイル テイク ディス
Je prends ça, s'il vous plaît.
ジュ プロン サ スィル ヴ プレ

□□□ をしていただけますか。
Could you □□□ ?
クッジュー □□□
Pourriez-vous □□□ ?
プリエ ヴ □□□

ex. 地図を描いていただけますか。
Could you draw me a map ?
クッジュー ドロー ミァ マップ
Pourriez-vous me dessiner un plan?
プリエ ヴム デスィネ アン プラン

□□□ はどこですか。
Where is □□□ ?
ウェア イズ □□□
Où est □□□ ?
ウェ □□□

ex. 地下鉄の駅はどこですか。
Where is the subway station ?
ウェア イズ ザ サブウェイ ステーション
Où est la station de métro ?
ウ エ ラ スタスィオン ドゥ メトロ

□□□ をしてもいいですか。
Can I □□□ ?
キャナイ □□□
Puis-je □□□ ?
ピュイ ジュ □□□

ex. 写真を撮ってもいいですか。
Can I take a picture ?
キャナイ テイクァ ピクチャー
Puis-je prendre une photo ?
ピュイ ジュ プロンドル ユヌ フォト

街なかでの会話

空席はありますか。
Do you have any seats available ?
ドゥ ユー ハヴ エニィ シーツ アヴェイラボー
Avez-vous des places libres ?
アヴェ ヴ デ プラス リーブル

すみません!
Excuse me.
エクスキューズ ミー
Excusez-moi.
エクスキュゼ モワ

私のです。
It's mime.
イッツ マイン
C'est à moi.
セタ モワ

大丈夫です。
No problem.
ノー プロブレム
Pas de problème.
パ ドゥ プロブレム

わかりません。
I can't understand.
アイ キャント アンダースタンド
Je ne comprends pas.
ジュ ヌ コンプロン パ

ショッピングでの会話

カードは使えますか。
Do you take credit cards ?
ドゥ ユー テイク クレジットカーズ
Vous prenez la carte ?
ヴ プルネ ラ キャルト

袋をください。
Can I have a bag ?
キャナイ ハヴァ バッグ
Puis-je avoir un sac.
ピュイ ジュ アヴォワール アン サック

いります。／いりません。
Yes, please. / I don't need it.
イェス プリーズ / アイ ドントゥ ニーディット
Oui, s'il vous plaît. / Non, merci.
ウィ スィル ヴ プレ / ノン メルシー

レストランでの会話

メニューを見せてください。
Can I see a menu ?
キャナイ スィー ア メニュー
La carte, s'il vous plaît ?
ラ キャルト スィル ヴ プレ

頼んだ料理がまだ来ません。
My order hasn't come yet.
マイ オーダー ハズント カム イェット
Mon plat n'est pas encore arrivé.
モン プラ ネ パ アンコール アリヴェ

店の中で食べます。／テイクアウトします。
For here. / To go.
フォー ヒア / トゥー ゴー
Sur place. / À emporter.
シュー (ル) プラス / ア オンポルテ

会計をお願いします。
Check, please.
チェック、プリーズ
L'addition, s'il vous plaît.
ラディスィオン スィル ヴ プレ

ホテルでの会話

チェックインをお願いします。
I'd like to check-in.
アイド ライク トゥ チェックイン
Check-in, s'il vous plaît.
チェックイン スィル ヴ プレ

予約してあります。
I have a reservation.
アイ ハヴァ リザヴェイション
J'ai une réservation.
ジェ ユンヌ レゼルヴァスィオン

荷物を預かっていただけますか。
Could you keep my luggage ?
クッジュー キープ マイ ラゲージ
Pourriez-vous garder mon bagage ?
プリエ ヴ ガルデ モン バガージュ

朝食は何時からですか。
What time do you serve breakfast ?
ホワッタイム ドゥ ユー サーヴ ブレックファスト
À quelle heure est le petit déjeuner ?
アケラー (ル) エ ル プティ デジョネ

トラブル時の会話

警察を呼んでください!
Please call the police !
プリーズ コール ザ ポリース
Appelez la Police !
アプレ ラ ポリス

財布が盗まれました。
My wallet was stolen.
マイ ウォレット ワズ ストールン
On m'a volé mon portefeuille.
オン マ ヴォレ モン ポルトゥフォイユ

頭痛がします。
I have a headache.
アイ ハヴァ ヘディック
J'ai mal à la tête.
ジェ マラ ラ テットゥ

救急車を呼んでください!
Please call an ambulance !
プリーズ コール アン アンビュランス
Appelez une ambulance, s'il vous plaît.
アプレ ユヌ アンビュランス スィル ヴ プレ

トラブル時に使う単語

警察署
station de police
スタスィオン ドゥ ポリス

事故証明書
attestation d'accident
アテスタスィオン ダクスィドン

盗難証明書
déclaration de vol
デクララスィオン ドゥ ヴォル

泥棒
voleur
ヴォラー (ル)

パスポート
passeport
パスポー (ル)

クレジットカード
carte de crédit
キャルト ドゥ クレディ

保険
assurance
アシュランス

病院
hôpital
オピタル

アレルギー
allergie
アレルジー

風邪
rhume
リュム

吐き気
nausée
ノゼ

熱
fièvre
フィエーヴル

骨折
fracture
フラクチュー (ル)

薬
médicament
メディカモン

おとな旅
プレミアム
PREMIUM

付録

とりはずして
使える

MAP
パリ街歩き地図

地図凡例

- ★ 観光・見どころ
- 🏛 博物館・美術館
- ✝ 教会
- 🍴 飲食店
- C カフェ
- SC ショッピングセンター
- S ショップ
- E エンターテインメント
- N ナイトスポット
- 🛏 宿泊施設
- ✈ 空港

TAC出版
TAC PUBLISHING

切り取り線 ✂

許可なく転載、複製することを禁じます

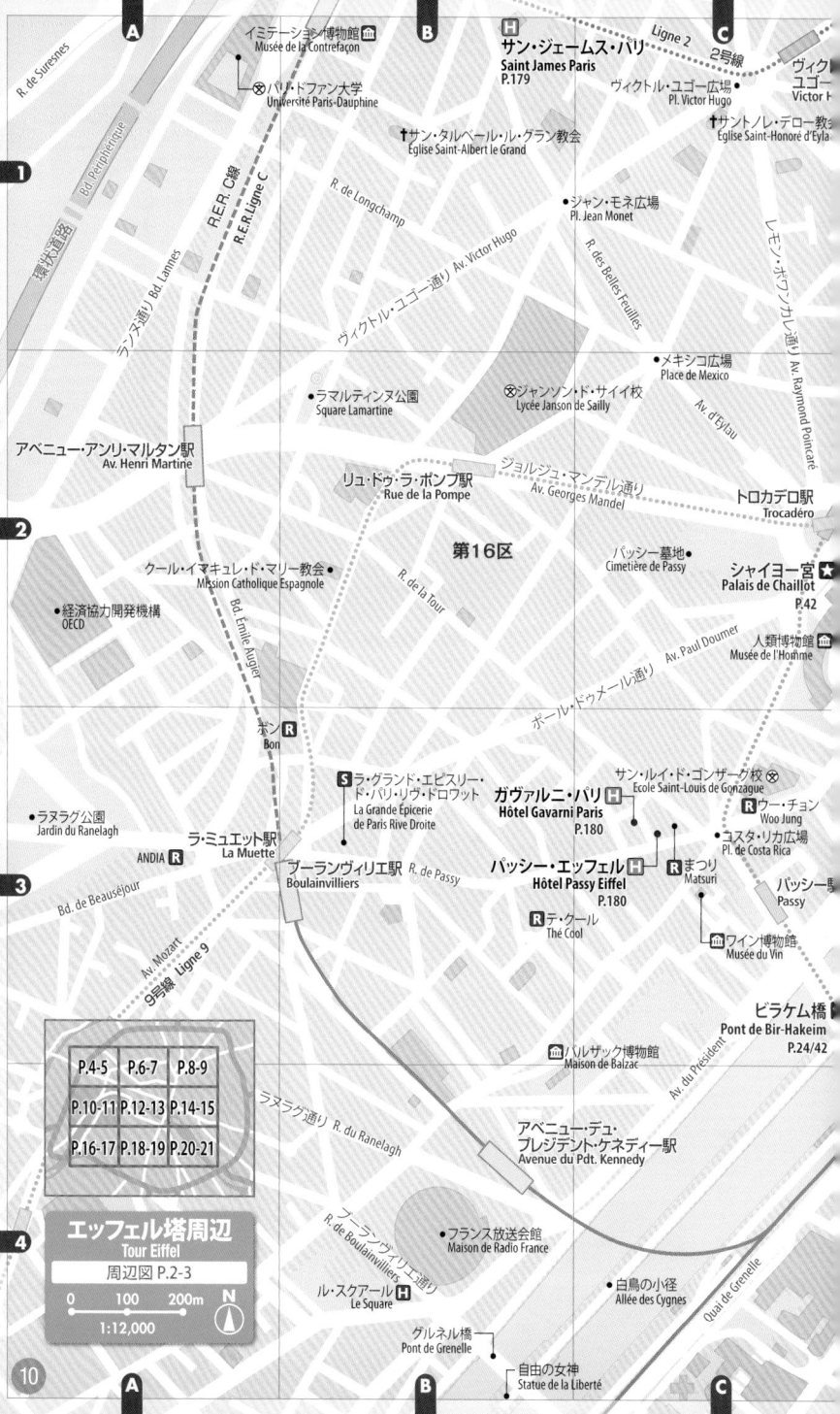

エッフェル塔周辺
Tour Eiffel
周辺図 P.2-3

0　100　200m
1:12,000

P.4-5	P.6-7	P.8-9
P.10-11	P.12-13	P.14-15
P.16-17	P.18-19	P.20-21

地図中の主な地名・施設名

イミテーション博物館
Musée de la Contrefaçon

パリ・ドファン大学
Université Paris-Dauphine

サン・ジェームス・パリ
Saint James Paris
P.179

ヴィクトル・ユゴー広場
Pl. Victor Hugo

サントノレ・デロー教
Eglise Saint-Honoré d'Eyla

ヴィク
ユゴー
Victor H

Ligne 2　2号線

R. de Suresnes

R. de Lannes

Bd. Périphérique

環状道路

ランヌ通り Bd. Lannes

R.E.R. C線

R.E.R.Ligne C

サン・タルベール・ル・グラン教会
Eglise Saint-Albert le Grand

R. de Longchamp

ジャン・モネ広場
Pl. Jean Monet

R. des Belles Feuilles

ヴィクトル・ユゴー通り Av. Victor Hugo

レモン・ポワンカレ通り Av. Raymond Poincaré

ラマルティンヌ公園
Square Lamartine

ジャンソン・ド・サイイ校
Lycée Janson de Sailly

メキシコ広場
Place de Mexico

Av. d'Eylau

アベニュー・アンリ・マルタン駅
Av. Henri Martine

リュ・ドゥ・ラ・ポンプ駅
Rue de la Pompe

ジョルジュ・マンデル通り
Av. Georges Mandel

トロカデロ駅
Trocadéro

クール・イマキュレ・ド・マリー教会
Mission Catholique Espagnole

第16区

パッシー墓地
Cimetière de Passy

シャイヨー宮
Palais de Chaillot
P.42

経済協力開発機構
OECD

R. de la Tour

Bd. Emile Augier

人類博物館
Musée de l'Homme

ポール・ドゥメール通り Av. Paul Doumer

ボン
Bon

ラ・グランド・エピスリー・ド・パリ・リヴ・ドロワット
La Grande Epicerie
de Paris Rive Droite

サン・ルイ・ド・ゴンザーグ校
Ecole Saint-Louis de Gonzague

ウー・チョン
Woo Jung

ラヌラグ公園
Jardin du Ranelagh

ANDIA

ラ・ミュエット駅
La Muette

ブーランヴィリエ駅
Boulainvilliers

R. de Passy

ガヴァルニ・パリ
Hôtel Gavarni Paris
P.180

パッシー・エッフェル
Hôtel Passy Eiffel
P.180

まつり
Matsuri

コスタ・リカ広場
Pl. de Costa Rica

パッシー馬
Passy

Bd. de Beauséjour

Av. Mozart

9号線 Ligne 9

テ・クール
Thé Cool

ワイン博物館
Musée du Vin

ビラケム橋
Pont de Bir-Hakeim
P.24/42

ラヌラグ通り R. du Ranelagh

バルザック博物館
Maison de Balzac

Av. du Président

アベニュー・デュ・プレジデント・ケネディー駅
Avenue du Pdt. Kennedy

R. de Boulainvilliers

フランス放送会館
Maison de Radio France

白鳥の小径
Allée des Cygnes

Quai de Grenelle

ル・スクアール
Le Square

グルネル橋
Pont de Grenelle

自由の女神
Statue de la Liberté

10

サン・マルタン運河
Canal Saint-Martin

周辺図 P.2-3

0　100　200m
1:12,000

P.4-5	P.6-7	P.8-9
P.10-11	P.12-13	P.14-15
P.16-17	P.18-19	P.20-21

第19区

●カルチャーセンター

クリメ駅
Crimée

ケ通り
R. Riquet

リケ駅
Riquet

Ligne 7
Av. de Flandre

7号線

Quai de la Seine

★ サン・マルタン運河 P.166
Canal Saint-Martin

Quai de la Loire

ジャン・ジョレス通り Av. Jean Jaurès
5号線 Ligne 5

ウルク駅
Ourcq

R. Petit

R. d'Hautpoul

ロミエール駅
Laumière

リングラッド駅
ingrad

★ パリ・カナル P.167
Paris Canal

🚤 カノラマ P.167
Canauxrama

R. de Crimée

Av. de Laumière

ジョレス駅
Jaurès

アルマン・カレル通り R. Armand Carrel

ヴィレット通り
Bd. de la Villette

ボリヴァール駅
Bolivar

●スポーツ複合施設

マニン通り R. Manin

ビュット・ショーモン公園
Parc des Buttes Chaumont

R. Botzaris

スポーツ複合施設
.E.P

7B号線

Av. Secrétan

Ligne 7B

Av. Mathurin Moreau

ビュット・ショーモン駅
Buttes Chaumont

R. des Alouettes

●コロネル・ファビアン広場
Pl. Colonel Fabien

コロネル・ファビアン駅
Colonel Fabien

Av. Claude Vellefaux
クロード・ヴェルフォー通り

R. Fessart

シモン・ボリヴァール通り

Av. Simon Bolivar

✚ サン=ルイ AP-HP病院
Hôpital Saint-Louis AP-HP

R. de Sambre et Meuse

R. Rébeval

ヴィレット通り Bd. de la Villette

ベルヴィル通り R. de belleville
Ligne 11

ピレネー駅
Pyrénées

R. Piat

R. Saint-Maur

11号線

ベルヴィル駅
Belleville

2号線

R. Ramponeau

●ベルヴィル公園
Parc de Belleville

Ligne 2

9

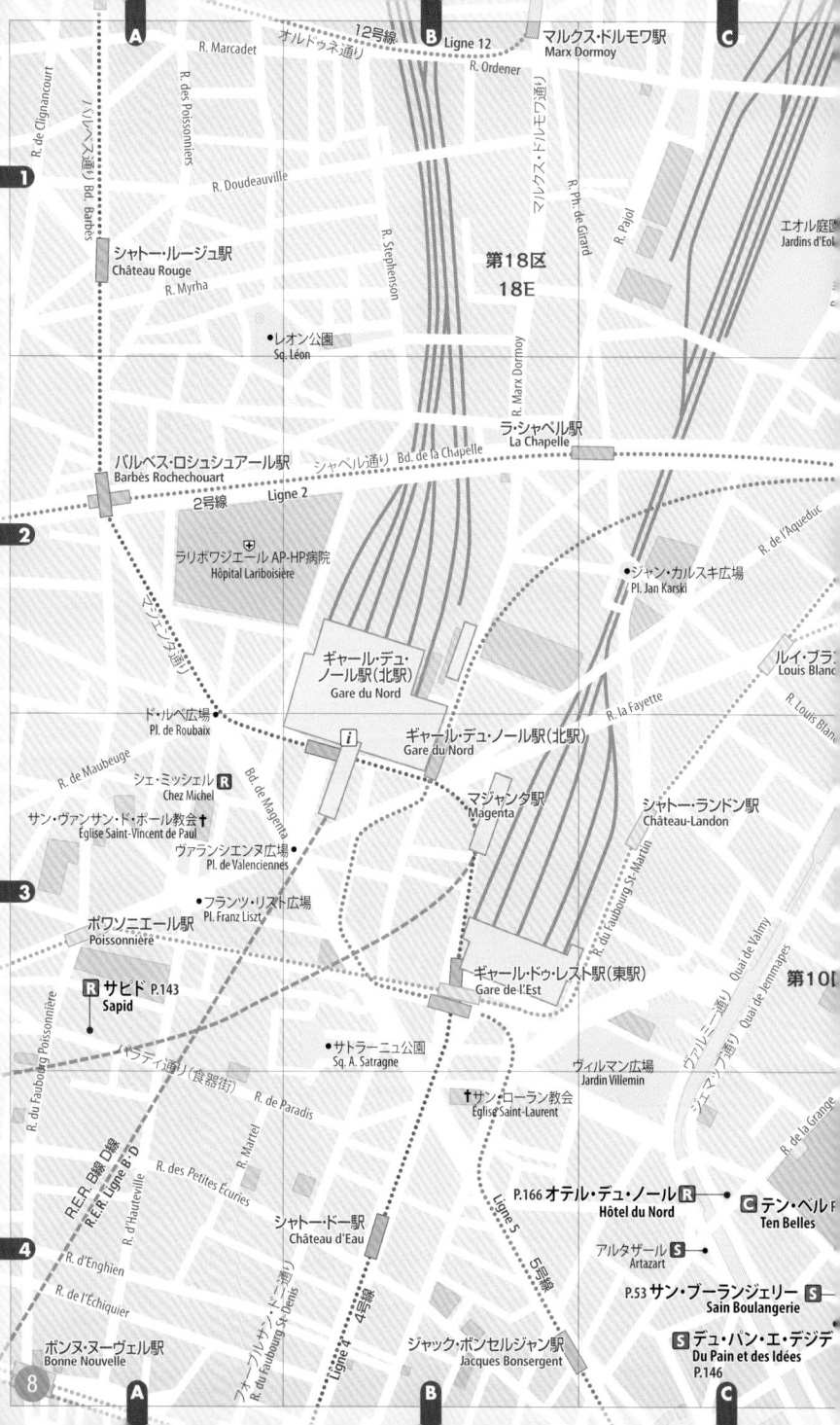

ラマルク・コーランクール駅
Lamarck Caulaincourt

第18区

R. Custine

コーランクール通り R. Caulaincourt

12号線 Ligne 12

1

・モンマルトル墓地
Cimetière de Montmartre

モンマルトル美術館 🏛
Musée de Montmartre
P.38

★ **サクレ・クール寺院** P.39
Basilique du Sacré-Cœur

エスパス・ダリ・モンマルトル 🏛
Espace Dalí à Montmartre
P.38

アトリエ洗濯船 ●
Bateau Lavoir

★ **テルトル広場**
Place du Tertre
P.39

フニキュレール

ユトリロ H
Utrillo

🏛 アル・サン・ピエール美術館
Musée Hall Saint Pierre

H メルキュール・モンマルトル
Mercure Paris Montmartre

★ **ジュテームの壁** P.38
Le mur des je t'aime

N **ムーラン・ルージュ** P.176
Moulin Rouge

アベス駅
Abbesses

ブランシュ駅
Blanche

クリシー大通り Bd. de Clichy

・ベルリオーズ公園
Sq. Berlioz

アンヴェール駅
Anvers

2

ブランシュ通り R. Blanche

ヴィラ・ロワイヤル
Villa Royale

H **ピガール駅**
Pigalle

2号線 Ligne 2

・アンヴェール公園
Sq. d'Anvers

ロマン派美術館 🏛
Musée de la Vie Romantique

R. Jean-Baptiste Pigalle

第9区

シャン・バティスト・ピガール通り

アルバ・オペラ・レジダンス
Alba Opéra Hôtel Résidence

H

モンマルトル詳細 P.22-23

パリ小劇場 ●
Petit Th. de Paris

C ローズ・ベーカリー
Rose Bakery

R ワリー・ル サハリアン
Wally Le Saharien

R. de Clichy

マッソン美術館 🏛

サン・ジョルジュ駅
St-Georges

ギュスターヴ・モロー美術館 🏛
Musée Gustave Moreau

S **セバスチャン・ゴダール** P.123
Sébastien Gaudard

3

† サント・トリニテ教会
Eglise Saint-Trinité

トリニテ公園
Square de la Trinité

モントロン公園
Square Monthlon

ニテ・デスティエンヌ・ドルヴ駅
Trinité-d'Estienne d'Orves

St Lazare

12号線
Ligne 12

ノートルダム・ド・ロレット教会 †
Eglise N.D. de Lorette

カデ駅
Cadet

★ **テアトル・モガドール**
Théâtre Mogador
P.175

ノートル・ダム・ド・ロレット駅
Notre-Dame-de-Lorette

R. Cadet

スマン・サン・ラザール駅
ussmann St-Lazare

R. la Victoire

オペラ・ガルニエ詳細 P.24-25

ル・ペルチエ駅
Le Peletier

R.E.R. E線 R.E.R. Ligne E

R. du Faubourg Poissonnière

de Provence
R. Joubert

R. la Fayette

R. du Faubourg

パッサージュ・ヴェルドー
Passage Verdeau

リシェ通り R. Richer

ヴル・コーマルタン駅
e Caumartin

Bd. Haussmann

R. de la Chaussée d'Antin

ラファイエット通り
Ligne 7

プロヴァンス通り
R. de Provence

7号線

P.50 **パッサージュ・デ・パノラマ**
Passage des Panoramas

★ **パッサージュ・ジュフロワ** P.50
Passage Jouffroy

9号線
Ligne 9

R. Pillet Will

S **パン・デピス** P.50
Pain d'Epices

ベール駅
Auber

ショセ・ダンタン・ラ・ファイエット駅
Chaussée d'Antin La Fayette

P.50 **ラシーヌ** R
Racines

S **ラ・メゾン・デュ・ロワ** P.50
La Maison du Roy

4

🏛 オペラ座博物館
Musée de l'Opéra

P.50 **ル・プチ・アステール** S
Le Petit Astair

H **ショパン** P.180
Hôtel Chopin

★ **オペラ・ガルニエ** P.163/P.172
Opéra Garnier

リシュリュー・ドルオー駅
Richelieu Drouot

8号線 Ligne 8

グラン・ブールヴァール駅
Grands Boulevards

R. Scribe

R. Auber

メルキュール・パリ・ H
オペラ・ルーヴル
Mercure Paris Opera Louvre
P.180

オペラ駅
Opéra

R. de Richelieu

R. St Marc

🏛 グレヴァン博物館
Musée Grévin

ボンヌ・ヌーヴェル駅
Bonne Nouvelle

P.4-5	P.6-7	P.8-9
P.10-11	P.12-13	P.14-15
P.16-17	P.18-19	P.20-21

13号線 クリシー大通り Av. de Clichy
Ligne 13
13号線 Ligne 13

ラ・フルシュ駅
La Fourche

R. Jouffroy d'Abbans
ジュフロワ・ダバン通り

R. Légendre
R. des Batignolles
R. La Condamine

市立公園
Square des Batignolles

R. Cardinet

第17区

R. de Tocqueville
R. Legendre

ローム通り R. de Rome

プラス・ドゥ・クリシー駅
Pl. de Clichy

マルセルブ駅
Malesherbes

ヴィリエ通り
R. des Dames

ローム駅
Rome

プラス・デュ・ジェネラル・カトゥル庭園
Jardin de la Place-du-Général-Catroux

Av. de Villiers

ヴィリエ駅
Villiers

バティニョル通り
Bd. des Batignolles

デュブラン広場
Pl. de Dublin

モンソー駅
Monceau

Bd. de Courcelles
2号線 Ligne 2

3号線 Ligne 3

第8区

リェージュ駅
Liège

モンソー公園
Parc de Monceau

セルニュスキ美術館
Musée Cernuschi

ユウロプ広場
Pl. de l'Europe

ニシム・ドゥ・カモンド美術館
Musée Nissim de Camondo

トリスタン・ベルナール劇場
ユウロプ駅
Europe

ロンドル通り
R. de Londres

R. de Monceau

マルセルブ通り

R. de Lisbonne

リオ・デ・ジャネイロ広場
Pl. de Rio de Janeiro

8区役所
Mairie du 8e. Arr.

R. du Rocher

オテル・ル・ドゥーズ H
Hôtel Le 12
P.180

サン・ラザール駅
Gare St Lazare

Av. de Messine
メッシーヌ通り

R. de la Bienfaisance

P.133 ラザール R
Lazare

ジャックマール・アンドレ美術館
Musée Jacquemart André

サン・ラザール駅
St-Lazare

R.E.R. A線
R.E.R. Ligne A
オスマン大通り
Bd. Haussmann

Av. Percier

R. d'Argenson

R. de la Pépinière

サントーギュスタン駅
St-Augustin

R. de l'Isly

R. de Courcelles

R. de La Baume

サン・フィリップ・デュ・ルール教会
Église St Philippe du Roule

ミロメニル駅
Miromesnil

アルモリアル S
Armorial
P.102

R. de Rome
オスマン大通り

La Boétie

サル・ガヴォー P.175
Salle Gaveau

R. Roquépine

Bd. Malesherbes

サン・フィリップ・デュ・ルール駅
St-Philippe du Roule

R. de Penthièvre

Ligne 13
3号線

ル・ブリストル・パリ P.178 H
Le Bristol Paris

Ligne 12
12号線

Ligne 14
14号線

Av. Franklin D. Roosevelt
9号線 Ligne 9

R. La Boétie

R. Jean Mermoz

R. du Colisée

ル・バー・デュ・ブリストル P.35 N
Le Bar du Bristol

ヴァロワ・ヴィンテージ S
Valois Vintage
P.95

エピクール R
ル・ブリストル・パリ P.140
Epicure-Le Bristol Paris

マドレーヌ広場
Place de la Madeleine

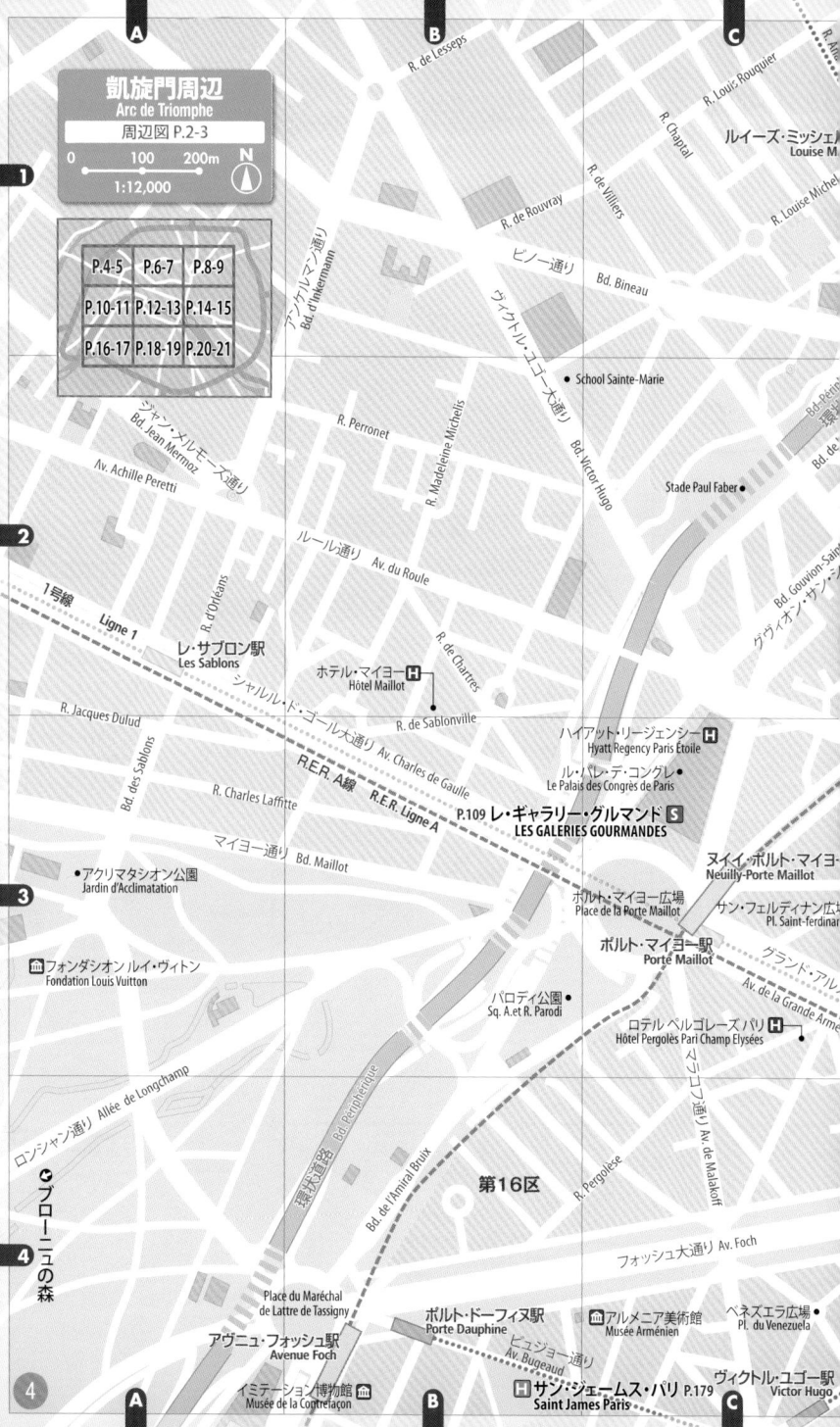

凱旋門周辺
Arc de Triomphe

周辺図 P.2-3

0 100 200m
1:12,000

P.4-5	P.6-7	P.8-9
P.10-11	P.12-13	P.14-15
P.16-17	P.18-19	P.20-21

R. de Lesseps
R. Louis Rouquier
R. Chaptal
R. de Villiers
R. de Rouvray
ルイーズ・ミッシェ
Louise M
R. Louise Michel
ビノー通り
Bd. Bineau
ヴィクトル・ユゴー大通り
アングルマン通り
Bd. d'Inkermann
School Sainte-Marie
R. Perronet
R. Madeleine Michelis
Bd. Victor Hugo
Stade Paul Faber
シャン・メルモーズ通り
Bd. Jean Mermoz
Av. Achille Peretti
ルール通り Av. du Roule
Bd. Gouvion Sain
グヴィオン・サン

1号線 Ligne 1
R. d'Orléans
レ・サブロン駅
Les Sablons
R. de Chartres
ホテル・マイヨー
Hôtel Maillot
シャルル・ド・ゴール大通り Av. Charles de Gaulle
R. de Sablonville
ハイアット・リージェンシー
Hyatt Regency Paris Étoile
R. Jacques Dulud
R.E.R. A線
R.E.R. Ligne A
ル・パレ・デ・コングレ
Le Palais des Congrès de Paris
Bd. des Sablons
R. Charles Laffitte
P.109 レ・ギャラリー・グルマンド
LES GALERIES GOURMANDES
マイヨー通り Bd. Maillot
ヌイイ・ポルト・マイヨ
Neuilly-Porte Maillot
アクリマタシオン公園
Jardin d'Acclimatation
ポルト・マイヨー広場
Place de la Porte Maillot
サン・フェルディナン広
Pl. Saint-ferdinan
ポルト・マイヨー駅
Porte Maillot
グランド・アル
フォンダシオン ルイ・ヴィトン
Fondation Louis Vuitton
パロディ公園
Sq. A.et R. Parodi
Av. de la Grande Arme
ロテル ペルゴレーズ パリ
Hôtel Pergolès Pari Champ Elysées
ロンシャン通り Allée de Longchamp
ペルゴレーズ通り Av. de Malakoff
Bd. Périphérique
環状道路
Bd. de l'Amiral Bruix
第16区
R. Pergolèse
ブローニュの森
フォッシュ大通り Av. Foch
Place du Maréchal
de Lattre de Tassigny
ポルト・ドーフィヌ駅
Porte Dauphine
アルメニア美術館
Musée Arménien
ベネズエラ広場
Pl. du Venezuela
アヴニュ・フォッシュ駅
Avenue Foch
ビュジョー通り
Av. Bugeaud
ヴィクトル・ユゴー駅
Victor Hugo
イミテーション博物館
Musée de la Contrefaçon
サン・ジェームス・パリ P.179
Saint James Paris

おとな旅
プレミアム
PREMIUM

付録

CONTENTS

パリ

MAP

街歩き地図

街の
交通ガイド
付き

パリ
PARIS

おとな旅 プレミアム PREMIUM

Le Dome

日本からのフライト時間
約13時間

パリの空港
シャルル・ド・ゴール空港 ▶P184
パリ市内へロワシーバスで約60分

オルリー空港 ▶P184
パリ市内へはオルリーバスで約30分

ビザ
90日以内の観光なら不要

時差

通貨と換算レート
ユーロ（€）
€1=170円（2024年5月現在）

チップ
基本的には必要ないが、高級レ
ストランでは5%が相場。
▶P.11 ▶P.131

言語
フランス語

東京

0	1	2	3	4	5	6	7	8	9	10	11	12	13	14	15	16	17	18	19	20	21	22	23

パリ（夏時間）

17	18	19	20	21	22	23	0	1	2	3	4	5	6	7	8	9	10	11	12	13	14	15	16

パリ

16	17	18	19	20	21	22	23	0	1	2	3	4	5	6	7	8	9	10	11	12	13	14	15

日本時間の前日

夏時間は、3月最終日曜の深夜2時〜10月最終日曜の深夜3時

パリ

CONTENTS

パリでぜったいしたい11のコト … 21
BEST 11 THINGS TO DO IN PARIS

ART … 69
アート

SHOPPING … 87
ショッピング

SWEETS … 119
スイーツ

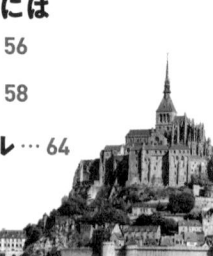

GOURMET … 129
グルメ

AREA WALKING … 155
歩いて楽しむパリ

ENTERTAINMENT … 171
エンターテインメント

HOTEL … 178
ホテル

本書の使い方

●本書に掲載の情報は2024年2～5月の取材・調査によるものです。料金、営業時間、休業日、メニューや商品の内容などが、本書発売後に変更される場合がありますので、事前にご確認ください。
●本書に紹介したショップ、レストランなどとの個人的なトラブルに関しましては、当社では一切の責任を負いかねますので、あらかじめご了承ください。
●料金・価格は「€」で表記しています。また表示している金額とは別に、税やサービス料がかかる場合があります。
●電話番号は、市外局番から表示しています。日本から電話をする場合には→P.188を参照ください。
●営業時間、開館時間は実際に利用できる時間を示しています。ラストオーダー(LO)や最終入館の時間が決められている場合は別途表示してあります。
●休業日に関しては、基本的に年末年始、祝祭日などを除く定休日のみを記載しています。

本文マーク凡例

☎ 電話番号
🚇 最寄り駅、バス停などからのアクセス
Ⓜ 地下鉄駅
🏠 所在地　Ｈはホテル内にあることを示しています
🈺 定休日
💰 料金
🌐 公式ホームページ

Ⓙ 日本語が話せるスタッフがいる
Ⓙ 日本語のメニューがある
Ⓔ 英語が話せるスタッフがいる
Ⓔ 英語のメニューがある
📞 予約が必要、または望ましい
💳 クレジットカードが利用できる
PASS パリ・ミュージアム・パスが使える

地図凡例

⭐ 観光・見どころ
🏛 博物館・美術館
✝ 教会
Ⓔ エンターテインメント

Ⓡ 飲食店
Ⓒ カフェ
Ⓢ🇨 ショッピングセンター
Ⓢ ショップ

Ⓝ🇹 ナイトスポット
Ⓗ 宿泊施設
✈ 空港

あなたのエネルギッシュな好奇心に寄り添って、
この本はパリ滞在のいちばんの友だちです！

誰よりもいい旅を！ あなただけの思い出づくり

パリへ出発！

どこを見てもパリ、夏も冬もパリはいつもパリ。
街へ一歩踏み出したらまずはお散歩から。
ホテルからシャンゼリゼへ？ それともセーヌを見に行きますか？
エッフェル塔はどこからでも見えてます。

サン・ジェルマン・デ・プレで
カフェしてモンパルナスへ

BOULEVARD
SAINT-GERMAIN

CAFE DE FLORE

C

SWEETS

パリはスイーツの激戦区。
ラデュレには宝石のような
マカロンが並んでいます

朝食のおすすめはクロ
ワッサン。 お気に入り
のパン屋を見つけよう

MUSÉE DU LOUVRE

IMMIGRATION
出 国
DEPARTED

世界的絵画『モナリザ』
など美術品 約38万点を
収蔵するルーヴル美術館

Café de Flore

CAFE DE FLORE

BOULEVARD
SAINT GERMAIN

LES PASSAGES

ロマンチックな時間をパリの星付きレストランで過ごしてみたり

RESTAURANT

タイムスリップしたようなパッサージュでパリのエスプリを感じてみたり

いつか観た
映画のシーンを探します？

パリにはモニュメントがいっぱい
さぁ、どこから歩きますか？

凱旋門(P44)

モン・サン・ミッシェル(P64)

パリから海上の修道院へ
プチトリップしませんか

CHÂTEAU DE VERSAILLES

17世紀の華やかな宮廷
文化の面影が残るヴェ
ルサイユ宮殿

出発前に知っておきたい

街はこうなっています！

パリのエリアと主要スポット

どこに何がある？
どこで何する？

セーヌ川が市の中心を流れ、見どころがぎっしり詰まった
パリ。街歩きの拠点になる魅力的なエリアをご紹介。

パリといえば
凱旋門。屋上
の展望台から
パリの街並み
が一望できる

花の都を象徴するパリの目抜き通り

Ⓐ シャンゼリゼ大通り ▶P46
● Av. des Champs-Élysées

凱旋門からコンコルド広場までの全長2㎞、並木道も美しくパリで最も華やかな目抜き通り。高級ブランドの旗艦店や名門カフェ、レストランが軒を連ね、いつも観光客で賑わっている。

パリのシンボルを中心に美しい街並みを堪能

Ⓑ エッフェル塔周辺 ▶P40
● Tour Eiffel

塔の下に広がるシャン・ド・マルス公園やシャイヨー宮はエッフェル塔の撮影スポットとしても有名。北西側にパリ有数の高級住宅街パッシーがある。ナポレオンの墓もこのエリア。

老舗カフェがたたずむ芸術・文化の中心地

Ⓒ サン・ジェルマン・デ・プレ ▶P156
● Saint-Germain-des-Prés

サン・ジェルマン・デ・プレ教会を中心に文学者、哲学者、芸術家たちが集まったカフェやブラッスリーが今も健在のエリア。こだわりのショップやブランド店も点在している。

モンパルナスタワーがランドマーク

Ⓓ モンパルナス ▶P158
● Montparnasse

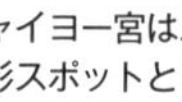

高さ210mのトゥール・モンパルナスやモンパルナス駅のイメージがある一方、過去に画家や芸術家、音楽家が通った有名カフェが多く点在する新旧混在のエリア。

学生の活気あふれるアカデミックな街

Ⓔ カルチェ・ラタン ▶P160
● Quartier latin

ソルボンヌ大学をはじめ、多くの教育機関が集まる文教地区。学生向けの気軽なカフェやビストロが点在している。「パリの胃袋」と呼ばれるムフタール市場もこのエリア。

パリは
ココ

モン・サン・ミッシェル　　ヴェルサイユ

フランス

ペリフェリック大通り
ベルティエ大通り
モンマルトル墓地
モンマルトル Ⓕ
シャルル・ド・ゴール大通り
ワグラム大通り
サン・ラザール駅
凱旋門
フォッシュ大通り
シャンゼリゼ大通り
オペラ・ガルニエ
シャンゼリゼ大通り Ⓐ
ヴァンドーム広場
コンコルド広場
ブローニュの森
アンフェリウール湖
ルーヴル美術館
エッフェル塔
Ⓑ エッフェル塔
グルネル大通り
Ⓒ
サン・ジェルマン・デ・プレ
セーヌ川
モンパルナス Ⓓ
モンパルナス墓地

パリってこんな街

パリは東京の山手線の内側くらいの広さ。カーブを描きながら東西に流れるセーヌ川によって右岸（北）と左岸（南）に二分。さらにルーヴル美術館のある1区から時計回りにグルグルと20区に分割されている。その形から「エスカルゴ」とも呼ばれているパリ。右岸は経済や商業の地として、左岸は文化・芸術の地として発展、今も趣のある魅力的な地区がたくさんある。

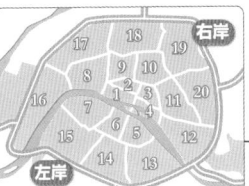

右岸 / 左岸

ラ・ヴィレット公園
サン・マルタン運河
ナクレ・クール寺院
ギャール・デュ・ノール（北駅）
I 北マレ～サン・マルタン運河
ギャール・ドゥ・レスト（東駅）
オペラ・ガルニエ～ルーヴル
G
レビュブリック広場
J マレ～バスティーユ
ポン・ヌフ
シテ島 H シテ島～サン・ルイ島
ノートル・ダム大聖堂
サン・ルイ島
リュクサンブール公園
リヨン駅
E カルチェ・ラタン
ラゴ大通り
ドメニル湖
ヴァンセンヌの森
セーヌ川
N
0　　　1km

小高い丘を中心にしたパリの下町

F モンマルトル ▶P36
● Montmartre

赤い風車で有名なムーラン・ルージュ

丘の上に建つサクレ・クール寺院から、パリを一望できる階段でくつろぐ人も多い。かつては画家や芸術家が多く暮らしていた。歓楽街でもあるので、特に夜間の外出は注意したい。

パリの芸術や歴史にふれられる地区

G オペラ・ガルニエ～ルーヴル ▶P162
● Opéra Garnier ~ Louvre

老舗デパートや高級食材店、高級ホテル、高級ブランドが並ぶオペラ座界隈と、ルーヴル美術館をはじめとする美術館や博物館、王室関連の歴史にもふれられるパリの中心地。

中世の面影を今なお残すパリ発祥の地

H シテ島～サン・ルイ島 ▶P26
● Île de la Cité ~ île Saint-Louis

セーヌ川の中州にある2つの島。パリ発祥の地とされるシテ島にはノートル・ダム大聖堂やマリー・アントワネットが幽閉されたコンシェルジュリーがあり、サン・ルイ島は閑静な住宅街。

運河周辺に流行のショップが点在する

I 北マレ～サン・マルタン運河 ▶P166
● Nord du Marais ~ Canal Saint-Martin

バスティーユからヴィレット貯水場まで続く4.5kmの運河。散策にぴったりの開放的な雰囲気で、センスのよいショップやカフェも点在。昔ながらの風景と新しさが混在する人気のエリア。

アートと歴史、パリのトレンド発信地

J マレ～バスティーユ ▶P164
● Marais ~ Bastille

フランス革命ゆかりの地で、革命前に造られた建物が残る歴史保存地区。若手クリエイターが集い、個性的でおしゃれなショップが多く、パリの最先端を感じ取れる。

まずはこれをチェック！
滞在のキホン

芸術、歴史、文化、ショッピング、グルメと魅力いっぱいのパリ。出発前に知りたい基本情報を確認しよう。

フランスの基本

- ❖ **地域名(国名)**
  フランス共和国
  République française
- ❖ **首都**
  パリ
- ❖ **人口**
  約6699万人
  (2019年1月推計)
  パリの人口は約214万人
- ❖ **面積**
  約54万4000km²
- ❖ **言語**
  フランス語
- ❖ **宗教**
  カトリック、イスラム教、プロテスタント、ユダヤ教など
- ❖ **政体**
  共和制
- ❖ **元首**
  エマニュエル・マクロン大統領
  (2017年5月〜)

✈ 日本からの飛行時間

❖ **直行便は東京、大阪から。12〜13時間のフライト**

羽田空港、成田国際空港、関西国際空港から直行便が運航。パリまで13時間弱、日本に戻る便は12時間。

シャルル・ド・ゴール空港 ▶P.184
オルリー空港 ▶P.184

💴 為替レート＆両替

❖ **€1 (ユーロ)＝170円。銀行、両替所を利用**

現地の日本円を取り扱う両替所で両替できる。手数料やレートが異なるので事前に確認しよう。日本で両替するほうがレートが有利なことが多いので出国前に準備するのが得策。市内の銀行や郵便局では基本的に外貨の両替をしていないので注意。

✳ パスポート＆ビザ

❖ **パスポートの有効期限に注意**

フランスとシェンゲン協定加盟国(→P.182)へ観光目的で過去180日中90日以内滞在する際は日本人はビザが不要。ただしシェンゲン協定加盟国入国の時点でパスポート有効残存期間が3カ月必要。加盟国での滞在は合計計算で90日までとなっている。

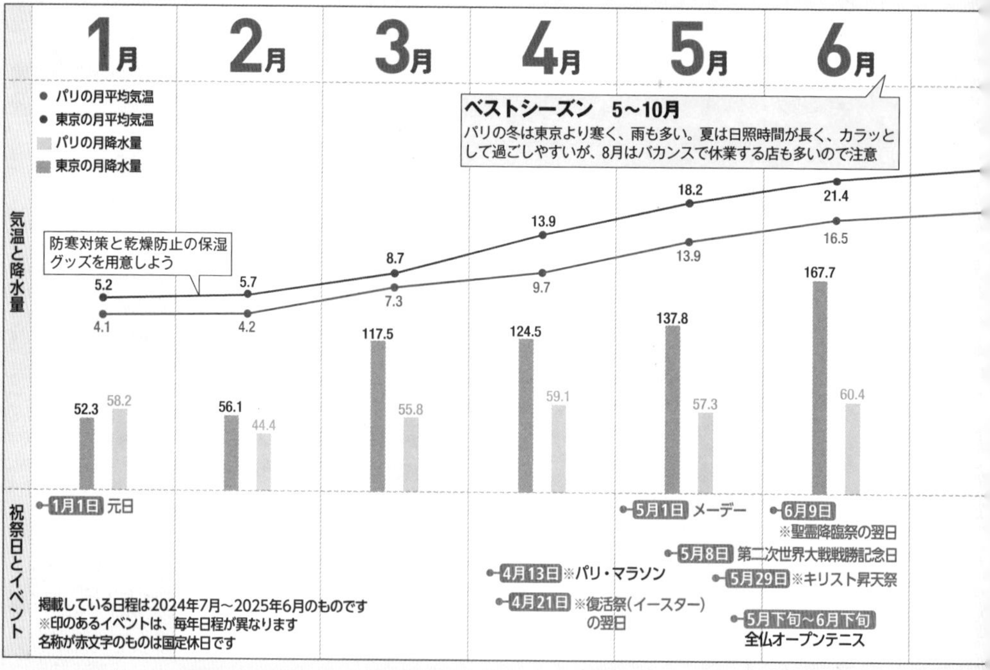

気温と降水量

	1月	2月	3月	4月	5月	6月
● パリの月平均気温	5.2	5.7	8.7	13.9	18.2	21.4
● 東京の月平均気温	4.1	4.2	7.3	9.7	13.9	16.5
▨ パリの月降水量	52.3	56.1	117.5	124.5	137.8	167.7
▨ 東京の月降水量	58.2	44.4	55.8	59.1	57.3	60.4

ベストシーズン 5〜10月
パリの冬は東京より寒く、雨も多い。夏は日照時間が長く、カラッとして過ごしやすいが、8月はバカンスで休業する店も多いので注意

防寒対策と乾燥防止の保湿グッズを用意しよう

祝祭日とイベント

- ●1月1日 元日
- ●5月1日 メーデー
- ●6月9日 ※聖霊降臨祭の翌日
- ●5月8日 第二次世界大戦戦勝記念日
- ●4月13日 ※パリ・マラソン
- ●5月29日 ※キリスト昇天祭
- ●4月21日 ※復活祭(イースター)の翌日
- ●5月下旬〜6月下旬 全仏オープンテニス

掲載している日程は2024年7月〜2025年6月のものです
※印のあるイベントは、毎年日程が異なります
名称が赤字のものは国定休日です

🕐 日本との時差

❖ **日本との時差は−8時間。日本が正午のとき、パリは午前4時となる。サマータイム期間は−7時間の時差**

東京	0	1	2	3	4	5	6	7	8	9	10	11	12	13	14	15	16	17	18	19	20	21	22	23
パリ	16	17	18	19	20	21	22	23	0	1	2	3	4	5	6	7	8	9	10	11	12	13	14	15
パリ(夏)	17	18	19	20	21	22	23	0	1	2	3	4	5	6	7	8	9	10	11	12	13	14	15	16

🅰 言語

❖ **基本はフランス語**

「フランス人は頑なにフランス語しか話さない」といわれていたのは過去の話。パリなどの都市、観光地では英語の表記やメニュー、英語を話す人も増えている。ただし挨拶だけでも「ボンジュール(こんにちは)」「メルシー(ありがとう)」といってみよう。

🚕 交通事情

❖ **頻発するストライキや工事に注意しよう**

公共交通機関が発達しているパリだが、ストライキのほか、2024年の夏季オリンピックに向けて工事も多発。毎朝、その日使う予定の交通機関の状況をHP(https://www.ratp.fr/travaux-manifestations/)で確認を。交通渋滞も深刻なので、車での移動には余裕をもって。

👛 物価＆チップ ▶P131

❖ **パリは東京と同等かそれ以上**

物価は東京と同じくらいかそれ以上。一方フランス製品は格安で手に入るので賢く買い物を。チップは強制でないもののカフェではつり銭程度、レストランでは3〜5％、ホテルで頼みごとをしたら€1〜2、タクシーは大きい荷物を乗せたときのみ€2〜3を渡そう。

📅 サマータイム

❖ **切り替わる日のフライトには注意**

フランスをはじめとしたEU諸国では3月の最終日曜から10月の最終日曜までサマータイムを導入し、標準時を1時間進めている。切り替わる日のフライト出発時刻など、間違えないように気をつけよう。サマータイム期間は日本との時差は−7時間となる。

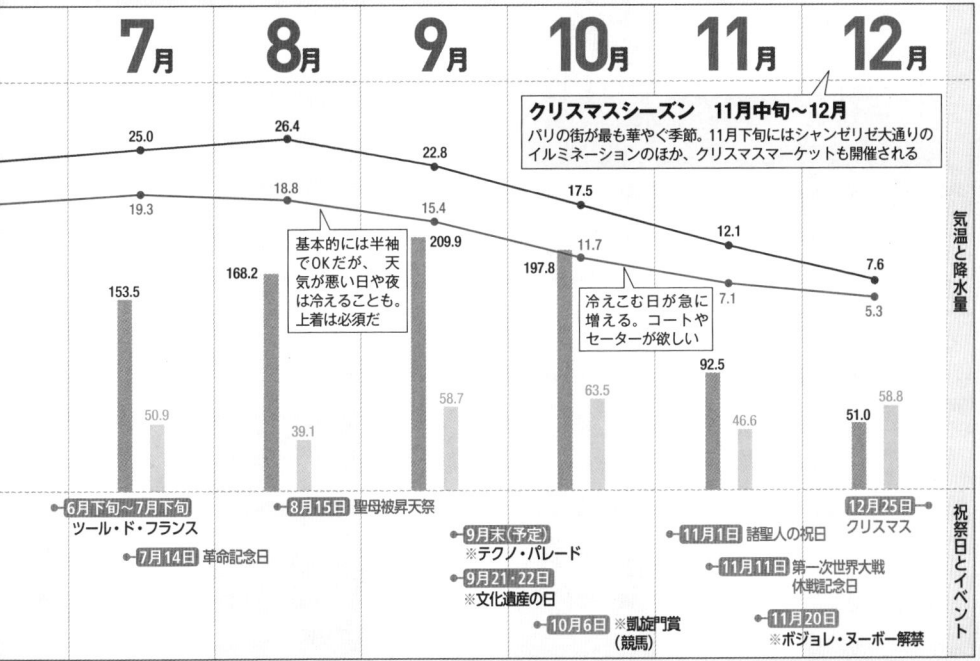

クリスマスシーズン　11月中旬〜12月
パリの街が最も華やぐ季節。11月下旬にはシャンゼリゼ大通りのイルミネーションのほか、クリスマスマーケットも開催される

基本的には半袖でOKだが、天気が悪い日や夜は冷えることも。上着は必須だ

冷えこむ日が急に増える。コートやセーターが欲しい

気温と降水量

	7月	8月	9月	10月	11月	12月
気温（高い線）	25.0	26.4	22.8	17.5	12.1	7.6
気温（低い線）	19.3	18.8	15.4	11.7	7.1	5.3
降水量（濃）	153.5	168.2	209.9	197.8	92.5	51.0
降水量（薄）	50.9	39.1	58.7	63.5	46.6	58.8

祝祭日とイベント

- ●6月下旬〜7月下旬　ツール・ド・フランス
- ●7月14日　革命記念日
- ●8月15日　聖母被昇天祭
- ●9月末(予定)　※テクノ・パレード
- ●9月21・22日　※文化遺産の日
- ●10月6日　※凱旋門賞(競馬)
- ●11月1日　諸聖人の祝日
- ●11月11日　第一次世界大戦休戦記念日
- ●11月20日　※ボジョレ・ヌーボー解禁
- ●12月25日　クリスマス

月平均気温、月平均降水量は、東京は『2023年理科年表』、パリは国立天文台編『理科年表2024』による

NEWS & TOPICS
ハズせない街のトレンド！

パリのいま！ 最新情報
常に進化していくパリの刺激的なスポットをご紹介。

2022年3月オープン

ディオールの歴史をたどる旅
ラ ギャラリー ディオール

ディオール本店の隣に誕生した展示スペース。クリスチャン・ディオールのオリジナルのスケッチやアイコニックなドレスなど貴重なヘリテージを紹介。

●**La Galerie Dior** エッフェル塔周辺 MAP 付録P.11F-1
☎01-82-20-22-00 Ⓜ1, 9号線Franklin D.Rooevelt フランクラン・デ・ルーズヴェルト駅から徒歩5分 11 Rue François 1er, 8e 11:00〜19:00※オンラインでの入場予約が望ましい 火曜

ディオールの世界が堪能できる数々の仕掛けに魅了

©ALESSANDRO GAROFALO

©ADRIEN DIRAND

舞踏会を想起させるドレスを展示した優雅な空間に包まれるひととき

2022年9月オープン

無料で利用できる閲覧室が圧巻
フランス国立図書館リシュリュー館

誰でも利用できる楕円形のホール「サル・オーヴァル」には、漫画やデジタルアートから文学、美術、建築の本まで2万冊の蔵書があり、階上には常設展の美術館（€10）も併設。

●**Bibliothèque Nationale de France Richelieu** ルーヴル美術館周辺 MAP 付録P.13E-1
☎01-53-79-53-79 Ⓜ3号線Bourseブルス駅から徒歩3分 5 Rue Vivienne, 2e 10:00〜18:00（火曜は〜20:00）月曜

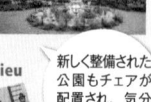

新しく整備された公園もチェアが配置され、気分転換にぴったり

高さ18mあるオーヴァルな開架閲覧室は圧倒的な空間

2021年9月オープン

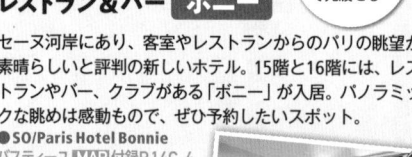

SO/パリホテル上階に開業
レストラン＆バー ボニー

エッフェル塔からサクレ・クール寺院まで見渡せる

セーヌ河岸にあり、客室やレストランからのパリの眺望が素晴らしいと評判の新しいホテル。15階と16階には、レストランやバー、クラブがある「ボニー」が入居。パノラミックな眺めは感動もので、ぜひ予約したいスポット。

●**SO/Paris Hotel Bonnie** バスティーユ MAP 付録P.14C-4
☎01-78-90-74-74 Ⓜ7号線Sully-Morlandシュリー・モルラン駅から徒歩2分 10 Rue Agrippa d'Aubigné, 4e 12:00〜14:30、19:00〜翌0:10※要予約 無休

どの部屋からも市内が望める

パリの歴史を紐解く
カルナヴァレ美術館 2021年5月リニューアル

先史時代から中世、フランス革命期、ナポレオンの時代、オスマンの都市計画の時代までパリの歴史を紹介。各時代ごとの絵画や彫刻、家具、オブジェなど62万5000点を保存。ゆっくり時間をかけて見学したい充実度の高い展示内容を誇る。

● **Musée Histoire de Paris Carnavalet**
マレ MAP付録P.14 C-3
☎01-44-59-58-58 Ⓜ1号線Saint-Paulサン・ポール駅から徒歩5分 ⑰23 Rue de Sévigné, 3e ⏰10:00〜18:00 休月曜 料無料 Ⓔ

↑入口ホールには、昔のさまざまな看板がセンス良く飾られている

↑マレ地区に1880年に開館。改修してさらに充実

↩アルフォンス・ミュシャがデザインした宝飾店の内装

©Patrick Tourneboeuf/
Crédits et mentions obligatoires.txt

世界最優秀パティシエのケーキ
デリカティスリー・パール・ニナ・メタイエ

2023年10月に、世界最優秀パティシエに選ばれたフランス女性、ニナ・メタイエのケーキが、プランタン・デュ・グーで味わえる。可憐な花びら型のストロベリー・ルバーブ・エルダーベリーやエキゾチックなパブロヴァなどを賞味。

↑3ツ星レストランなどで経験を積む
©Louise Marinig

● **Délicatisserie par Nina Métayer**
オペラ座周辺 MAP付録P.25D-1
☎01-42-82-40-02 Ⓜ3, 9号線Havre Caumartinアーヴル・コーマルタン駅から徒歩1分 ⑰Printemps du goût, Printemps Haussmann 8F,64 Boulevard Haussmann, 9e ⏰10:00〜20:00(日曜は11:00〜) 休無休 Ⓔ

繊細な素材とデザインで人気のイチゴケーキも好評

現代アートコレクション 2021年5月オープン
ブルス・ドゥ・コメルス ピノー・コレクション

フランソワ・ピノーが50年かけて収集してきた現代アートの作品を展示。絵画や彫刻、写真、インスタレーションなどアーティスト350人の作品約1万点を所有する。地上4階建てで、10の展示室と多目的ホール、レストランなどで構成されている。

● **Bourse de Commerce Pinault Collection**
ルーヴル美術館周辺 MAP付録P.13F-2
☎01-55-04-60-60 Ⓜ4号線Les Hallesレ・アール駅から徒歩5分 ⑰2 Rue de Viarmes, 1er ⏰11:00〜19:00(金曜は〜21:00) 休火曜、5/1 料€14 Ⓔ

↩安藤忠雄の建築による巨大な吹き抜け空間が話題に

©Marc Domage

2024年パリ五輪の会場
アディダス・アリーナ 2024年2月オープン

パリ18区にある屋内競技場で、2024年パリ五輪ではパリ市内唯一の新設会場。パリ五輪ではバドミントンと新体操、パラ五輪ではパラバドミントンとパワーリフティングの会場。コンサートやスポーツ、ミュージカルなどの会場として使用される。

● **Adidas Arena**
パリ郊外 MAP付録P.3E-1
☎01-46-91-57-54 Ⓜ12号線Porte de la Chapelleポルト・ドゥ・ラ・シャペル駅から徒歩4分 ⑰56 Boulevard Ney,18e

© Paris 2024

↩治安のいいエリアではないので、移動には要注意

TRAVEL PLAN PARIS

至福のパリ モデルプラン

> とびっきりの
> 4泊6日

食べて、見て、遊んで。定番から旬のおすすめスポットまでを
効率よく網羅するハルカナ厳選のプランでワンランク上のパリ旅行を。

旅行には何日必要？

大人のパリを満喫するなら

4泊6日 以上

パリ旅行の楽しみは限りない。美術館巡りやロマンチックな街歩き、カフェテラスでパリジャンと一緒にひと休み。夜はおいしい食事とワイン、そしてエンターテインメントも！

プランの組み立て方

❖ 人気スポットとレストランは事前に予約しておこう
美術館やヴェルサイユ宮殿などの人気スポットは、平日でも当日券を求める人たちで大行列する。公式HPから簡単に予約できるので、必ず予約しておこう。また高級レストランも予約が必要。HPやメールで予約が難しい場合は、パリに着いてからホテルのフロントで予約してもらおう。

❖ どこのエリアに泊まる？
人気のエリアはロワシーバスが停まるオペラ・ガルニエ周辺。サンジェルマン・デ・プレ周辺も、治安と交通の便が良いのでおすすめ。

❖ 夜の楽しみ方
シャンゼリゼ大通りやオペラ・ガルニエ周辺などの観光客の多い場所や、ホテルのバーなどで過ごすのが◎。メトロも深夜まで運行しているが、1人で乗るときは要注意。北駅やモンマルトル周辺は治安が悪いので近寄るのはやめよう。

❖ 工事やストライキに注意
工事やストライキでメトロの駅が閉鎖していることがある。最新情報はHPでチェックしよう。

【移動】日本➡パリ

DAY1

午前中出発の便はパリの夕方に到着。移動時間が長く大変だが、1日目の夜を楽しもう。

17:00 → **パリ到着** ✈

| ロワシーバス利用で60分 |

シャトルバスでホテル近くのバス停まで着いたら、メトロに乗り換え。

↑日本からの直行便はシャルル・ド・ゴール空港に到着

19:30 → **ホテルにチェックイン** 🧳

ホテルにチェックインしたら貴重品などの管理を忘れずに。外出の際の現金持ち歩きは最小限にするのが賢明。

20:30 → **ワインバーでパリの夜にカンパイ！** ▶P56

長時間移動の疲れもあるのでホテル近くのワインバーを探索。ワインとフレンチの軽食で腹ごしらえ。

↪ちょっと思いきったデザインにも挑戦してみたい

日中はロゼや白、夜は赤ワインが地元流

| メトロ利用でオペラ駅まで |

21:30 → **オペラ座周辺の夜景スポットにうっとり** ★

ライトアップされたオペラ座はパリの夜を象徴するよう。昼間の輝きとは違う趣でしっとりとした大人の雰囲気が漂う。

【移動】パリ▷ヴェルサイユ▷パリ

DAY2

2日目は早起きして郊外にも。たっぷり歩いた日の夜はとっておきのディナーで自分にご褒美。

8:00 → サン・ミッシェル・ノートル・ダム駅からヴェルサイユへ

9:00 → ヴェルサイユ宮殿で王族気分に浸る ▶P58 🏛

RER、メトロ利用でリュ・デュ・バック駅まで

市内から40分と近場にあるヴェルサイユ宮殿は朝のうちに出かけよう。敷地が広いので体力のある午前中にまわるのがコツ。

本物のシャンデリアが輝く鏡の回廊は必見。細部にわたる贅沢を体感しよう

13:00 → ボーパッサージュでお手軽ランチ ▶P51 🍴

スターシェフの味をリーズナブルに楽しめる話題のスポット。

徒歩10分

15:00 → オルセー美術館で名画をチェック ▶P78 🏛

メトロ利用でブルス駅まで

コンパクトに名画が展示されているオルセー美術館は午後からの見学でも充実。鉄骨とガラスの美しい建物も見どころ。

上階から館内を一望するスポット。駅舎兼ホテルだったころの雰囲気が蘇る

金色の大時計は駅舎当時1900年のもの

印象派を中心に世界的名画が多く集まる

16:30 → ギャルリー・ヴィヴィエンヌのレトロな雰囲気を満喫 ▶P49

 📷 パリで一番美しいパッサージュでタイムスリップ。通り抜けるだけでもOK。

人気のサロン・ド・テで休憩もできる

メトロ利用でシャルル・ド・ゴール・エトワール駅まで

18:00 → 凱旋門の荘厳な夜景 ▶P44 ★

星形のロータリーの中心にある凱旋門へ。余裕があれば階段を上って展望台へ。

本物のシャンデリアが輝く鏡の回廊は必見。細部にわたる贅沢を体感しよう

メトロまたはRER利用

19:30 → 高級レストランで本格フレンチ ▶P140 🍴

見た目にも美しいお皿の上の芸術

少しおしゃれして憧れの星付きレストランでご褒美ディナーに舌鼓。

アドバイス
予約が取れず現地でがっかりしないよう、日本で予約しておこう

新旧を象徴する美術館とピラミッド

【移動】パリ市内

DAY 3

美術館巡りを中心に街歩きするアクティブな1日。
目の保養とフレンチ・グルメをとことん楽しむ。

モナ・リザをはじめとする名画＆彫刻のほか、ナポレオン3世の居室は必見

9:00 ── **ルーヴル美術館で**
芸術の都を満喫 ▶P72

見どころが満載のルーヴル美術館へは開館と同時に入場。館内を短時間で効率よくまわれるよう予習しておくと迷わない。

↑壁一面に広がる大作は休憩がてらベンチに腰掛けて鑑賞

モナ・リザの展示はつねに混雑している

アドバイス
2・3階を中心とした3時間コースでまわるのがコツ

徒歩10分

12:45 ── **おしゃれカフェで**
人気ランチをオーダー
▶P151

広大なルーヴル美術館を歩き疲れたあとは、カフェでつかの間のひとときを過ごそう。

雰囲気のよい店内でブレイクタイム

14:00 ── **ポン・ヌフからシテ島へ**
パリ誕生の秘密を知る

セーヌ川にかかるパリで最も古い橋を渡りシテ島へ。パリ街歩きの気分が最高潮になる。

ポン・ヌフからはエッフェル塔が見える

徒歩7分

14:30 ── **サント・シャペル**
歴史ある美景に感動！ ▶P27

うっとりするほど美しいステンドグラスに囲まれた礼拝堂を見学する。

○外観はひっそりとシックなたたずまい

徒歩15分

色鮮やかなステンドグラスは写真映え

15:15 ──▶ **シテ島からサン・ルイ島を**
のんびり散策 ▶P29

ベルティヨンの有名アイス
や200年以上の歴史がある
花市など、魅力的な立ち寄
りスポットが点在。

➡アイス片手に街を
散策してみよう

メトロ利用で
コンコルド駅
まで

17:00 ──▶ **オランジュリー美術館にて**
自然光で美術鑑賞 ▶P82

モネの「睡蓮」を見るためだけに足を運び
たい美術館へ。圧巻の大作を前に静かな
庭園にいるような心地がして癒される。

➡自然光降り注ぐ部屋にはベンチもあり、ゆったり鑑賞

メトロ利用で
ジョルジュ・
サンク駅まで

19:00 ──▶ **ラデュレで定番みやげ**
マカロンを物色 ▶P120

季節限定やパ
リ限定品も。
目移り必至

パステルカラーで
あふれる店内でマ
カロン選び。カワ
イイ店内でお茶や
軽食も。

20:00 ──▶ **老舗ビストロでディナー**
気分はパリジャン ▶P132

フランスの家庭料理をビストロで堪能。カ
ジュアルで滋味に富む料理とおいしいワ
インで一日を締めくくる幸せを。

好みのままに。アレンジプラン

定番もいいけれど、曜日や日程がゆるせば
パリならではの場所に出かけるのも◎。

週末に訪れたい

蚤の市をぶらぶら歩き
大人の宝探しを楽しむ ▶P54

日曜日は店舗が閉
まっているので蚤の
市でお買い物。パリ
市内数力所で毎週末
開催されるフリー
マーケットで掘り出
し物が見つかるかも。

➡クリニャンクールの
蚤の市が有名

バレエ、ダンスの公演が観たい

オペラ・ガルニエの夜
社交場の雰囲気を満喫 ▶P172

気になる演目の公演
が旅程と重なったら
事前にチケットを確
保しよう。公演だけ
でなく会場の雰囲気
そのものにも酔いし
れる一夜が過ごせる。

➡豪華な装飾の大劇場
で気分も盛り上がる

プラス1日して出かけたい

モン・サン・ミッシェルと一緒に
ブルターニュの美食も ▶P64

大西洋に面したブル
ターニュ地方にある
モン・サン・ミッシェ
ルは1日がかりで出
かけよう。パリとは
ひと味違う風景と食
事が楽しめる。

➡海に浮かぶ小島と岩
山、修道院が昼間でも
幻想的な姿を見せる

17

[移動] パリ市内

DAY 4

観光と買い物、グルメを満喫する1日。締めくくりは
ディナークルーズで思い出に残るパリの夜景を。

9:00

ポン・デザールを渡り
右岸から左岸へ ▶P24

恋人たちの南京錠
で倒壊の危機で陥っ
たことがある「芸術
橋」を通って左岸へ
向かう。

⤷バゲット持参で訪れ
てピクニックも

徒歩8分

9:30

お城のような外観の
サン・ジェルマン・デ・プレ教会

📷

左岸の中心地へ。教会はカフェ文化が花
開いたこのエリアのシンボル。

徒歩すぐ

⤴現存するパリ最古の教会。10〜11世紀ごろ再建された

10:00

☕

芸術家が集ったカフェで
文化に思いを馳せる ▶P32

王道カフェでくつろぎのひととき。カッ
コいいギャルソンのサービスも素敵。

文豪が集った
とされる2階
席もチェック

**メトロ利用で
モベール・ミ
ュチュアリテ
駅まで**

11:30

フランスの偉人が眠る
パンテオンへ ▶P161

フランスの英雄を讃
える個性的な神殿へ
フーコーの振り子を
見に出かけよう。

⤷学生街の
シンボル

**メトロ利用で
モンパルナス
駅まで**

12:30

名物クレープリーで
パリの地元食を楽しむ ▶P148

🍴

ブルターニュ地
方の名物クレー
プでランチ。リ
ンゴのお酒シー
ドルも忘れずに。

⤷ガレットはそば
粉のクレープ

**メトロ利用でラ・ミュエット
駅まで**

14:00

老舗デパートの食品館で
グルメみやげ探し ▶P107

🛍

開放感のある店内に厳選された食材が並
ぶ。目の肥えた友だちのおみやげはここで。

**メトロ利用で
ビラケム駅まで**

15:00

エッフェル塔から
パリの街を眺める ▶P40

📷

パリへ来たらエッフェル塔は外せない！
眺める、展望台を網羅する、おみやげ探
し…と気分次第で行こう。

徒歩15分

入口でもある塔の真下から見上げる鉄
骨の組み合わせも見どころポイント

船からの撮影
が全景を撮り
やすい

アドバイス
シャイヨー宮などの少し離れた場
所から全体像を眺めるのが◎

20:00

ディナークルーズで
夜景と美食を堪能 ▶P24

🍴

パリの美観を楽しみ夜景を堪能できるク
ルーズで思い出に残るディナーを。ドレ
スアップして最後の夜を満喫したい。

©pmonetta

優雅な雰
囲気で本
格料理が
楽しめる

【移動】パリ市内

DAY 5

ホテルに荷物を預けたら出発ぎりぎりまでパリを
遊び尽くそう。ショッピングにグルメ、アートも！

9:00 → **モンマルトルの丘に
上って散策** ▶P36

坂の街モンマルトルは体力のある朝のう
ちに。石畳を上り丘の上を目指す。

メトロ利用で
レピュブリッ
ク駅まで

アドバイス
治安が良いとは言えない地域、
朝や日中もスリに注意して

古き良きパリの雰囲気がたっぷりの下
町。映画にも出てくる店も点在。

11:30 → **本場のショコラを
自分へのご褒美に** ▶P124

日本未進出の宝石
のようなフルーツ
ゼリーとショコラ
をおみやげに。

宝石箱の
ような箱入り
ショコラ

優雅な雰
囲気で本
格料理が
楽しめる

徒歩10分

12:00 → **流行発信地、北マレで
パリの旬を確認！** ▶P90

人気のセレクトショップでパリのイマド
キを。お気に入りの雑貨をお持ち帰り。

メトロ利用で
アール・ゼ・
メチエ駅まで

15:00 → **ブルス・ドゥ・コメルス
ピノー・コレクションを
アートの締めに** ▶P13

世界屈指の現代
アートコレクション
を展示。建築は安
藤忠雄によるエレ
ガントなもの。

→10の展示室、ホー
ル、レストランがある

©Marc Domage

16:30 → **ギャラリー・ラファイエットで
最後の買い物！** ▶P106

デパ地下で最後の食料品ショッピング。
バターやチョコレートは受託手荷物に。

RER（A線）利
用でシャトレ・
レ・アール駅か
らオベール駅
まで

13:00 → **ランチタイムは本格志向の
エスニック料理** ▶P144

かつてフランス領
だったこともあり、
モロッコ料理はパ
リでも定番。

メトロ利用で
レ・アール駅
まで

ル・キャトルサ
ンキャトルはク
スクスの人気
店（P.145）

ロワシーバス
利用で60分

ばらまき用も
自分用もここ
で一気買い

深夜 → **シャルル・ド・ゴール空港から
日本へ帰国**

TRAVEL PETIT ADVICE

旅のプチテク

編集部
セレクト！

旅行の日程もホテルも決まったら、次は現地でいかに楽しく過ごすか考える。
日本とフランスのちょっとした違いも、知っておけば旅の質がアップ！

❖ 注意しないと高くつく!? カフェの値段について

カウンター席で立ち飲み、あるいはカウンターチェアーで飲む場合は安くなる。通常席で€2.80くらいのカフェだと€1.50前後。室内席とテラス席は、テラス席の値段が高いカフェもある。夕方以降はカフェが高くなる場合もある。カフェの店外にある価格表を必ず確かめてから入店しよう。

●フランスのコーヒー

カフェ café → エスプレッソ

カフェ・アロンジェ café allongé
→ アメリカンコーヒー

カフェ・クレーム café crème
→ カフェラテ

デカフェネ décaféiné
→ カフェインレスコーヒー

> フランス語でコーヒーはカフェ。フランスのコーヒーはエスプレッソが常識

❖ コンビニはある？

パリにはコンビニはありません。一部のスーパーが23時ごろまで営業している程度。店頭に野菜などが売られ食料品と雑貨などを置くアラブ系の小さな店が24時近くまで営業しているが、商品の偏りもあり、価格も割高。100円均一のようなものもほぼなく、文房具などは日本に比べるとかなり高い。

❖ 年末年始、7月中旬～8月下旬はどう過ごす？

12月24日の午後からお店が閉まりだし、25日は閉店する場合もある。一般の店舗、美術館、モニュメント、レストランもほぼクローズ。7月中旬（革命記念日）からバカンスシーズンが始まるため、美術館や観光地を除き、個人商店は閉店するところもある。この2つの時期は前もって計画し、食事の予約も必須になる。

❖ 駅にコインロッカーはある？

ホテルに預けない場合、パリ国鉄の駅（SNCF）の手荷物預かり所が利用できる。料金は24時間で、ロッカーの大きさにより、€5.50、€7.50、€9.50（現金のみ）。翌日になると、€5の超過料金がかかる。荷物は営業時間内（7～22時が一般的）でしか受け取れないので注意。

❖ 飲みきれなかったボトルワインは？

持ち帰れます。食事も客が希望する場合、テイクアウト容器に入れて渡すことが義務付けられている。せっかくオーダーしたのに、飲みきれなかったり食べきれなかったりした場合は、お店に相談してみよう。

❖ 気軽に行ける無料のコンサートはある？

パリの教会では、定期的に無料コンサートが開かれる。サン・トゥスタッシュ教会にあるパイプ総数7000本以上の巨大なパイプオルガンが有名で、日曜夕方のミサの前に開催される。また、6月21日の「音楽の日」の前後1週間は、パリのいたるところで無料コンサートが開かれる。

●おすすめの無料コンサート

サン・トゥスタッシュ教会（1区）
HP https://www.saint-eustache.org

サン・ロック教会（1区）
HP www.paroissesaintroch.fr

オラトワール・デュ・ルーヴル教会（1区）
HP https://oratoiredulouvre.fr

マドレーヌ寺院（8区）
HP www.eglise-lamadeleine.com

> 教会に行く際は、肌の露出や騒ぎすぎないなど最低限のマナーを守るように

BEST 11 THINGS TO DO IN PARIS

パリで ぜったいしたい 11 のコト

Contents

空を映す流れに、
憧れのパリを実感する！

橋を渡り
岸を歩き…

01 セーヌと遊ぶ！

陽を浴びたセーヌもいい。雨のセーヌもいい。
あなたはパリにいる間何度セーヌを見るだろう。
いくつもの橋を渡り、河畔をそぞろ歩く。
そう、あなたは今、パリの旅のなかにいる。

La Seine

セーヌがパリの歴史をつくり
夢も絶望も抱え滔々と流れる

　ジバンシィに身を包んだオードリー・ヘプバーンが、セーヌの河畔でアイスクリーム屋からアイスを買う、その向こうにノートル・ダム大聖堂が見える。

　1963年の映画『シャレード』のワンシーンだ。ヘプバーンはこのあとケーリー・グラントとともにセーヌのディナークルーズへと出かける。時代は古いが河岸の風景は今とさほど変わらない。

　変わったのはノートル・ダム大聖堂で、2019年の火災で尖塔などが崩落した（P.28）。

パリのセーヌ河岸は世界遺産

　大聖堂がそびえるのはセーヌのシテ島で、パリはこの島を起源にして発展したというが（P.26・168）、すぐ上流にはサン・ルイ島が浮かび、河畔の近くにはエッフェル塔をはじめ、ルーヴルやオルセー美術館が立ち、シャイヨー宮が立ち、コンコルド広場が横たわり、セーヌはパリ観光の中心を流れている。最上流ははるか東のティジョン近くで、蛇行を繰り返しながらパリを抜けつつ北西へ向かい、大西洋のセーヌ湾に注ぐ。

　下流のジヴェルニーには画家のモネが暮らし、代表作の『睡蓮』を写した池の水はセーヌから引いたものだという。

中世から知れた
セーヌの右岸と左岸

　全長780kmというセーヌはライン川やドナウ川と同様、物資や旅客を運ぶ大河である。それはパリ市民に多大な恩恵を与えつつ、ヴァイキングなどの水路ともなってパリに激動の歴史を強いることにもなるが、街はやがてその表情を変えつつ、右岸・左岸と分けて称されるようになる。分けるのはセーヌだ。

　北側が右岸、南側が左岸。それぞれ特徴的に街の様相が変わってくる。

　1163年にノートル・ダム大聖堂が創建されたころにはすでに明確に分かれ、シテ島を宗教と政治の中心とし、左岸は教会が運営するさまざまな学校が建って学術の中心となり、右岸は商業と経済のエリアとなった。

セーヌの両側に2つの顔を見る

　今も右岸にはシャンゼリゼ大通りに代表される華やかな気配が漂う。左岸には大学街のカルチェ・ラタンや、20世紀初頭から固有の文化を育んだモンパルナスやサン・ジェルマン・デ・プレがあり、旅人はいくつもの橋を渡っては右岸と左岸を行き来する。

　橋には固有の歴史があり、セーヌを飾ってアクセントをつける。河畔は格好の散策路だ。映画『シャレード』では恋を語らう夜のカップルを照らし出して見せる。

世界遺産エリアの美景に酔う

セーヌ川クルーズ

セーヌ川の水上から見るエッフェル塔の美しさに、
アレクサンドル3世橋の華麗さに驚く。
散策して見たパリの街並みがクルーズでがらりと変わる。

パリ観光で人気のセーヌのクルーズ
水上からの景観と個性的な橋が素敵

　セーヌのクルーズとはいってもその種類はさまざま。そこでクルーズの老舗バトー・ムーシュのディナーのコースに乗り込んでみる。出発はアルマ橋の右岸付近。もちろん船上から眺めるルーヴル美術館やエッフェル塔などの建物は新鮮な印象。と同時に次々と目に入ってくる個性豊かな橋、また橋の景観も素晴らしい。華麗なアレクサンドル3世橋を過ぎ、最古のポン・ヌフ、「愛の南京錠」で賑わいをみせたポン・デザール…、船はグルネル橋で方向転換して（アポリネールで知られるミラボー橋はもう少し下流）出発地点へ。おいしいクルーズは2時間15分。

ビラケム橋
Pont de Bir-Hakeim
MAP 付録P.10 C-3

下層が歩行者・自動車用、上層にはメトロ6号線が通る2層の橋。1958年の映画『死刑台のエレベーター』にも登場。

ポン・デザール
Pont des Arts
MAP 付録P.26 B-1

「愛の南京錠」で知られたが錠前の重さでフェンスの一部が崩壊。2015年に南京錠の取り付けは不可となった。

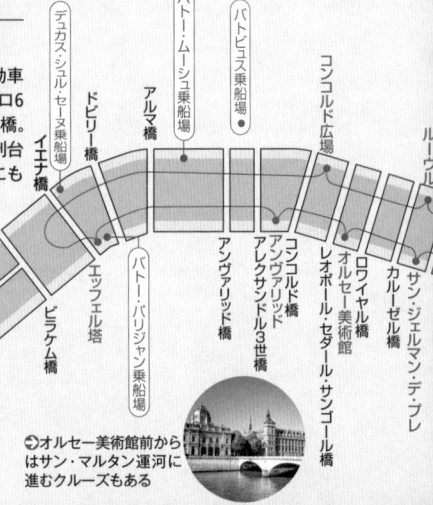

（地図上の橋名・施設名）
デュカス・シュル・セーヌ乗船場
バトー・ムーシュ乗船場
バトビュス乗船場
コンコルド広場
ルーヴル
ドビリー橋
アルマ橋
イエナ橋
自由の女神
エッフェル塔
ビラケム橋
バトー・パリジャン乗船場
アンヴァリッド橋
グルネル橋
ミラボー橋
コンコルド橋
アンヴァリッド
アレクサンドル3世橋
レオポール・セダール・サンゴール橋
オルセー美術館
ロワイヤル橋
カルーゼル橋
サン・ジェルマン・デ・プレ

→オルセー美術館前からはサン・マルタン運河に進むクルーズもある

セーヌ川を行き交う水上バス

バトビュス
BATOBUS

9カ所の停留所を自由に乗降できる水上バス。停留所はいずれも観光に便利な場所に設置されている。

☎01-76-64-79-12 ⏰10:00〜19:00（季節により変動あり）、25〜30分間隔で運航 🚫無休 💰1日パス€23、2日パス€27（年間パス€73もある）🌐www.batobus.com/en.html

乗り方	1 チケットを買う	2 乗船＆下船
	各乗り場にBATOBUSと書かれた窓口があり、利用直前でも購入可。1日・2日パスがある。	席は決まっていないのでお好みで。通勤客も利用する"バス"なので、音声ガイドやトイレはない。乗りっぱなしもできる。撮影は後部甲板からがおすすめ。

©Batobus

アレクサンドル3世橋
Pont Alexandre Ⅲ
MAP 付録P.12 A-2

1900年のパリ万博に合わせてロシアより寄贈された橋。その華麗な街灯や装飾で、「パリで最も美しい橋」とされる。

パリでぜったいしたい11のコト

01 セーヌと遊ぶ！

セーヌ川のクルーズ船

セーヌ川クルーズの
オンライン予約
セーヌの水位が上がると船は運行不可のため予約をしても必ず運行するとは限らないので注意。

デュカス・シュル・セーヌ
Ducasse sur Seine
MAP 付録P.11 D-2

所要
2時間

折り返し●サン・ルイ島～イエナ橋

世界的料理人アラン・デュカス氏が手がけるクルーズ。ランチ、ディナーそれぞれ3コースあり、絶品の料理と風景が水上レストランで優雅に味わえる。
☎01-58-00-22-08 ⏰ランチ12:45～（土・日曜のみ）ディナー20:30～（各約2時間、ランチは30分前、ディナーは1時間前の乗船推奨） ⑭無休 ㊟ランチ€105～、ディナー€160～ ⑭https://www.ducasse-seine.com/en/

©pmonetta

バトー・ムーシュ
Bateaux Mouche
MAP 付録P.11 F-2

所要
1時間10分

折り返し●サン・ルイ島～自由の女神像

観光や食事しながらのクルーズを提供する。本数も多い。貸し切りも可能。
☎01-42-25-96-10（日本での予約は03-6435-4614バトー・ムッシュ ジャポン） ⏰10:00～22:30（冬期は～22:00)、夏期は20分、冬期は45分間隔で運航 ⑭無休 ㊟€17～ ⑭bateaux-mouches-japon.com

バトー・パリジャン
Bateaux Parisiens
MAP 付録P.11 D-3

所要
1時間

折り返し●サン・ルイ島～イエナ橋

少し優雅なディナークルーズが人気。日本語音声ガイドのサービスもある。
☎01-76-64-14-45（日本での予約は03-6435-4614パリ観光株式会社） ⏰エッフェル塔発10:00～23:00、ノートルダム発11:00～22:45、夏期30分、冬期45分間隔で運航（季節により変動あり） ⑭無休 ㊟€18～ ⑭www.bateauxparisiens.com

ウデット・デュ・ポン・ヌフ
Vedettes du Pont Neuf
MAP 付録P.26 C-1

所要
1時間

折り返し●サン・ルイ島～イエナ橋

遊覧のみのコースで、食事プランなどもない。予約なしでも利用しやすい。
☎01-46-33-98-38 ⏰10:00～23:00、30～60分間隔で運航（季節により変動あり） ⑭無休 ㊟€16 ⑭https://www.vedettesdupontneuf.com/home/

ポン・ヌフ
Pont Neuf
MAP 付録P.27 D-1

「新しい橋」を意味する現存のパリ最古の橋。1607年に完成。1991年の映画『ポンヌフの恋人』の舞台。

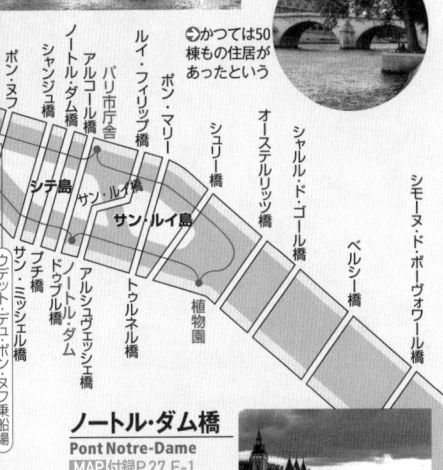

➡かつては50棟もの住居があったという

ポン・ヌフ
ルイ・フィリップ橋
ノートル・ダム橋
シャンジュ橋
パリ市庁舎
アルコール橋
ルイ・マリー橋
ポン・マリー
シュリー橋
オーステルリッツ橋
シャルル・ド・ゴール橋
ベルシー橋
植物園
トゥルネル橋
ノートル・ダム
プチ橋
アルシュヴェッシュ橋
ドゥブル橋
サン・ミッシェル橋
サン・ルイ橋
サン・ルイ島
シテ島
シモーヌ・ド・ボーヴォワール橋
（ウデット・デュ・ポン・ヌフ乗船場）

ノートル・ダム橋
Pont Notre-Dame
MAP 付録P.27 E-1

ローマ時代に起源を持ち、16世紀には美しい家々が立ち並んだ。今の橋は1919年に完成。

25

La Seine

パリ発祥の東西約1kmの島

パリはじまりの地 シテ島散策

紀元前3世紀中ごろには集落ルテティアが形成され、カエサル（シーザー）が『ガリア戦記』にも記したシテ島のパリシイ族。パリ始まりの地とされるシテ島の歴史と現在に目を向ける。

この地なしにパリは語れない ローマ時代の遺跡も残る島

　紀元前250年ごろには、ケルト系ガリア人であるパリシイ族（パリという名称の由来）が、セーヌ川の中州・シテ島にルテティアという集落を形成し、商業的・戦略的拠点として繁栄する。しかし、カエサルの『ガリア戦記』にも見られるように紀元前52年にローマによって征服されてしまう。ローマ人はルテティアをシテ島からセーヌ左岸（南側）へと集落を拡大し、都市を建設していった。ローマ時代の遺跡はノートル・ダム広場の地下などで見られる。

ノートル・ダムは無残だが パリでも有数の観光スポット

　パリの1区と4区に属し、パリの街はここから発展していったとされる。セーヌ川両岸とは9本の橋で結ばれているのでアクセスは容易だ。ノートル・ダム大聖堂は不幸にして火災に遭ったが、サント・シャペルやパレ・ド・ジュスティスなどの歴史的建造物や心地よいカフェなどが揃い、年間を通じて多くの観光客で賑わう。東京・日本橋にある「日本国道路元標」にあたるポワン（ポイント）・ゼロもあり、ここを踏むと再びパリに来られるという。

5世紀〜 建設

法曹界の"殿堂"はかつての王宮

2 パレ・ド・ジュスティス
Palais de Justice de Paris
MAP 付録P.27 D-2

日本でいう最高裁判所やパリ控訴院、大審裁判所などの機関が収まるフランス法曹界の中枢で、シテ島の約3分の1を占める。かつては王宮であった重厚な大理石造りの歴史的建造物。

☎01-44-32-51-51 Ⓜ 4号線Cité シテ駅から徒歩3分 🏠 10 Boulevard du Palais, 1er 🕐 金曜のみで時間は不定期（予約サイトで確認）🗓 土〜木曜・日曜、祝日 💰 €15
※www.exploreparis.com/から要事前予約

⤴ここから多くの人が断頭台へ送られた

パレ・ド・ジュスティス 2
コンシェルジュリー 3

1607年 完成

「新しい橋」という名の、パリに現存する最古の橋

1 ポン・ヌフ
Pont Neuf
MAP 付録P.27 D-1

シテ島を挟んで、セーヌ川右岸側に7連アーチ、左岸側に5連アーチを持つ、長さ238m、幅22mの石橋。完成は1607年。建造当時のパリの橋上には両側に家々が建てられていたが、ポン・ヌフには家はない。400年以上も原形をとどめる頑丈さも驚異的だ。
Ⓜ 7号線Pont Neuf ポン・ヌフ駅からすぐ

ジュゼッペ・カネッラによって描かれたポン・ヌフ（1832年）（カルナヴァレ博物館蔵）

ドーフィヌ広場
Place Dauphine
1607年 完成

アンリ4世に緑の深い美しい広場で、シックなカフェやレストランが広場を囲むように並ぶ。

⤴橋には架橋工事を完成させたアンリ4世の騎馬像も立つ

1 ポン・ヌフ

14世紀 建設

処刑を待つ王妃の独房が今も残る

3 コンシェルジュリー
Conciergerie

MAP付録P.27 D-2

かつては王宮だったが放棄され、1370年からは牢獄として使用された。フランス革命でここに投獄されたルイ16世の王妃マリー・アントワネットは1793年にギロチン刑に処された。

☎01-53-40-60-80 ⊗Ⓜ4号線Cité シテ駅から徒歩3分 🏠2 Boulevard du Palais, 1er 🕐9:30〜18:00 🈑1/1、5/1、12/25 🈷€13(サンシャペルとのペアチケット€20) PASS ※www.paris-conciergerie.frから要事前予約

1345年 完成

2019年火災で一部焼失。復興が待たれる

5 ノートル・ダム大聖堂
Cathédrale Notre-Dame de Paris

MAP付録P.27 F-3

大聖堂の大規模火災では、尖塔が焼け落ちるなど、被害は甚大で、マクロン大統領は「われわれの一部が燃える」と表現した。2024年のクリスマス前(予定)を目指して工事中。

☎01-42-34-56-10 ⊗Ⓜ4号線Cité シテ駅から徒歩6分 🏠6 Parvis Notre-Dame - Pl. Jean-Paul II, 4e 🕐休🈷拝観停止中

▶P28

⬆パリのシンボル的存在。修復されるのが待ち遠しい

4 サント・シャペル

⬆マルキ・ド・サドも一時投獄された

5 ノートル・ダム大聖堂

※2019年4月の大規模火災により尖塔などが崩落

イル・ド・フランス広場
Square de l'Île de France

小さな公園のような空間で、大聖堂の喧騒とは無縁。バラ園や戦時中に強制収容所で犠牲となった人々の慰霊施設もある。

ノートル・ダム広場
Place du parvis Notre-Dame

広場の地下は、発掘されたローマ時代のパリの遺跡が見られる考古学博物館になっている。公衆浴場跡や、日常品などのさまざまな出土品を展示する。

パリ警視庁
Préfecture de Police de Paris

1800年に創設。本庁舎の建設は1863〜67年。シムノンの推理小説"メグレ警視"シリーズでもおなじみだ。

1248年 完成

美しい光のシャワーに包まれて

4 サント・シャペル
Sainte-Chapelle

MAP付録P.27 D-2

ルイ9世が聖遺物のために建てさせたゴシック様式の粋を集めた建造物。2階礼拝堂の、高さ15mにもなるステンドグラスの美しさで知られる。

☎01-53-40-60-80 ⊗Ⓜ4号線Cité シテ駅から徒歩2分 🏠8 Boulevard du Palais, 1er 🕐9:00〜19:00(10〜3月は〜17:00) 🈑1/1、5/1、12/25 🈷€13(コンシェルジュリーとのツインチケット€20) PASS ※www.sainte-chapelle.frから要事前予約

⬆パレ・ド・ジュスティスの中庭に立つ"聖なる礼拝堂"

➡ステンドグラスの神々しい光の氾濫に立ち尽くす

ノートル・ダム大聖堂 建築と修復の歴史

2019年4月15日から16日にかけて炎上した大聖堂。ゴシック建築を代表する建物の火災はフランスそのものが燃えたといわれる。「われらが聖母マリア」とは何かを考えてみる。

↑世界中にショックを与えた火災だが、今後どのように再建されるかが注目される

聖母マリアに捧げられた聖堂
大規模火災は世界的ショック

2019年の火災で尖塔は焼け落ちたが、その先に設置されていた風見鶏が聖堂内で発見され、奇跡として話題となったのはまだ記憶に新しい。1163年に着工され最終的な完成は1345年とされる、ゴシック建築を代表するカトリック教会の聖堂だ。1991年にユネスコ世界文化遺産として「パリのセーヌ河岸」が登録され、ノートル・ダム大聖堂も含まれる（単体の登録ではない）。"ノートル・ダム"とは"我らが女主人"を意味し、イエスの母マリアのことだ。この名称を持つ寺院は北フランスを中心にいくつもある。また、この聖堂ではナポレオンの戴冠式や、戦後ではド・ゴールやミッテランら大統領の国葬など、さまざまな式典などが催されてきた。

聖書や聖人の物語が"読める"
レリーフや華麗なバラ窓を

12世紀中ごろに誕生したゴシック様式の建築物は15世紀にはヨーロッパ各地に伝わっていった。パリの大聖堂は"白い貴婦人"とも呼ばれ、全長127.5m、身廊のヴォールト（天井部）までの高さ32.5m、幅12.5mの巨大な建物だ。ゴシック建築の傑作といえるが、ヨーロッパの森をイメージしているという荘厳な身廊や、美しい巨大バラ窓、ファサードの3つのポルタイユ（正面門）に見られるレリーフに注目したい。また、鐘塔の欄干からパリ市街を睥睨するかのように見下ろす多数のガーゴイルの怪物たち（シメール）にも目を配りたい。

↑フランス革命時には廃墟と化した。1804年、ナポレオン1世は戴冠式をここで挙行した

↑ファサードの3つのポルタイユには、異なるレリーフが施されているので目を凝らしたい

↑万華鏡のように花開くステンドグラスの"バラ窓"。直径は約13m、圧倒的な迫力と美しさ

↑ゴシック教会の内部は巨木の森を思わせる。ヴォールトまでの高さは32.5m

↑ファサードには門が3つある。左から「聖母マリア」「最後の審判」「聖アンナ」の門

再建なのか？デザインの変更
なのか？昔も今もこれが問題

フランス革命では大聖堂も襲撃を受け、ステンドグラスが割られるなどして荒廃する。さらに老朽化も進んで、一時は取り壊しという事態にもなった。この危機を救ったのがユゴーの小説『ノートルダム・ド・パリ』だといわれる。1845年、建築家ヴィオレ・ル・デュクの案によって修復工事が始まるが、尖塔の高さを元来より高くしたり、尖塔基部に彫刻を新規に追加したりして、全体として修復以上の変更が目立ち、のちに非難を浴びることになる。今回の火災後の再建・修復計画はどんなものになるのか、世界が注目している。

↑修復中にもかかわらず大聖堂の広場には、多くの観光客が訪れる

1954年創業の風格漂う
ベルティヨン本店

シテ島～サン・ルイ島周辺
プチさんぽ

サン・ルイ橋でつながる、セーヌ川に浮かぶ2つの中州は歴史と高級住宅街の島。花市やブキニストで遊び、人気のアイスクリーム店に並ぶ

1808年から続く花と緑の空間
シテ島の花市
Marché aux Fleurs Cité
MAP 付録P.27 E-2

島の中心部に位置。鉢植えの花卉類やしゃれたガーデニンググッズも揃う。
☎なし／Ⓜ4号線Cité シテ駅からすぐ 🏠37 Place Louis Lépine, 4e ⏰8:00～19:30 🏧店舗により異なる

⬆花の季節を考慮して足を運びたい

パリのアイスクリームの代名詞
ベルティヨン
Berthillon
MAP 付録P.14 B-4

季節のフレーバーからベーシックなものまで常時30～35種。テイクアウトのほか、サロン・ド・テも併設。
☎01-43-54-31-61 Ⓜ7号線Pont Marie ポン・マリー駅から徒歩5分 🏠29-31 Rue Saint-Louis en l'Île, 4e ⏰10～20時 🏧月・火曜、8月 E

⬆フリュイ・ルージュ"メルバ"€14

⬆コーン・シュクレ ドゥーブル（2種）€6.5

古本の露店はパリの風物詩
ブキニスト（古本市）
Bouquinistes
MAP 付録P.27 F-3

シテ島を挟むセーヌ川の岸に連なる古本を扱う露店。200以上の店が1000もの収納箱を並べる。
Ⓜ4号線Cité シテ駅からすぐ 🏧店舗により異なる

⬆本は開閉できる箱に収められている

オテル・ドゥ・ヴィル駅
パリ市庁舎
RER A線 D線
Voie G. Pompidou
シテ駅
R. d'Arcole
ブキニスト（古本市）
シテ島
Île de la Cité
サン・ミッシェル駅
サン・ミッシェル・ノートル・ダム駅
R. Danton
サン・セヴラン教会
サン・ジュリアン・ル・ポーヴル教会
ノートル・ダム大聖堂
サン・ルイ島
Île St-Louis
ポン・マリー駅
ポン・マリー
ローザン館
ランベール館
Quai de la Tournelle

ノートル・ダム大聖堂を目印に散策を楽しもう

高級住宅街に立つローザン館は17世紀の建造で、ボードレールが若き日を過ごした

ショパンやドラクロワが出入りしたランベール館は火災で焼失したが2018年に修復された

あまりに豊かな文化が
育った場所

ピカソがいた、
ヘミングウェイがいた…

02 濃密なパリの時間は
カフェの午後に流れる

20世紀初頭から第二次大戦ごろまで
パリのカフェにはボヘミアンな芸術家が
群れて濃密なときを醸し出していた。

6店の椅子

Café

右岸から左岸へ。世界の芸術の潮流
はパリを席巻。舞台はカフェだった

ピカソ、ブラック、アポリネール、モ
ディリアーニ、シャガール、マチス、コク
トー、サルトル、ボーヴォワール、フィッ
ツジェラルド、ヘミングウェイ……。数え
上げればきりがない。1920年以降にパリ
に滞在し、あるいは暮らした芸術家たちだ。
ジュリエット・グレコやジャズのマイルス・
デイヴィス、あるいは映画人などもここに
加わってくる。目が眩むほどに。芸術家た
ちは20世紀初頭から集合し交流し、最初は
ピカソや藤田嗣治などを中心としたモンマ
ルトルだったが、やがて熱情は右岸から左
岸へ、モンパルナスを経てサン・ジェルマ
ン・デ・プレへと移っていく。
　交流の場を提供したのは、彼らを熟成さ
せたカフェであった。

多くの芸術家たち
が通ったことで知
られる有名店

カフェ・ド・ラ・ロトンド
Café de la Rotonde

モンパルナス **MAP** 付録P.19 D-2
1903年創業。モディリアーニやアポリ
ネールが通ったというカフェ。赤のビ
ロードがふんだんに使われていて、と
ても豪華でクラシカル。古き良き雰囲
気のなかで飲むコーヒーは格別。
☎01-43-26-48-26 ⊗M4号線Vavin ヴァヴァ
ン駅からすぐ 働105 Boulevard du Mont-
parnasse, 6e 働7:30〜翌0:30(〜12:00は
朝食、カフェメニューのみ) 働無休 🅔🅔🅔🔲

老舗ならではの風格を見せる

豪華絢爛な赤いカフェ

●ポール・ギョームの肖像画
など、数々のモディリアーニ
作品(複製)が飾られている

MENU
オニオングラタン
スープ€12
朝食€14.9〜

オニオングラタン
スープを食す
フランス名物のスー
プ・ア・ロニオン・グラ
チネは食べ応えがあり、
小腹がすいたときにも
ぴったり。丁寧に炒め
られた玉ネギの甘みと
チーズの香ばしく焼け
た香りがたまらない。

●パリジャンたちはテラス席がお気
に入り。秋冬でも太陽があればここ
●藤田嗣治がフランス語を
覚えたカフェ

02 濃密なパリの時間はカフェの午後に流れる

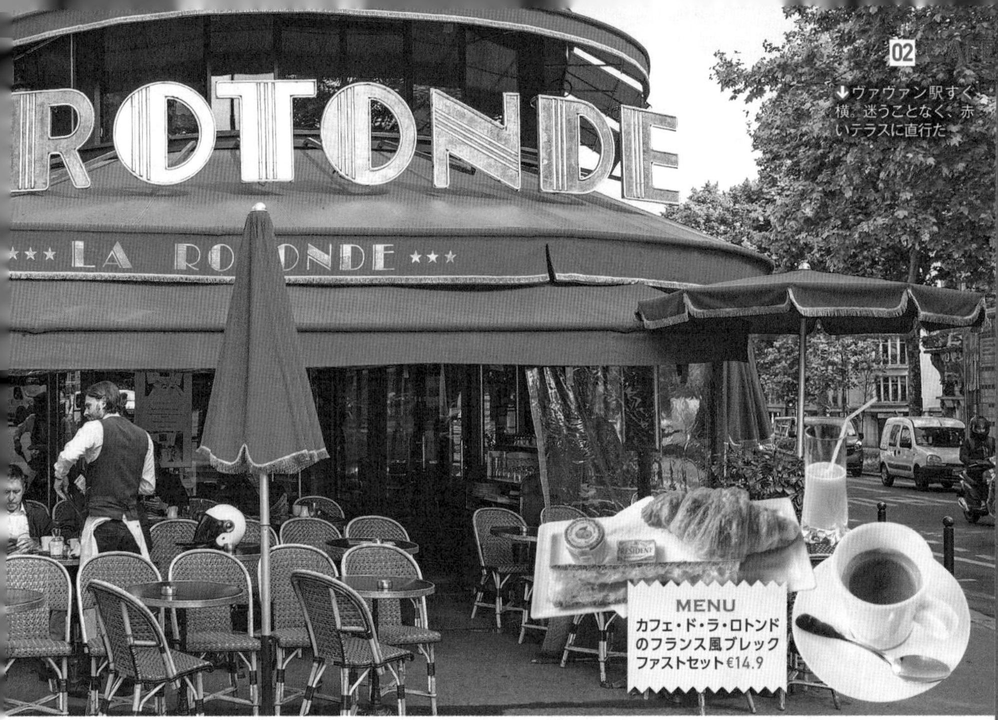
ROTONDE
LA ROTONDE

02

↓ヴァヴァン駅すぐ横。迷うことなく、赤いテラスに直行だ

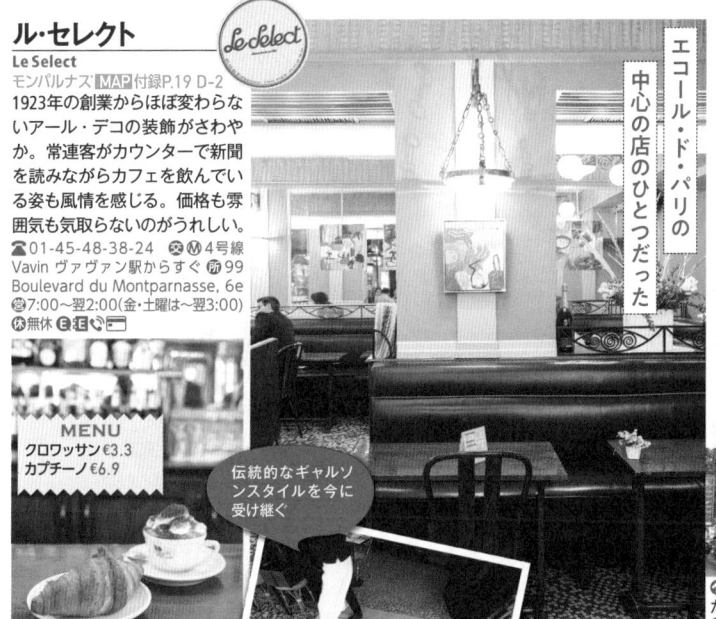

MENU
カフェ・ド・ラ・ロトンドのフランス風ブレックファストセット €14.9

ル・セレクト

Le Select

モンパルナス MAP 付録P.19 D-2

1923年の創業からほぼ変わらないアール・デコの装飾がさわやか。常連客がカウンターで新聞を読みながらカフェを飲んでいる姿も風情を感じる。価格も雰囲気も気取らないのがうれしい。

☎01-45-48-38-24 交Ⓜ4号線Vavin ヴァヴァン駅からすぐ 所99 Boulevard du Montparnasse, 6e 営7:00〜翌2:00(金・土曜は〜翌3:00) 休無休

MENU
クロワッサン €3.3
カプチーノ €6.9

エコール・ド・パリの中心の店のひとつだった

Le Select

伝統的なギャルソンスタイルを今に受け継ぐ

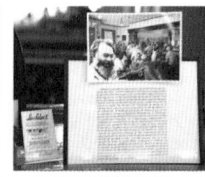

名作の舞台にも

ヘミングウェイの小説『日はまた昇る』や、ゴダールの映画『勝手にしやがれ』にも登場する歴史ある名店。ヌーヴェル・ヴァーグのアニエス・ヴァルダ監督なども訪れている。

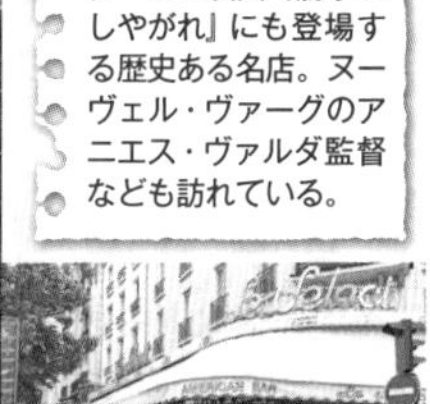
Le Select

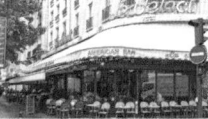

↑開店したころパリに住んでいたシャガールも通っていた
←ヘミングウェイお気に入りのテーブル席も

ル・ドーム

Le Dôme Montparnasse
モンパルナス **MAP** 付録P.19 D-2

1898年創業。エコール・ド・パリの時代には、ジャン・コクトー、藤田嗣治も通った店。ル・ドームといえばシーフードが美味しいと有名。カフェとレストランスペースがある。

☎01-43-35-25-81 Ⓜ4号線
Vavin ヴァヴァン駅からすぐ 🄿108
Boulevard du Montparnasse, 14e
🕐12:00〜14:30, 19:00〜22:30
(土、日曜は〜23:00) 🈺無休(7・8月は日・月曜) 🄔🄔

新しい風を取り入れるカフェ 伝統を守りつつ

日本人シェフの繊細な逸品

シェフを務めるのはオーナーが惚れ込んだ日本人の三浦氏。繊細な日本人の手から生まれるクリエイティブな料理は、パリジャンたちも絶賛。

> 雰囲気のあるギャルソンに会えるのも老舗ならでは

MENU
ブルターニュ産オマールとマンゴーのサラダ

⬆前菜でカキを味わう。よく合う白ワインやシャンパンで乾杯！

⬆入口左にカフェ席、奥にゆっくり楽しめるレストラン席がある

⬆歴史がうかがえる数々の貴重な写真や創業当時からあるアールデコ調のステンドグラスに、思わずため息

栄光の軌跡

1939年に、ポール・ブバルがオーナーに就任。ジャック・ブレヴェールやサルトルと交流があり、著名な文化人が訪れるようになり、文学カフェとしての名声を築いた。

⬆ランプや赤い長椅子、扇形の床タイルは創業当時のオリジナル

サン・ジェルマンの華

カフェ・ドゥ・フロール

Café de Flore
サン・ジェルマン・デ・プレ **MAP** 付録P.26 A-2

1885年創業。1940年以降は、ピカソやアポリネール、サルトルやボーヴォワールなど数多くの芸術家や作家が愛用し、黄金時代を迎えた。今もその名残をとどめ、知的なエスプリが漂う。

☎01-45-48-55-26 Ⓜ4号線St-Germain des-Prés サン・ジェルマン・デ・プレ駅からすぐ 🄿172 Boulevard Saint-Germain,6e 🕐7:30〜翌1:30 🈺無休 🄙🄔🄔

パリの文化が脈々と息づく

MENU
カフェ€5
シャンパン€21
ユゴー＆ヴィクトールのミルフィーユ€14

⬆店名は創業当時設置されていた春の女神フロールの像に由来する

テラス席は華やかさがあり、セレブや観光客のお気に入り

レ・ドゥ・マゴ

Les Deux Magots

サン・ジェルマン・デ・プレ **MAP** 付録P.26 A-2

1885年に創業。ヴェルレーヌやランボーが出入りし、1933年にはドゥ・マゴの文学賞が創設。アンドレ・ジイドやヘミングウェイなどが集ったカフェは、今も特別な存在感を放つ。

☎01-45-48-55-25 ✕4号線St-Germain des-Prés サン・ジェルマン・デ・プレ駅からすぐ ⚑6 Place Saint-Germain des Prés,6e ⏰7:30～翌1:00 ⚑無休 🇪🇯🍴

02

↑サン・ジェルマン・デ・プレ教会の前に立つ

2体の人形が見守る

前身は、1812年に創業した高級織物店。店内を飾る2体の中国の高官の人形は、創業時からあったもの。店名は戯曲『レ・ドゥ・マゴ・ド・ラ・シンヌ(中国の2つの人形)』に由来。

MENU
ドゥ・マゴ流
ホットショコラ €10

サルトルやヘミングウェイの名前がついた朝食メニューもある

ラ・パレット

La Palette

サン・ジェルマン・デ・プレ
MAP 付録P.26 B-2

画廊や画商が立ち並ぶ通りのカフェ&ビストロ。かつての面影を残したままの店内やテラスでは、多くの画廊関係者や美術学生が利用していて賑やかだ。典型的なビストロ料理もおすすめ。

☎01-43-26-68-15 ✕4・10号線Odéon オデオン駅から徒歩7分 ⚑43 Rue de Seine,6e ⏰8:00～翌1:30 ⚑無休 🇪🇯🍴

02

薬草リキュールも

伝統的にアーティストの集まるカフェで、セザンヌやピカソ、ヘミングウェイ、ロック歌手ジム・モリソンなども常連だった。禁断の酒アブサンもメニューにある。

↑→広いテラス席も人気。待ち合わせに利用している学生の往来を眺めるのも楽しい

↑→店名の由来にもなっている絵画やスケッチが店のあちらこちらに掲げられている

MENU
オムレツ(オーガニックの卵、ハム入り)
€13.8
エスプレッソ €3.2

←1930年頃の装飾が残る店内は歴史的建造物に登録されている

Café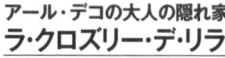

カフェより格上の空間はかつての議論場
芸術家たちが集った
由緒あるブラッスリー

3店

**1900年代に
タイムスリップ**

ヘミングウェイがジョイスやピカソなどと
出会った、自由闊達な雰囲気のブラッスリーへ。

↑ヘミングウェイのお気に入りだったバーカウンター。執筆が終わるとバーボンを飲んでいた

アール・デコの大人の隠れ家
ラ・クロズリー・デ・リラ

La Closerie des Lilas
モンパルナス **MAP** 付録P.19 E-3

19世末にはエミール・ゾラやセザンヌが訪れ、20世紀初めには詩の朗読会などが開催され、世界的に有名に。ヘミングウェイはここでカフェ・クレームを飲みながら、本格的長編『日はまた昇る』を執筆。当時のままの世界に浸る。

☎01-40-51-34-50 Ⓜ4号線Vavin ヴァヴァン駅から徒歩7分 🏠171 Boulevard du Montparnasse,6e ⊗カフェバー11:00〜翌1:30、ブラッスリー12:00〜翌0:30、レストラン12:00〜15:00、19:00〜23:00 ㊡無休 🇪🇯🇪

↑リラ（ライラック）の木々に囲まれた外観

↑外光が降り注ぐフロアも気持ちがいい

MENU
バーボンやカクテル
€17.30〜

各界の名士や文化人御用達
ブラッスリー・リップ

Brasserie Lipp
サン・ジェルマン・デ・プレ
MAP 付録P.26 A-2

1880年の創業。ボリス・ヴィアンの『サン＝ジェルマン＝デ＝プレ入門』にもよく登場する店。昔も今も政治家や文化人が愛用する。カラータイルの壁画やアール・ヌーヴォーのランプなど華麗な装飾が見事。

↑サン・ジェルマン大通りに面する。予約不可なので注意

☎01-45-48-53-91 Ⓜ4号線St-Germain des-Prés サン・ジェルマン・デ・プレ駅からすぐ 🏠151 Boulevard Saint-Germain,6e ⊗9:00〜翌0:45 ㊡無休 🇪🇯🇪

MENU
ビスマルク・ニシン
€12
シュークルート・スペシャル・リップ €26.5

↓壁にはピカソの写真が

↑創業当時の面影が残る稀有な空間

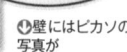

1920年代に全盛を極めた名店
ラ・クポール

La Coupole
モンパルナス **MAP** 付録P.19 D-2

1927年に創業。ピカソや藤田嗣治、コクトーらが常連だった。ジャコメッティやシャガールなど多くの芸術家が出入りした。生ガキやシーフード、肉料理などメニューが充実。

☎01-43-20-14-20 Ⓜ4号線Vavin ヴァヴァン駅からすぐ 🏠102 Boulevard du Mont-parnasse,14e ⊗8:00〜24:00(日、月曜は〜23:00) ㊡無休 🇪🇯🇪

→壁には常連だった人々の写真が飾られている

↑フレンチも提供しているが、カフェ1杯でも利用可能

MENU
カフェ €3.5
仔羊のカレー風味 €27.5

↓800㎡もの広さがあるブラッスリー

大人な夜の底で

↑ホテルのリノベーションとともにリニューアルされた、バー・ヘミングウェイ ©Vincent Leroux

著名人が座った椅子でカクテル！
素敵な夜が流れる
パリの老舗バー **3店**

**カクテルの歴史が刻まれている
パリで、とっておきの一杯を。**

ヨーロッパ最古のカクテルバー
ハリーズ・バー
Harry's Bar
オペラ・ガルニエ周辺 **MAP** 付録P.25 E-3
オペラ座のすぐ近くの路地にたたずむバー。1911年創業、その昔フィッツジェラルドやハンフリー・ボガートなど、パリを訪れるアメリカ人たちが通った。
☎01-42-61-71-14 Ⓜ3・7・8号線Opéra オペラ駅からすぐ ⌂5 Rue Daunou, 2e ⏰12:00〜翌1:30(日曜は17:00〜翌1:00) 休8月の日曜

↶↑ニューヨーク本店発祥のブラディ・マリー€16、パリ店発祥のフレンチ75€16

↑目の前で芸術的に作られるカクテル

いざ、めくるめく夜のバーへ
バー・ヘミングウェイ
Bar Hemingway
オペラ・ガルニエ周辺 **MAP** 付録P.25 D-3
ヘミングウェイが愛したバー。氏ゆかりの写真や胸像に囲まれ、世界一のバーテンダー、コリン・ピーター・フィールド氏が作るカクテルに酔いしれる。
☎01-43-16-33-74 Ⓜ3,7,8号線Opéra オペラ駅、8,12,14号線Madeleineマドレーヌ駅から徒歩5分 Ⓗリッツ・パリ(→P178)内 ⏰17:30〜24:30 休無休

↑シグネチャー・カクテルのSerendipityなど数多くのカクテルが、夜な夜な作られている

高級ブティック街のパラス
ル・バー・デュ・ブリストル
Le Bar du Bristol
シャンゼリゼ大通り周辺 **MAP** 付録P.6 B-4
宿泊者リストにココ・シャネルやチャップリンなどが名を連ねるホテル、ブリストル。フレスコ画の天井や18世紀のタピスリーで彩られた大人のバーで、カクテルを。
☎01-53-43-42-41 Ⓜ9,13号線Miromesnil ミロメニル駅から徒歩5分 Ⓗル・ブリストル・パリ(→P178)内 ⏰18:00〜翌2:00(日〜火曜は〜24:00) 休無休

↑イタリア産大理石の暖炉もある優美なしつらえ

↑カウンターはモダンで、モニターにパリの風景が

↶オリジナルカクテルも作ってくれる

↑開業当初の趣を残すウッディな店内。古き良き時代へようこそ

白亜のサクレ・クール寺院から
市街を一望

03 画家たちが暮らした モンマルトルの坂道散歩

似顔絵描きの広場で遊ぶ

Montmartre

ユトリロ、ロートレック、ゴッホ、ピカソなど芸術家たちが集まったモンマルトルは、今も当時の面影が残る。

街の中心は寺院の立つ丘 坂と石畳の小路を散策

　モンマルトルの街は、小高い丘の頂に建つ白亜の寺院を中心に広がる。19世紀末から20世紀にかけて芸術家たちが集まったこの場所は、自由な生活を楽しむ芸術家やボヘミアンの街として健在だ。地下鉄アベス駅から「ジュテームの壁」のある公園に立ち寄り、芸術家ゆかりのアトリエ跡をたどる石畳の小路を散策。かつて多くの芸術家が暮らした家、モンマルトル美術館を目指す。おしゃれなパン屋が並ぶマルティール通りから似顔絵描きが集まるテルトル広場まで、賑やかな坂道が続く。サン・ピエール教会を左に東へ進むと丘の頂にたたずむサクレ・クール寺院。聖堂前では世界中からの観光客が眼下に広がるパリのパノラマを楽しんでいる。ここで眺めるパリの風景が散策のハイライト。

凱旋門 • ルーヴル 美術館 • エッフェル塔

モンマルトル墓地
Cimetière du Montmartre

墓碑銘が有名なスタンダールやドガ、ハイネなど多くの芸術家が眠る共同墓地。無料貸し出しの地図を参照してまわろう。
☎01-53-42-36-30 🚇 M 2・13号線PL de Clichyプラス・ドゥ・クリシー駅から徒歩5分 🏠20 Avenue Rachel, 18e 🕐8:00（土・日曜、祝日9:00）～18:00（11～3月は～17:30）🚫無休 💴無料

ムーラン・ドゥ・ラ・ギャレット
Le Moulin de la galette

多くの画家に描かれた伝説のダンスホールの風車（ムーラン）。現在はレストランになっている。

スタンダールの墓碑には「生きた、書いた、恋した」の言葉が

ゴッホのアパルトマン
Appartement de Théo Van Gogh

ゴッホが1886年から2年間弟のテオと暮らしたアパルトマン。内部見学は不可だが建物にプレートが。

アトリエ洗濯船
Le Bateau Lavoir

ピカソ、ルノワール、モディリアーニなどの有名な画家がアトリエを構えた建物。現存するのは窓のみ。

▶ ミニバスに乗って巡る

列車の形をしたバス。ゆっくりと時間をかけて坂道を上る

プチ・トラン
Le Petit Train de Montmartre

起伏に富んだ坂道の街はミニ列車「プチ・トラン」を利用するのも手。片道利用だけでもOKだ。
☎01-42-62-24-00 🚫公式サイトで要確認 🕐1月の月・火曜 💴往復大人€10、片道大人€6 🌐www.promotrain.fr/
※公式サイトから事前予約が好ましい

プチ・トラン乗り場

ブランシュ駅

クリシー大通り

2号線

ムーラン・ルージュ ▶P.176
Moulin Rouge

フレンチ・カンカンで有名な世界最古のキャバレー。美男美女によるショーは圧巻。

ムーラン・ルージュ（赤い風車）がシンボル。ショーは1日2回

13号線

カフェが点在するモンマルトル。映画『アメリ』で主人公が働いていたカフェもある。

CAFÉ MONTMARTRE

街歩きチャート

Ⓜ 2・12号線
ピガール駅
徒歩7分
1 ジュテームの壁
徒歩10分
2 モンマルトル美術館
徒歩4分
3 エスパス・ダリ・モンマルトル
徒歩2分
4 テルトル広場
徒歩3分
5 サクレ・クール寺院
徒歩9分
アンヴェール駅
Ⓜ 2号線

歩く距離
約**2.5**km

03 画家たちが暮らしたモンマルトルの坂道散歩

↑石畳の散歩は遠くに見える寺院の尖塔を目指して ©istock/AlexKozlov

オ・ラパン・アジル ▶P.177
Au Lapin Agile

無名時代のピカソやユトリロ、ロートレックが集ったシャンソニエ。彼らの絵は今も店内に。

世界最古の現存するキャバレーでもある。19世紀の建物がおしゃれ

ブドウ畑
Vignoble

かつて一面がブドウ畑だったモンマルトル。その一部がパリ市の管理下で残っていてワイン製造も。

毎年1700本のワインを製造、売り上げは社会活動の資金に

R. Lamarck
ラマルク・コーランクール駅
コーランクール通り
12号線
2 モンマルトル美術館
ベクレル通り
壁抜け男
コルト通り R. Cortot
R. Norvins
エスパス・ダリ・**3** モンマルトル
4 テルトル広場
サン・ピエール教会
プチ・トラン乗り場
R. Custine
5 サクレ・クール寺院
ミュレ通り
R. A. del Sarte
ベルト通り
ジュテームの壁 **1**
トロワ・フレール通り
フニキュレール
アベス駅
12号線
サン・ジャン・ド・モンマルトル教会
R. des Martyrs
ピガール駅
ピガール広場
2号線
R. de Steinkerque
R. d'Orsel オルセル通り
いきなり現れるから見逃さないで!
アンヴェール駅
アンヴェール公園

マルティール通り
Rue des Martyrs

庶民的な雰囲気の残る通り。モンマルトルから南方向に話題のパン屋やパティスリー店巡りもおすすめ。

©Amelie Laurin

壁抜け男
Le Passe-Muraille

作家エイメの作品『壁抜け男』のモニュメント。壁抜けの途中で透明術が解けてしまったシーンを再現した人気のインスタスポット。

ノスタルジックな石畳が続くロマンチックなモンマルトルの道

長く急な階段はモンマルトルの名物。頑張って上ってみよう

モンマルトルの急勾配を上るフニキュレールで頂上まで楽ちん

曲がりくねった小路から見える寺院はフォトジェニック

歩きやすい靴で出かけよう *Montmartre*

素敵な坂を上って、下って

モンマルトルの魅力は素敵な坂道と石畳の小路。かつてこの街に暮らした多くの芸術家たちに思いを馳せ、散策しよう。

愛の言葉で埋め尽くされる壁

1 ジュテームの壁

Le mur des je t'aime

MAP付録P.23 D-3

612枚の青いタイルに311の言葉で「ジュテーム（愛している）」と書かれたアート作品。2000年に完成して以来市民に愛され、インスタスポットとして人気だ。

🔼愛の国フランスならでは。ロマンチックな気分に浸ろう

🔽日本語の愛の言葉がいくつかあるので探してみよう

🚇Ⓜ12号線Abbesses アベス駅からすぐ 🏠Square Jehan Rictus, Place des Abesses, 18e ⏰休料見学自由

古き良きパリの面影がここに

2 モンマルトル美術館

Musée de Montmartre

MAP付録P.23 D-1

🔼モンマルトル最古の建物を美術館に改装

ユトリロが母と暮らし、ルノワールなどがアトリエを構えた建物。画家たちの作品、街の歴史関連資料を展示。

☎01-49-25-89-39 🚇Ⓜ12号線Lamarck Caulaincourtラマルク・コーランクール駅から徒歩7分 🏠2 Rue Cortot, 18e ⏰10:00〜18:00 休無休 €15※www.museedemontmartre.frから要事前予約

サルバドール・ダリの美術館

3 エスパス・ダリ・モンマルトル

Espace Dalí à Montmartre

MAP付録P.23 D-2

ダリの作品を300点以上展示した美術館は、彼のアトリエにいるような感覚。シュルレアリスムの世界を体験できる。

🔼ダリの不思議な世界観を彫刻でも再現

☎01-42-64-40-10 🚇Ⓜ12番線Abbesses アベス駅より徒歩8分 🏠11 Rue Poulbot, 18e ⏰10:00〜18:00 休無休 料€16 ※www.daliparis.comから事前予約が望ましい

🔼ダリの口髭をデザインした入口の文字も注目

芸術の都パリを感じられる場所

4 テルトル広場
Place du Tertre

MAP 付録P.23 E-2

かつてはモンマルトル村の中心で静かな広場だったが、20世紀初頭に無名の画家が絵を売る場所になった。カフェやみやげ店で囲まれた広場の中心では、今も多数の画家たちが所狭しと似顔絵を描き絵を売っている。古き良きモンマルトルを感じられる人気の観光スポットだ。

🚇Ⓜ12番線Abbessesアベス駅より徒歩5分

→似顔絵を頼むときは必ず事前に料金交渉と確認をしよう

→似顔絵描きのほかハンドメイドアイテムを売る人も

→風景画などもあるので、好きな画風を見てまわろう

パリを見下ろすシンボル的存在

5 サクレ・クール寺院
Basilique du Sacré-Cœur

MAP 付録P.23 E-2

1876年に着工、難工事を経て1914年に完成したロマネスク・ビザンチン様式の大聖堂。「サクレ・クール」とは聖なる御心の意味。当時の教会技術の結晶である美しい白亜のドームは、パリのいたるところから眺めることができる。教会を彩る彫刻や緻密なモザイク画が広がる内部も見ておきたい。なかでも475㎡の丸天井に描かれたキリストのモザイク画は見事だ。

☎01-53-41-89-00 所35 Rue du Chevalier de la Barre,18e 🚇Ⓜ2番線Anvers アンヴェール駅から徒歩9分 時6:30～22:30（ミサ中は入場不可）料無料

→向かって左側が13世紀の聖王ルイ9世像

→白い寺院とプチ・トランが周囲の風景になじみ、美しい

→外側の細い階段も上るのでスリル満点

フランスの英雄ジャンヌ・ダルク像は向かって右

↓戦争や内乱で犠牲になった人たちを追悼するための教会。カトリック教徒がキリストの御心にささげた

↓意外と混雑しないドームからの眺めは格別。360度の大パノラマをカメラに収めよう ©iStock.com/LUNAMARINA

テラスからはエッフェル塔も見える

一度はパリの
オノボリさんになってみよう！

La Tour Eiffel

04 見て、撮って、上って！エッフェル塔

圧巻のパノラマに茫然

パリの象徴といえばまず思い浮かぶ「エッフェル塔」。
塔には高さの違う3つの展望台があり、それぞれ異なる
パリの風景が楽しめる。SNS映えには必須のスポット！

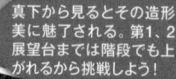

真下から見るとその造形美に魅了される。第1、2展望台までは階段でも上がれるから挑戦しよう！

↑各展望台への料金は異なるが、上から下る場合は追加料金なし

鉄の時代の幕開けを象徴するその深い歴史にも注目！

エッフェル塔の名前は、設計施工責任者だった建築家、ギュスターヴ・エッフェルの名が由来。1889年に開催された第4回パリ万国博覧会の目玉として建設され、万博に間に合わせるためにわずか2年2カ月で完成させた。しかし、当初は解体される予定だったが、20世紀には電波塔の役割を担うことで保存されることに。今では年間約700万人の観光客が訪れるパリの名所となった。

高さ324m、総重量約7000tの鉄製の塔の完成は、石の時代から鉄の時代への移行の象徴とされ、その美しい姿から別名「鉄の貴婦人」と呼ばれている。

🗼 エッフェル塔　　要予約

La Tour Eiffel
MAP 付録P.11 D-3
☎08-92-70-12-39 交 Ⓜ6号線Bir-Hakeim
ビラケム駅から徒歩5分 所5 Avenue Anatole
France, 7e 6/14～8/30は9:30～翌0:45
（第3展望室は～23:00）、9/1～6月中旬は9:30
～23:45（階段は～18:30、第3展望室は
23:00）、7/14は午前のみ（夏期、天候により変
動あり）休 無休 HP https://www.toureiffel.
paris/jp E 🈳■

🎀 エッフェル塔に上る

敷地内に入場する
東側と南側に入口がある。入場に際してはセキュリティチェックがある。9:15から入場可能。

エッフェル塔の上り方
第2展望台まではエレベーターまたは階段で上れる。さらに、第3展望台まではエレベーターのみ。組み合わせによって料金は異なる。

🛗 エレベーターで
エレベーターは、北・東・西塔にある。チケット予約をしている場合は、エレベーターの乗り場に直接向かう。

🚶 階段で
第1展望台までは360段、第2展望台までは700段。第2展望台では、第3展望台へのエレベーターのチケットは購入できない。

チケットを買う
第2、第3展望台へのエレベーターでのチケットは、公式ホームページから要オンライン予約。完全予約制となり、入場ルールが変動。階段で上るチケットや当日券などは公式ホームページなどで事前に確認しておく。

	大人	12～24歳	4～11歳
第2展望台へ 🛗	€18.8	€9.4	€4.7
第3展望台へ 🛗	€29.4	€14.7	€7.4
第2展望台へ 🚶	€11.8	€5.9	€3.0
第2展望台へ 🚶🛗	€22.4	€11.2	€5.7
第3展望台へ			

1887年1月から着工し1889年3月に完成

324m

276m 第3展望台

第2展望台から最上階へのエレベーターで。屋内、屋外展望台からは、パリの街を360度の大パノラマで見ることができる。

↑目を凝らせば北側に凱旋門。放射状に延びる道沿いに美しい街並み

↓空に真っ直ぐ伸びた塔を見上げるのも迫力満点

View Point
北西方面にはトロカデロ庭園、シャイヨー宮が眼下に見える

View Point
セーヌ川沿いの歴史的街並みの中にアンヴァリッドなどを探そう

116m 第2展望台

階段なら地上から700段で到着。屋外展望台がありパリの風と日差しを感じながらフェンス越しに街並みが眺められる。

57m 第1展望台

階段なら360段。歴史を紹介する展示、カフェ、レストランがある広さ。

View Point
展望台の内側から人が行き交う塔の真下を眺めることができる

↓ガラスの床で地上57mに浮いているようなスリルを体感しよう

パリでぜったいしたい11のコト

04 見て、撮って、上って！ エッフェル塔

41

©iStock.com/Vladislav Zolotov

いろんな角度でまったく違う顔が魅力
エッフェル塔を眺める **BEST** フォトスポット

La Tour Eiffel

エッフェル塔の魅力は塔からの景観だけでなく「被写体としての魅力」にも。観る場所、時間により激変する姿に感動!

エッフェル塔はどこから撮る?

一面緑の芝生に立つエッフェル塔は優美

高台の広いテラスから宮殿と塔を入れて

A

シャイヨー宮
Palais de Chaillot
MAP 付録P.10 C-2

1937年第7回パリ万博時に建てられた宮殿。歴史ある建物とエッフェル塔の全景を撮影できるポイントとして有名。
🚇6,9号線Trocadéro トロカデロ駅からすぐ 🏠Place du Trocadéro, 16e 🈺各博物館11:00〜19:00(木曜は〜21:00) 🈺火曜 🈯無料(各博物館以外)

D
上層のメトロ用の橋の柱と塔を入れて

ビラケム橋
Pont de Bir-Hakeim
MAP 付録P.10 C-3

セーヌ川に架かる16区高級住宅地と15区庶民的商業地を結ぶ2層橋。さまざまな映画の撮影にも使用され、美しい橋と評判。中央の展望所からエッフェル塔が見られる。
🚇6号線Bir-Hakeim ビラケム駅からすぐ

シャン・ド・マルス公園
Champ de Mars
MAP 付録P.11 E-3
C

エッフェル塔の足元から旧陸軍士学校まで続く左右対称の公園。鮮やかな芝生の緑の上にそびえる塔の姿は絶景。
🚇8号線École Militaire エコール・ミリテール駅から徒歩7分 🏠2 Allée Adrienne Lecouv-reur,7e 🈺散策自由

地図：
ボワシエール駅 / イエナ駅 / 9号線 / アルマ・マルソー駅 / トロカデロ駅 / アルマ橋 / イエナ橋 / パッシー駅 / エッフェル塔 / Av. de la Bourdonnais / Av. Rapp / Av. Bosquet / ビラケム駅 / Av. de Suffren / エコール・ミリテール駅 / 白鳥の小径 / 旧陸軍士官学校 / デュプレックス駅
0 500m

メリーゴーラウンドを入れると絵本のよう

B

ケ・ブランリ美術館
Musée du quai Branly
MAP 付録P.11 E-2

非西洋的な芸術を集め2006年に開館したケ・ブランリ美術館。庭にあるカフェからはエッフェル塔が眺められる。
☎01-56-61-70-00 🚆C線Pont de l'Almaポン・ドゥ・ラルマ駅から徒歩4分 🏠37 Quai Branly, 7e 🈺10:30〜19:00(木曜は〜22:00) 🈺月曜、5/1、12/25 🈯€14(第1日曜は無料) E S PASS

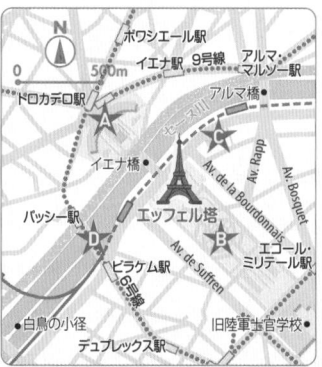
公園の芝生に寝転びながら見よう!

夜のイルミネーションも必見!

夜には闇の中にオレンジ色の光で包まれたエッフェル塔が浮かび上がる。1時間に1回5分間「シャンパン・フラッシュ」が行われ、白いライトが点滅しキラキラと輝く姿に心を奪われる。

オフィシャルショップでグッズをチェック! *Shop*

エッフェル塔公式ブティック
Tour Eiffel The Official Boutique
MAP付録P.11 D-3

第1展望台にある公式ブティックには、エッフェル塔をはじめ、パリのおみやげが約1000点ほど並んでいる。
☎9:30～23:30(夏期は9～24時) 休無休
€

↑塔の中でありながら広々とした店内。ここでしか購入できないものもある

▶ **スノードーム**
パリの定番みやげといえばこれ。トリコロールカラーがかわいい

▶ **キーホルダー**
シンプルなものからマカロンと一緒になっているものまで多種多様

▶ **ミラー**
さりげなく配されたエッフェル塔がおしゃれな2つ折りのコンパクト鏡

▶ **オブジェ**
家の大事な場所に飾ってパリ旅行の思い出に浸るのがおすすめ

予約すればチケットがなくても第2展望台まで入れる

©RichardHaughton

塔内にあるレストランなどもおすすめ! *Gourmet*

塔の内部には第1展望台にマダム・ブラッセリー、レ・ビュッフェ。第2展望台にル・ジュール・ヴェルヌ、最上展望台にシャンパンバーなどがある。

©Stephan Juilliard

エッフェル塔を眺めるナイスビューレストランでランチ!!

ワンランク上の思い出ランチなら、うっとりするようなパリのパノラマを楽しみながら。とっておきのオアシススポットだ。

カクテル片手に乾杯したい
ペルーシュ
Perruche
オペラ・ガルニエ周辺 **MAP**付録P.24 C-1

プランタン(P107)メンズ館の最上階にあるカクテルバー&レストラン。500㎡ものエキゾチック庭園に併設し、ここからの眺望はこの上なく贅沢。気軽に行ける雰囲気なのが嬉しい。
☎01-42-82-60-00 Ⓜ3,9号線Havre Caumartin アーヴル・コーマルタン駅から徒歩2分 所Printemps de l'Homme, 2 Rue du Havre, 8e ⑭12:00～15:00(土・日曜は12:30～16:00)、19:00～翌2:00 休無休 €

Nice View
オペラ界隈の風景を360度まるごと独り占め。ショッピングの途中に、最高のリフレッシュ。

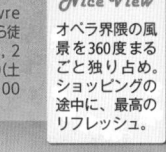

屋上でありながら緑に囲まれて、リラックスできる空間

旅人の心をゆさぶるセーヌの風光
ダル・ミマ
Dar Mima
カルチェ・ラタン **MAP**付録P.20 B-1

アラブ世界研究所の最上階にあるレストラン。ダイニングやテラスからはセーヌ川やノートル・ダム大聖堂が一望できる。野菜やハーブ、香辛料をたっぷり使ったモロッコ料理が中心。
☎01-85-14-79-25 Ⓜ7,10号線Jussieuジュシュー駅から徒歩7分 所1 Rue des Fossés Saint-Bernard, 5e ⑭12:00～14:30、15:30～17:30、19:00～翌2:00 休月曜 €

↓モロッコの豪華なサロンのような雰囲気が漂う店内
©Romain Ricard

Nice View
セーヌ川をパノラミックに見晴らせる。夜景はさらにドラマチックで、パリのいい思い出になりそう。

↑9階にあり、テラスからはパリの市街がよく見える

王道観光なら
ここから始める！

パリを制覇した
気分デス！

05 凱旋門の上から シャンゼリゼを見下ろす

生前に門を通れなかった
ナポレオンの誇り、兵士らの
勝利への歓喜に思いを
馳せながら街を見渡そう。

Av. des Champs-Élysées

凱旋門
Arc de Triomphe がいせんもん
MAP 付録P.5 D-4
パリの中心であり顔
さまざまな歴史がここで交錯

　シャンゼリゼ大通りの西端に雄大な姿をとどめるエトワール凱旋門は、パリ観光では欠かせない観光名所。高さ50m、幅45mの古代ローマ様式の凱旋門から12の街路が放射状に延びる景色は、まさにパリの中心だ。

　アウステルリッツの戦いでフランス軍を勝利に導いたナポレオンが、翌年の1806年に建設の命を出し着工し、ナポレオンの死後の1836年に完成。流刑地で生涯を終えたナポレオンの遺骸は1840年になりこの門を通過した。第二次世界大戦でドイツ軍からパリを奪還したシャルル・ド・ゴール将軍もこの門で勝利の歓声を上げた。

☎なし M1,2,6号線Charles de Gaulle Étoile シャルル・ド・ゴール・エトワール駅からすぐ 市Place Charles de Gaulle, 8e ⏰10〜23時(10〜3月は〜22:30) 休無休 料€16 ⒺⓈⓋ PASS

⬆コンコルド広場から凱旋門までを結ぶシャンゼリゼ大通り。壮大な門の外観と街路樹が美しくマッチ

横断歩道の中央から真正面に撮影することができる

展望台への上り方

地下道から入る
凱旋門へは道路は渡れず、専用の地下道でアクセス。シャンゼリゼ大通りとグランド・アルメ大通りの2カ所に凱旋門に繋がる地下道がある。メトロの駅からは直結しているので、地上に出る必要はない。

チケットを買う
地下道内でチケットを購入。長い列ができることがあり、パリ・ミュージアム・パスを購入するか、事前にオンライン購入しておくと入場がスムーズに。

階段を上る
セキュリティチェックを受けた後、展望台へはらせん階段を上がる。細く長い階段は250段もあり、歩きやすい靴がおすすめ。エレベーターは障害者専用。

アーチ
真下から凱旋門を見上げると美しいアーチ。アーチの中にはたくさんのレリーフが。

レリーフ
門の4本の柱にはナポレオンをテーマにした10の彫刻が施されている。正面向かい左はコルトー作の『1810年の勝利』という作品。

無名戦士の墓
第一次世界大戦で命を落とした無数の無名兵士が葬られ、毎日18時30分から30分セレモニーがある。

屋上の高さ50mの展望台からは19世紀に整備された美しいパリの街並みが一望できる

夜景も必見！

日没後に美しくライトアップされるが、色は季節やイベントなどで変わる。クリスマスシーズンにきらびやかに装飾されたシャンゼリゼ大通りを含んだ夜景は、うっとりするほどの美しさだ。

暗闇に浮かび上がる様子は迫力満点

北にモンマルトルの丘、東にルーヴル美術館が。探してみよう！

展望台

屋上の展望台からは美しく放射状に延びる大通りや、ルーヴル美術館、エッフェル塔など数々の名所が見える。

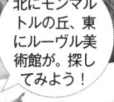

↑南の方角にはパリのもうひとつの象徴のエッフェル塔の姿がくっきり

アッティカの間

展望台の手前にあるアッティカの間には、レリーフのレプリカや建築、歴史に関しての展示がある。

凱旋門公式ブティック
**Arc de Triomphe
The Official Boutique**
MAP 付録P.5 D-4

凱旋門があしらわれたグッズのほか、パリ定番みやげが揃う。

☎01-55-37-73-75
営10:00〜22:30 休無休（臨時休業あり）E

➡チョコレート

➡キーホルダー

➡ジアン焼のプレート

レリーフ

正面より右側のレリーフは名工、リュードの『1792年の義勇軍の出陣』で通称「ラ・マルセイエーズ」と呼ばれる。

50m

ルイ・ヴィトン美術館へのシャトルバスが出ているフリドラン通り

ここが凱旋門への入口となる地下へ通じる階段

8°Arr¹
AVENUE DES CHAMPS ÉLYSÉES

シャンゼリゼ大通り

Av. des Champs-Élysées

MAP 付録P.5 E-4

マロニエ並木が美しい
パリのメインストリート

　街路樹沿いに続く老舗のカフェ、世界中のブランドショップ。「世界一美しい通り」と称され、連日、観光客で大いに賑わう。1616年にマリー・ド・メディシスがチュイルリー宮殿の庭園を並木道で延伸することを決め、ヴェルサイユ宮殿の庭園を手がけたル・ノートルによって整備された。

⊛Ⓜ1,2,6号線Charles de Gaulle Étoile シャルル・ド・ゴール・エトワール駅、1号線George V ジョルジュ・サンク駅、1,9号線Franklin D. Roosevelt フランクラン・デ・ルーズヴェルト駅、1,13号線Champs-Élysées Clemenceau シャンゼリゼ・クレマンソー駅

シャンゼリゼ大通りの歩き方

凱旋門からコンコルド広場まで続く約2km、道幅約100mの大通り。凱旋門からコンコルド広場までは緩やかな下り坂だから歩くのが楽だが、疲れたらカフェテラスでひと休み。12月31日には歩行者天国となり多くの人がここで新年を祝う。

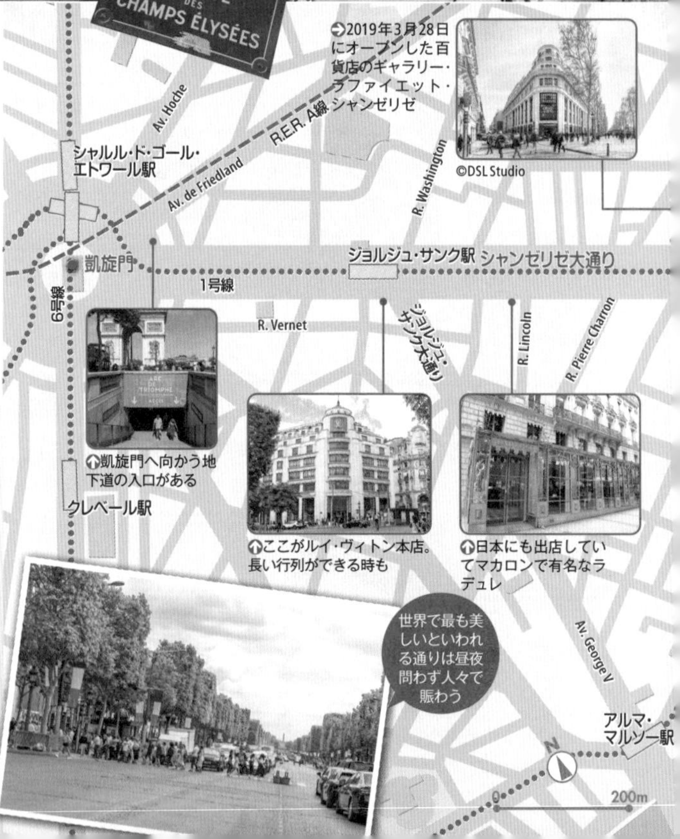

➡2019年3月28日にオープンした百貨店のギャラリー・ラファイエット・シャンゼリゼ

©DSL Studio

シャルル・ド・ゴール・エトワール駅
Av. Hoche
Av. de Friedland
R.E.R. A線 R. Washington

凱旋門
6号線

ジョルジュ・サンク駅 シャンゼリゼ大通り
1号線

R. Vernet
ジョルジュ・サンク大通り
R. Lincoln
R. Pierre Charron

クレベール駅

↑凱旋門へ向かう地下道の入口がある

↑ここがルイ・ヴィトン本店。長い行列ができる時も

↑日本にも出店していてマカロンで有名なラデュレ

世界で最も美しいといわれる通りは昼夜問わず人々で賑わう

Av. George V

アルマ・マルソー駅

N
200m

マルソー大通りを進むと自由の女神の炎のオブジェがある

シャンゼリゼ大通りはルイ・ヴィトン本店などブランドショップが並ぶモードの発信地

ガブリエル通りで週3回開催される
切手市
Marché aux Timbres
MAP 付録P.12 B-1

切手商やコレクターが世界中から集めた切手がテーマ、年代、ジャンル別などに販売される。

交 M 1,13号線Champs-Élysées Clemenceau シャンゼリゼ・クレマンソーから徒歩3分 開 木・土・日曜9:00～19:00(不定期開催)

↑大統領官邸となっているエリゼ宮。非公開

R. du Cirque
13号線
9号線
Av. Matignon
Av. Gabriel
マリニー劇場
R. de l'Élysée
Av. Gabriel
コンコルド駅
8号線

Av. des Champs-Élysées
シャンゼリゼ・クレマンソー駅
1号線

フランクラン・デ・ルーズヴェルト駅
Av. Franklin D. Roosevelt
Av. W.Churchill

↑マリー・アントワネットなどが処刑されたコンコルド広場

プチ・パレ(パリ市立美術館)
3
Av. Edward Tuck

グラン・パレ
2

モンテーニュ通り
1

9号線

最高級ブティックが集結
1 モンテーニュ通り
Av. Montaigne
MAP 付録P.11 F-1

ディオール、シャネル、プラダなどの高級ブランドが並び、ラグジュアリーな通りとして人気が高い。

交 M 1,9号線Franklin D. Roosevelt フランクラン・デ・ルーズヴェルト駅からすぐ
↑世界の一流ブランドが立ち並ぶ

中央にガラス張りの丸屋根
2 グラン・パレ
Grand Palais
MAP 付録P.12 A-1

1900年の万国博覧会会場としてプチ・パレとともに建てられ、現在は企画展専門の美術館。

☎01-44-13-17-17 交 M 1,13号線 Champs-Élysées Clemenceau シャンゼリゼ・クレマンソー駅からすぐ 所 3 Avenue du Général Eisenhower, 8e 開 10:00～20:00(水曜は～22:00) 休 展示により異なる(企画展開催時のみ開館) E

↑パリコレの会場になることも

穴場の無料美術館で巨匠の名画を鑑賞
3 プチ・パレ(パリ市立美術館)
Petit Palais
MAP 付録P.12 B-1

無料の美術館で、有名なモネの『ラヴァクールの日没』のほか、ピサロ、ゴーギャン、ルノワールといった巨匠の作品を鑑賞できる。

☎01-53-43-40-00 交 M 1,13号線Champs-Élysées Clemenceau シャンゼリゼ・クレマンソー駅から徒歩2分 所 Avenue Winston Churchill, 8e 開 10:00～18:00(夏期は延長の場合あり) 休 月曜、祝日 料 無料(企画展は有料) E

↑小さな宮殿という名のとおり、小規模だが美しい

レトロ・ヨーロピアンな
ガラス屋根のアーケード

パリの
ノスタルジーが薫る

06 19世紀の面影を残す パッサージュを歩く

"パッサージュ"とは、19世紀初めからパリに造られた
ガラス屋根付きのアーケード街。ショッピングのほか、
その時代を象徴する多彩な建築技術を満喫できる。

Les Passage

寒い冬も雨の日も快適
古き良きパリを偲んで散策

　以前はパリに100カ所以上あった
パッサージュ。車道や歩道が泥道だっ
た時代に足元がタイル貼りのここに人
が集まったが、百貨店の台頭でその存
在は一時は人々から忘れ去られてしま
う。10余りある現存のパッサージュは
それぞれが個性的。大理石を用いた
アール・デコ調の内装、タイルの床、
ガラスの屋根から差し込む穏やかな光
に包まれてそこはまるで19世紀当時
のパリだと錯覚してしまう。

通りに面した
入口には目印
のシックなプ
レートが掲げ
られている

彫刻や時計な
ど時代を象徴
する装飾を見
つけることが
できる

パッサージュ・ジュフロワ
パッサージュ・デ・パノラマ
ギャラリー・ヴィヴィエンヌ
パッサージュ・デュ・グラン・セール
ルーヴル美術館 ●
ボーパッサージュ
シテ島
サン・ジェルマン・デ・プレ教会

#テラス席でひと休み
#ビストロ・ヴィヴィエンヌ

48

パリで一番美しく優雅な、歴史的建造物のパッサージュ

ギャルリー・ヴィヴィエンヌ
Galerie Vivienne

ルーヴル美術館周辺 **MAP**付録P.13 E-1

1823年に造られた、モザイクと壁画と彫刻を配した、ポンペイ様式の装飾が特徴。古本屋や雑貨屋、レストランなど、落ち着いたさまざまな店が立ち並ぶ。

🚇Ⓜ1,7号線Palais Royal Musée du Louvre パレ・ロワイヤル ミュゼ・デュ・ルーヴル駅から徒歩5分 🏠5 Rue de la Banque, 2e ⏰8:30〜20:00 休無休

ギャルリー・ヴィヴィエンヌは、パレ・ロワイヤルやオペラ・ガルニエに近いだけあって、回廊もどの店も高貴なたたずまい

#リブレリー・ジョッソーム

↗どこを切り取っても絵になるたたずまい

こんなお店があります

回廊を眺めながらティータイム

ル・ヴァランタン サロン・ド・テ
Le Valentin
MAP付録P.13 E-1

2018年12月にオープンした、本格的なパティスリーが食べられるサロン・ド・テ、ル・ヴァランタンの2号店。散歩途中のブレイクに最適だ。

☎01-42-86-80-81 🏠35 Galerie Vivienne, 2e ⏰10:00(日曜11:30)〜18:30 休無休
Ⓔ

↗おすすめの人気ガトーは、モン・ブランやタルトレット・シトロン 各€9.5

軽食におすすめのキッシュもこのお店の自慢

ハンドメイドのペーパーオブジェ

ラパルテ インテリア雑貨
L'aparté
MAP付録P.13 E-1

カラフルできれいな装飾に思わずうっとり。ランプや小物など、繊細でオリジナルな作品は、小粋なパリみやげにぴったり。

☎01-42-60-05-89 🏠48 Galerie Vivienne, 2e ⏰12:00〜19:00 休日・月曜 Ⓔ

紙とワイヤーでできていて、羽根の広げ具合で表情が変化

↗愛らしいトリコロールカラーのエッフェル塔オブジェ

↗さまざまなガラスの器もセンスを感じさせる

↗ペーパーアートはガラスの器とコーディネートしたい

タイムスリップしたような空間

リブレリー・ジョッソーム 古書
Librairie Jousseaume
MAP付録P.13 E-1

このパッサージュの顔ともいえる、1826年から続く老舗の古本屋。ジャンルを問わず年代物の本が所狭しと並ぶ、パリジャンたちの憩いの場。

☎01-42-96-06-24 🏠45-46-47 Galerie Vivienne, 2e ⏰11:00〜19:00 休日曜 Ⓔ

↗古いピアノの楽譜は額に入れてインテリアに◎

↗時代を感じるポストカードでエアメールを送ろう

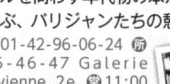

昔の書斎のような落ち着いた空間が心地いい

Les Passage

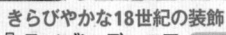

> パッサージュの中にはホテルのショパン（→P180）が

> 開業当初はパリーの賑わいを見せたというアーケードの原形が色濃く残る

1800年代の雰囲気を体感
パッサージュ・ジュフロワ
Passage Jouffroy

オペラ・ガルニエ周辺 MAP付録P.7 F-4

1836年に建造。外光が差し込む鉄とガラスの屋根や大理石の床は、当時のままに修復し、大事に保存されている。雑貨屋やアンティーク店、古書店、ステッキ店、お菓子屋、ホテルが並ぶ。🚇Ⓜ8、9号線Grands Boulevards グラン・ブールヴァール駅から徒歩3分🏠11 Boulevard Montmartre, 2e🕐7:00〜21:00休無休

▶ こんなお店があります

夢あふれるおもちゃの世界
パン・デピス おもちゃ
Pain d'Epices
MAP付録P.7 F-4

ミニチュアのままごとセットやドールハウス、ぬいぐるみ、木馬、機関車など、遊び心あふれるおもちゃがいっぱい。☎01-47-70-08-68🏠29 Passage Jouffroy, 9e🕐10:00〜19:00（日曜は12:30〜18:00）休無休

> いぐるみに夢中 かわいい動物のぬ

> ↑レトロなスクーターやプロペラ機はマニアに

きらびやかな18世紀の装飾
ラ・メゾン・デュ・ロワ アンティーク
La Maison du Roy
MAP付録P.7 F-4

マリー・アントワネットが愛用していたような優美な調度品や小物が揃う。☎01-45-51-29-94🏠24/26 Passage Jouffroy, 9e🕐11:00〜19:30 休日曜（10〜12月は営業）

→王冠付きの小物ケース€28

> 王家の紋章入りの雑貨が人気

→マリー・アントワネットやルイ16世の紙皿各€10（10枚入り）

パリに最初にできたガラス屋根アーケード
パッサージュ・デ・パノラマ
Passage des Panoramas

オペラ・ガルニエ周辺 MAP付録P.7 E-4

1800年に完成。パリで最も古いアーケードのひとつ。通路の幅が狭く、レストランやショップがひしめき合うように並んでいる。古い切手や絵ハガキ、貨幣などを扱う店も多く、コレクターたちに人気。🚇Ⓜ8、9号線Grands Boulevardsグラン・ブールヴァール駅から徒歩3分🏠10-12 Boulevard Montmartre, 9e🕐6:00〜24:00休無休

> 通路にせり出したレストランやカフェのテラス席に人が集い、和やか

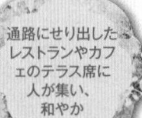

> 狭いので、周りを気遣いながら歩こう

▶ こんなお店があります

1ツ星フレンチ・トラットリア
ラシーヌ レストラン
Racines
MAP付録P.7 E-4

木の壁の質感とモザイクタイルの床が素敵な食空間。スペシャリテの仔牛のツナソースや牛肉の頬肉のタリアテッレに、オーガニックのワインを合わせたい。☎01-40-13-06-41🏠8 Passage des Panoramas, 2e🕐12:00〜13:45、19:30〜22:00休無休望ましい

> 連日地元の人で賑わう人気ビストロ

フレンドリーなワインバー
ル・プチ・アステール ワインバー
Le Petit Astair
MAP付録P.7 E-4

小さい店ながら、選び抜かれたワインが棚に並び、ワインに詳しいスタッフが飲み頃のワインを勧めてくれる。常連が多い。☎09-81-29-50-95🚇Ⓜ8、9号線Grands Boulevardsグラン・ブルヴァール駅から徒歩2分🏠18 Passage des Panoramas, 2e🕐17:00〜翌0:30(火・日曜は〜23:30)休月曜

> ラングドックやロワールなど種類豊富

→パッサージュの奥まったところにある

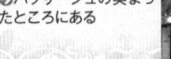

天井が高く自然光が遊ぶ、明るい回廊が特徴

職人＆アートな個性的な店が集合
パッサージュ・デュ・グラン・セール
Passage du Grand Cerf

北マレ **MAP** 付録P.14 A-2

1825年にオープン。若者に人気のエリアに位置し、クリエイターたちのアトリエ兼ショップなども多い。見事に古き良き時代の魅力が溶け合って、一風変わった魅力を放つパッサージュ。

🚇Ⓜ4号線Étienne Marcel エチエンヌ・マルセル駅から徒歩3分 🏠145 Rue Saint-Denis, 2e ⏰8:30～19:45 休日曜

こんなお店があります

お洒落な世界のアンティーク
リックショー　[アンティーク]
Rickshaw
MAP 付録P.14 A-2

インテリアのポイントになる額やドアノブ、ランプ、小物入れや家具など、20世紀初期の品が中心。

☎01-42-21-41-03 🏠7 Passage du Grand Cerf, 2e ⏰11:00～19:00 休日曜 🅴

回廊の飾り付けも個性的で賑やか。映画『地下鉄のザジ』の中でも登場した

置くだけでおしゃれになるアンティーク布が揃う

↑使い方いろいろのアンティークタイル€20

手芸好きはぜひ訪れたい
リル・ウィーゾル　[手芸用品]
Lil Weasel
MAP 付録P.14 A-2

回廊を挟んで、布中心、毛糸中心の2店舗がある

ヨーロッパはもちろん南アフリカ、北欧などの珍しい毛糸、リバティ布も豊富にストック。

☎01-73-71-70-48 🏠1-4 Passage du Grand Cerf, 2e ⏰10:30～19:00 休日・月曜 🅴

↑日本では見つからないレアな商品の数々

いま流行の素敵なパッサージュ
左岸にオープンしたパッサージュや写真映えする右岸のパッサージュも覗いてみよう。

有名シェフの料理が楽しめるグルメなパッサージュ
ボーパッサージュ
Beaupassage
サン・ジェルマン・デ・プレ **MAP** 付録P.12 C-4

ヤニック・アレノや、ピエール・エルメなどスターシェフのお店が集合。グリーンとアートを配したテラスもある。日本風のおいしいコーヒー店も。

🚇Ⓜ12号線Rue du Bac リュ・デュ・バック駅から徒歩2分 🏠53-57 Rue de Grenelle, 7e ⏰夜間は閉鎖 休無休

こんなお店があります

3ツ星シェフの高級グリル
ペール＆フィス パールアレノ　[レストラン]
Père & Fils par Alléno
MAP 付録P.12 C-4

ミシュラン3ツ星シェフのヤニック・アレノがプロデュースするハンバーガーのお店。カジュアルなインテリアで気軽に食事が楽しめる。

☎01-84-74-21-21 🚇Ⓜ12号線Rue du Bac リュ・デュ・バック駅から徒歩2分 🏠Beaupassage, 53-57 Rue de Grenelle, 7e ⏰12:00～14:30, 19:00～22:00(土・日曜は12:00～22:00) 12/24 14:30～1/2 12:00 🅴

↑ベッパーステーキのようなビーフが入った"アルセーヌ"€18は人気メニューのひとつ

↑サン・ジェルマン・デ・プレのリュ・デュ・バック駅近くにオープン

パッサージュの中ほどにある

↑グルメなハンバーガーやサラダがお洒落な店内で味わえる

とっておきの5店をこっそりご紹介！ Croissant

07 パリの朝は クロワッサンに恋をして

これで一日中しあわせ！

朝食の花クロワッサンが特別おいしいのはこの5店！ ぜ〜んぶ試してみる価値アリ！

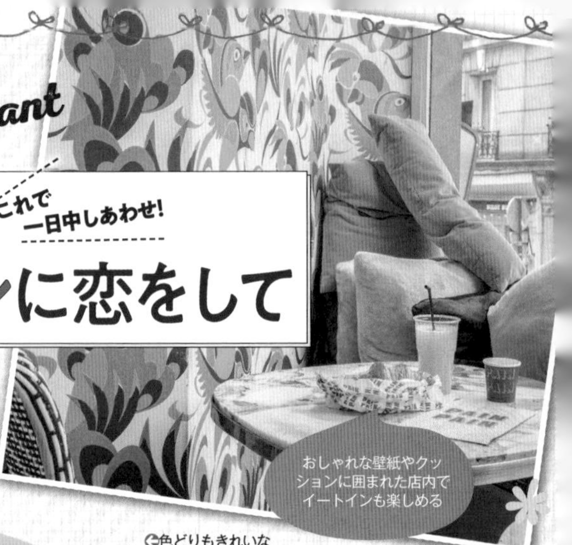

おしゃれな壁紙やクッションに囲まれた店内でイートインも楽しめる

ベスト・バゲット賞に輝く人気のパン屋

パン・パン

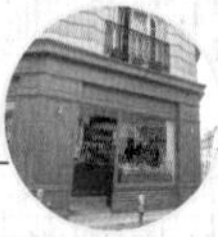

Pain Pain

モンマルトル MAP 付録P.23 D-3

2012年にパリのバゲット最優秀賞で優勝。ポップな店内には各種パンやケーキが種類豊富に並び、どれもおいしそう！ パティシエのセバスチャン・モヴュー氏のこだわりが光る。

☎06-70-38-70-08 交Ⓜ2,12号線Pigalle ピガール駅から徒歩3分 所88 Rue des Martyrs,18e 営7:30〜20:30 休月曜 Ⓔ💳

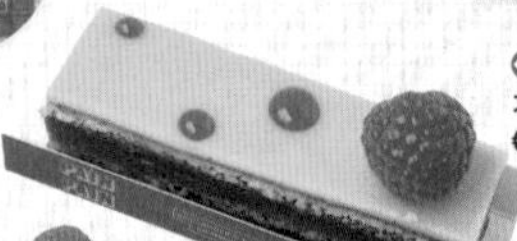

色どりもきれいなオペラ・ユズ €5.95

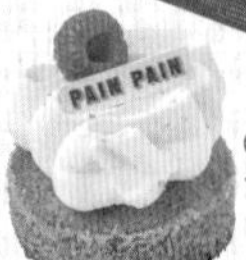

お店いち押しのゼファー€5.95。生クリームたっぷり

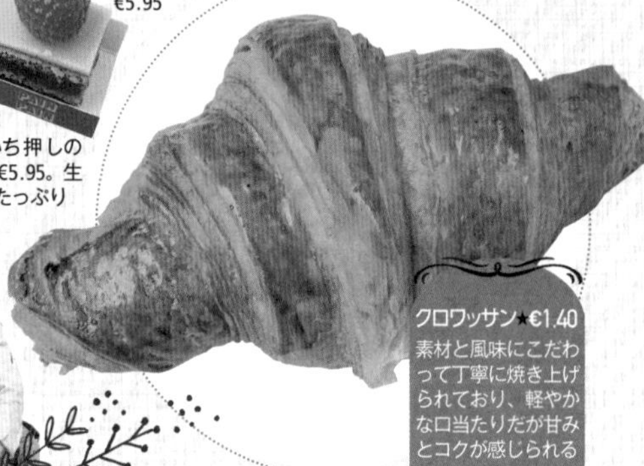

クロワッサン★€1.40
素材と風味にこだわって丁寧に焼き上げられており、軽やかな口当たりだが甘みとコクが感じられる

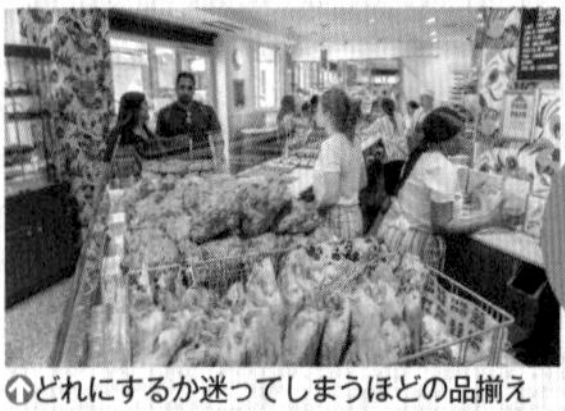

どれにするか迷ってしまうほどの品揃え

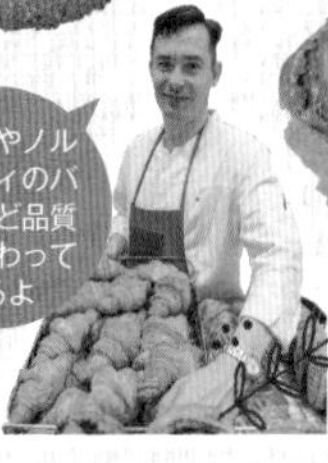
小麦粉やノルマンディのバターなど品質にこだわっているよ

ヴィエノワズリーランキングで常に上位

ブレ・シュクレ

Blé Sucré

バスティーユ MAP 付録P.15 E-4

3ツ星のエピキュールなどでパティシエとして長年経験を積んだファブリス・ル・ブルダ氏の店。上質なケーキだけではなく、マドレーヌやヴィエノワズリーもハイレベルなおいしさ。

☎01-43-40-77-73 交Ⓜ8号線Ledru-Rollin ルドゥルー・ロラン駅から徒歩3分 所7 Rue Antoine Vollon,12e 営7:00〜20:00(日曜は〜18:00) 休月曜 Ⓔ💳

マドレーヌも大人気よ。いろいろな焼菓子を味わってみてね

クロワッサン★€1.30
外はパリパリでバターの風味たっぷり。幾重にも重なった繊細な層。低温発酵や生地成型にこだわる

blé sucré

毎日おいしいクロワッサンを目当てに行列ができる

 ※表記の料金は税別の場合があります。

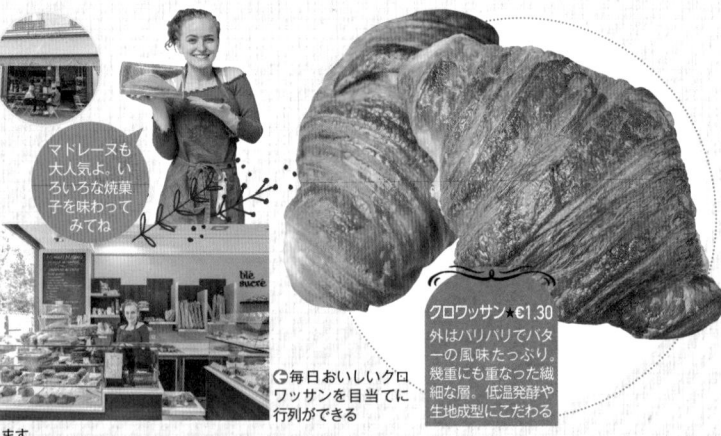

クロワッサン €1.50
こんがり焼けたクロワッサンは、小麦の風味がしっかり。素材を吟味し、生地を丁寧に成形している

→パン・オ・ショコラ€1.7や古代小麦を使ったハードブレッド類も店自慢のラインナップ

→職人さんが生地をこねて成形していく。YouTuberも訪れるほど注目の的

サン・マルタン運河近くのオーガニック・ブーランジェリー
サン・ブーランジェリー
Sain Boulangerie
サン・マルタン運河
MAP 付録P.8 C-4

アトリエ・ギィ・マルタンで腕をふるった店主が自身のレストランを開いた後、行きついたのがオーガニックのパン屋。クロワッサンや古代小麦などを使ったこだわりのパンが大人気。
☎07-61-23-49-44 ⓜ3,5,8,9,11号線République レピュブリック駅から徒歩7分 🏠13 rue Alibert 10e ⏰7:30〜19:30（日曜は8:00〜13:00）休月曜

昔ながらのパン本来のおいしさを求めて、日々焼いているよ

↑バンやケーキ、マカロンなどが整然と並んだショーケース。どれも食べたくなる

パンやケーキ、パリのクロワッサンコンクール優勝店
ローラン・デュシェーヌ
Laurent Duchêne
市街南西部 MAP 付録P.17 E-3

2012年に、クロワッサンコンクールで優勝。MOF（国家最優秀職人章）のパティシエが作るクロワッサンは、バターの風味が利いたクオリティーの高いもの。奥様が作るケーキも美味。
☎01-45-33-85-09 ⓜ12号線Convention コンヴァンシオン駅から徒歩3分 🏠238 Rue de la Convention, 15e ⏰8:30〜19:20（日曜は〜13:30）休月曜

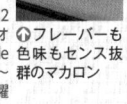

↑フレーバーも色味もセンス抜群のマカロン

クロワッサン・ショコラ・プラリネ €2.70
自家製プラリネをたっぷり練り込んだショコラ味もかなりのおいしさ

マンゴーやパイナップル、ガナッシュが一体となったものも人気

↑木イチゴのタルトや桃のタルト、モヒート風味のケーキなどアイデアいっぱいのケーキが宝石のように美しく並ぶ

↑バター風味、フランボワーズ、ショコラ・プラリネの3種類のクロワッサンがある

ファンタジーなクロワッサンを求めて
ボ・エ・ミー
Bo & Mie
北マレ MAP 付録P.14 A-2

クリエイティブなブーランジェリーがコンセプト。第一に素材、風味を大切にし、デザイン性も重視した今らしいブーランジェリーの出現に、パン好きのパリっ子たちも大喜びだ。
☎09-80-53-79-53 ⓜ4号線Étienne Marcel エチエンヌ・マルセル駅から徒歩2分 🏠18 Rue de Turbigo,2e ⏰7:30〜20:00（日曜は8:00〜）休無休

↑広々とした店内で、ゆっくりイートインもできるスペース

クロワッサン・フランボワーズ €2.30
中に入ったラズベリーのピュレとバターのコンビネーションが最高

カラフルなクロワッサンは、朝から元気に目覚めさせてくれますよ！

↑定番のスイーツや季節のタルトも色鮮やか

Flea Market

空を映す流れに、
憧れのパリを実感する！

振り出し物も
待ってます！

08 週末のプランには "蚤の市"（のみのいち）

日曜閉店のお店が多いパリ、週末は蚤の市やマルシェで買い物をするのが
地元の習慣。旅行の思い出やおみやげ探しに蚤の市巡りも楽しい。

フランスのカントリー調
小物であふれる店先の
ディスプレイは雑誌の1
ページのようにキュート

世界最大規模の蚤の市で
一目惚れアイテムを探そう

クリニャンクールの蚤の市
Marché aux Puces de Clignancourt
市街北部 MAP 付録P.3 D-1

2000軒以上の店が軒を連ねて世界最大級の規模を誇る巨大骨董市で、ヴァンヴとモントルイユと並んでパリ三大蚤の市と呼ばれるうちのひとつ。12エリアごとに名前があり、詳しい地図もあるので迷わずにショッピングが楽しめる。

M 4号線Porte de Clignancourtポルト・ドゥ・クリニャンクール駅から徒歩5分 所 Rue des Rosiers, Saint-Ouen 時 土曜9:00～18:00、日曜10:00～18:00、月曜11:00～17:00（店舗・季節により変動あり）

アクセスは85番バスが便利

ルーヴル美術館などを通り、南北に走る85番バスでマルシェ・オー・ピュス下車すぐ。ただし日曜、祝日は運休なので注意しよう。

さりげないキッチンタオルも
フランスらしい色使い

エリアマップ
クリニャンクールの蚤の市は敷地が12のマルシェ（エリア）に分けられそれぞれに名前がついている。1日で全部はまわりきれないので事前にチェック。

ロジエ通り R. des Rosiers
L'Entrepôt
Paul Bert ポール・ベール
L'Usine
Jules Vallès
Le Passage
R. Jean-Henri Fabre
環状道路 Bd-Périphérique
ポルト・ドゥ・クリニャンクール駅→
ビロン Biron
ヴェルネゾン Vernaison
セルペット Serpette
Cambo Antica
Rosiers
マルシェ・オー・ピュス
Malassis
Dauphine
Malik
マルシェ・オー・ピュス
Av. Michelet

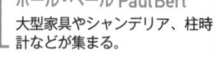
ポール・ベール Paul Bert
大型家具やシャンデリア、柱時計などが集まる。

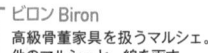
ビロン Biron
高級骨董家具を扱うマルシェ。他のマルシェとは一線を画す。

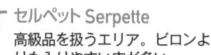
セルペット Serpette
高級品を扱うエリア。ビロンよりも入りやすい店が多い。

ヴェルネゾン Vernaison
骨董品や食器、おもちゃ、宝石、家具など豊富に揃う。

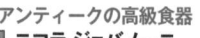

アンティークのレースや布など手芸ファンにはたまらない

アンティークの高級食器
ニコラ・ジョバノーニ
Nicolas Giovannoni
セルペット

19～20世紀の高級食器専門店。バカラのグラスが豊富。

06-07-42-13-76 バス停Marché aux Puces マルシェ・オー・ピュスから徒歩7分 土曜9:00～17:30、日曜10:30～18:00、月曜11:00～15:00

高級テーブルセットやバカラのグラスセットは1900年代のもの

絶妙な色合いもかわいいアンティーク家具

蚤の市のショッピングアドバイス

商品をチェック
お店に入るときは「ボンジュール」と挨拶を。気になる商品が見つかったら必ず声をかけてから見せてもらおう。なかには非常に高価なものもあるため不意に手を触れないほうがよい。気に入った商品は壊さないよう注意深く保存状態、質感、破損、汚れなどを納得いくまで確認して。

値段交渉をしよう
値段交渉は苦手でも蚤の市では儀式と割り切って電卓やジェスチャーで挑戦しよう。あまりに安い値段を提示すると相手にしてもらえないが、嫌がるふりをしながらも交渉に応じてくれることが多い。複数購入などでうまく交渉し最後は相手の態度を見て無理をせずに引くことも大切。

代金を支払う
支払いは現金かクレジットカードも可能か確認を。クリニャンクールでは店舗を構えているところが多くクレジットカードも利用できる。

スリに注意！
商品に夢中になり財布をすられるケースが多いので普段以上に注意。

パリコレの舞台裏のよう！
レ・メルヴェイユ・ド・バベルー
Les Merveilles de Babellou
ポール・ベール

ヴィンテージのドレスや宝石、バッグが豊富に揃う夢が広がるショップ。
☎06-80-63-26-89
🚌バス停Marché aux Puces マルシェ・オー・ピュスから徒歩8分
🕐日・月曜10:00～18:00（土曜9:00～、金曜9:00～13:00）※この時間以外は要予約 €💳

➡ディスプレイのファッションセンスも抜群で参考にしたい

シャネルやディオールなどのヴィンテージアクセサリーも

19世紀アンティーク家具
ブルーノ・ヤオンク
Bruno Le Yaouanc
ポール・ベール

肘掛け椅子や足置き、壁掛け鏡など大きなアンティーク家具が中心。
☎06-86-49-05-96
🚌バス停Marché aux Puces マルシェ・オー・ピュスから徒歩8分
🕐土・日曜9:00～11:00、月曜11:00～17:00、金曜7:00～14:00 €💳

⬆100年ほど前の貴重な家具も

見ているだけでも楽しい店内。相談にも気軽に乗ってくれる

ヴァンヴの蚤の市
Marché aux Puces de Vanves
市街南西部 MAP付録P.2 C-4

市内からも近く、駅からのアクセスも良好。庶民的エリアながらも治安もいいため、掘り出し物をじっくり探すのにおすすめ。ピンバッジ、ブランドのノベルティ、オシャレな絵葉書などが格安だからおみやげを探すのにも最適。バイヤーやコレクターも多く集まる。

🚇Ⓜ13号線Porte de Vanvesポルト・ドゥ・ヴァンヴ駅から徒歩7分 🏠14 Avenue Georges Lafenestre, 14e 土・日曜7:00～13:00※店舗により異なる

価格はリーズナブルで多くのプロの御用達

露店が多いヴァンヴでは支払いが現金のみのお店も多い

⬆↑あらゆる掘り出し物があるのでお気に入りが見つかるはず

ランチにぴったり、夜はおつまみで！ *Wine Bar*

09 気楽に軽〜く食べるには ワインバーがいい

暮らす気分で。パリ通になれそう！

ふらりと立ち寄って、店自慢の小皿料理をつまみながら、おいしいワインを飲む。こんなスタイルのワインバーがトレンドに。

モダン居酒屋でおしゃれに一杯！

フレディーズ
Freddy's
サン・ジェルマン・デ・プレ MAP 付録P.26 B-2
ニュージーランドとアメリカ出身の二人組がオーナー。MOF(フランス国家最優秀職人章)のシェフ、エリック・トロション氏がメニューを監修。日本の居酒屋的なイメージのバーで、炭火焼メニューが絶品だ。
☎01-42-02-69-24 Ⓜ10号線Mabillon マビヨン駅から徒歩3分 ☗54 Rue de Seine,6e 🕐12:00〜24:00(食事12:30〜14:30、18:30〜22:30) 🈺無休 Ⓔ📶

ワインはお店の人に相談しながら、料理に合わせてチョイス

Menue
黒板にはリーズナブルなメニューが揃う

↑炭用のスコップをドアに飾り、炭火焼をアピール ↑愛する祖父たちというメッセージの写真を飾る

↑備長炭で焼かれた絶妙な火入れのカモの胸肉、バルサミコ風味。€12
↑新鮮なサーモンの半生焼、味噌風味。料理の盛り付けも潔く、美しい。€11

とっておきの料理とラングドックワイン

レ・ルキャン
Les Rouquins
モンパルナス MAP 付録P.18 C-4
フランス南部のラングドックワインの専門店が経営。店厳選のワインとイベリコ豚生ハムの盛り合わせやスペアリブ、貝のリゾット、ホタテ料理などで、陽気に過ごそう。
☎01-45-39-78-99 Ⓜ13号線Pernety ペルネティー駅から徒歩3分 ☗146 Rue du Château,14e 🕐11:00〜翌1:30 🈺無休 Ⓔ📶

↑ゆったりくつろげるテラス席が大人気 ↑まろやかで果実味が感じられる、良質なラングドックワインが揃う

↑モルタデッラやイベリコ豚の生ハムなどのシャルキュトリーがおすすめ

吹き出し: 地元のパリっ子も大満足のワインと料理たち。はしごして楽しむのも◎。

↑最近改装されたマルシェ・サン・ジェルマンの一角にある

おいしいカウンターバーの火付け役

アヴァン・コントワール・デュ・マルシェ

L'Avant Comptoir du Marché

サン・ジェルマン・デ・プレ MAP 付録P.26 B-3

有名シェフ、イヴ・カンドボルド氏が手がけるカウンターバーが大成功。シャルキュトリーやクロケット、イカ、スペアリブなどの小皿料理がどれも逸品だ。

☎01-44-27-07-97 Ⓜ10号線 Mabillon マビヨン駅から徒歩3分 🚍14 Rue Lobineau,6e ⏰12:00〜23:00 休無休 E

吹き出し: お料理もワインもこだわりのものばかり。外のテラス席も好評よ

↑みんなが大好きなスペアリブのキャラメリゼ€10

天井に小皿料理のメニューがずらり！

ナチュラルワインのみを扱う、行きつけ系カーヴ

ラ・カーヴ・ポール・ベール

La Cave Paul Bert

バスティーユ MAP 付録P.15 F-4

老舗ビストロ、ポール・ベールが経営するお店。グラスワインリストは黒板でチェック。ナチュラルワインの奥深さをしっかりと教えてくれる。グラスワインもある。

☎01-58-53-50-92 Ⓜ8号線 Faidherbe Chaligny フェデルブ・シャリニー駅から徒歩3分 🚍16 Rue Paul Bert,11e ⏰16:00〜24:00 休無休 E

↑ブラック＆レッドの外観がランドマーク

本日のつまみは黒板をチェック

16時オープンなので、ディナー前に立ち寄るのもおすすめだ

↘贅沢なクリーミー感のモッツァレラ。プラティナ

↗カウンターのみのこぢんまりした空間は妙に落ち着く

↑ピゴール産の豚のミニハンバーガーと赤ワイン

パリから🚃で約40分

ルイ王朝の栄華を象徴する壮麗な王宮

豪華絢爛!
贅を尽くすって、こういうこと!

10 王朝の舞台 ヴェルサイユ宮殿
Château de Versailles

建築、装飾、造園の真髄を見る!

**フランス革命が起きるまでの約100年間、文化と政治の中心としてその名をとどろかせた
ヴェルサイユ宮殿。ルイ14世やマリー・アントワネットが暮らした王宮としても有名。**

ヴェルサイユ宮殿
Château de Versailles
MAP P.59

パリから約20km離れた場所にある宮殿は、ルイ13世が狩猟の森に建てた小さな館が始まり。息子の17世紀のフランスで絶対的権力を誇ったルイ14世が、当時の一流建築家や画家を呼び寄せ工事を命じ、現在の館になった。庭園造営に際してセーヌ川の水を引き入れるなど自然をも改造する大事業に2万人の人員と600頭の馬が駆り出された。1682年からパリに代わる王政の中枢となり100年もの間きらびやかな宮廷文化の舞台となるも、フランス革命で終焉を迎えた。

☎01-30-83-78-00 🚇C5線Versailles Rive Gaucheヴェルサイユ・リヴ・ゴーシュ駅から徒歩10分 ㊟Place d'Armes, Versailles ㊟9:00~18:30(11~3月は~17:30) ㊡月曜 ㊎€21 宮殿のみ、€32 敷地全体用パスポート(パスポートは8:00~入場可。イベント込料金は別途、要確認) 🌐www.chateauversailles.fr
🎫PASS

オンラインで予約しよう
PCやスマホの公式HP(英語)でチケットを予約可能。決済はクレジットカードのみ。時間指定のチケット(Passport with timed entry)であれば、より快適に入場できる。

ツアーを利用するのもおすすめ
鉄道の乗り換えやバスの乗車が不安な場合はツアーの利用が便利。ヴェルサイユ宮殿のみの場合午前のツアー、近隣の庭園とセットになった1日コースが一般的で種類も豊富。

見学のアドバイス

チケットは事前購入を
チケット売り場はいつも大行列。訪問が決まったらオンライン予約や観光案内所、FNAC各店などで事前に購入しておこう。

見学ツールを活用
●日本語オーディオガイド 各国語のオーディオガイドが無料でレンタルできる。貸し出しの際にパスポートなどを預けよう。
●日本語ポッドキャスト 日本語でのポッドキャストをダウンロードして事前に歴史を下調べ&現地で確認する楽しみも。

まわり方
敷地が広大なので午前中に宮殿をまわるのがおすすめ。宮殿内の見学は約2時間を目安に、余力があれば庭園や離宮も見学しよう。

広い敷地内を移動する便利な乗り物

広い敷地内、歩き疲れを軽減させるのに園内有料移動手段をうまく使うのがコツ。

プチ・トラン
園内をまわるミニ列車。1回の乗車券€9〜で乗り降り自由。プチ・トリアノン、グラン・トリアノン、大運河を周回する。

ボート
宮殿を別の角度から眺めるのに優雅な手漕ぎボートは格好の手段。30分€16〜（15分ごとに追加料金）

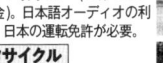

ミニカー
6人まで乗車出来て小回りが利くカート。1時間€42〜（15分ごとに追加料金）。日本語オーディオの利用も可。日本の運転免許が必要。

レンタサイクル
各ポイントで乗り捨てもできる便利なレンタサイクル。30分€8〜（15分ごとに追加料金）。11月中旬から2月中旬までの冬期は休業。

総面積800万㎡、宮殿の部屋数は700室もありヨーロッパ最大級の広さを誇る

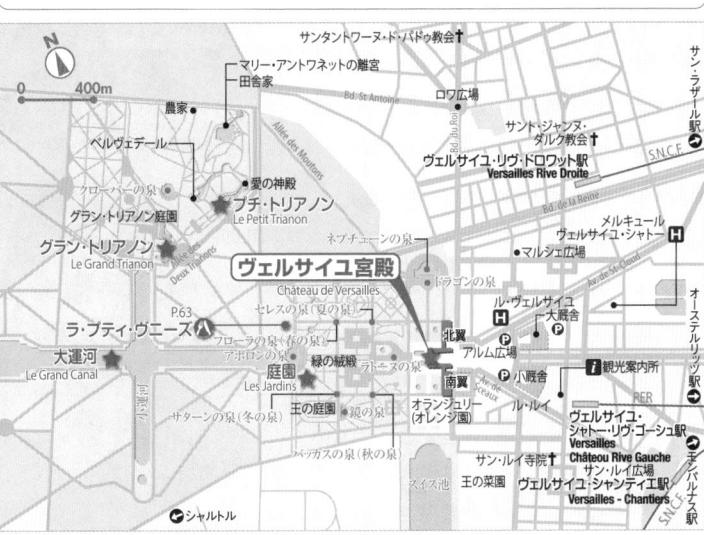

○シャルトル

ヴェルサイユの物語

「史上最も大きく最も豪華な宮殿を建てよ」という王のかけ声のもと壮大な事業となった。

自然を大改造して造られたルイ14世の富と権力の象徴

パリに代わる新たな都市を造ろうと白羽の矢が立ったヴェルサイユ。正式に王廷が移されたのは1682年5月、何百人もの貴族を招待して連日連夜派手な祝宴が開かれた。この放蕩三昧の生活によって貴族や政治家は骨抜きにされてしまう。フランス革命後に宮廷としての機能を失ったあともエレガントな雰囲気は健在だ。

厳格な生活と贅沢三昧マリー・アントワネット

オーストリアからフランスに14歳の若さでルイ16世に嫁いだマリー・アントワネット。ハプスブルク家の末っ子として自由奔放に生きてきた彼女は、起床から3度の食事、就寝までルイ14世が定めた厳格な儀式の形に戸惑った。退屈した王妃は夜ごと舞踏会に出かけ、ドレスや宝石を次々注文したといわれている。

1624	ルイ13世、ヴェルサイユに狩猟の館を建てる
1661	ルイ14世がヴェルサイユ宮殿の建設をスタート
1682	政府の拠点と王族の公式住居に
1770	ルイ16世とマリー・アントワネットが結婚
1789	フランス革命が勃発国王一家が追放される
1793	ルイ16世、マリー・アントワネット処刑
1871	ドイツ皇帝ヴィルヘルム1世の即位式
1919	ヴェルサイユ条約（第一次世界大戦の講和条約）調印

←フランス革命で王政に不満を持つ市民により処刑されたマリー・アントワネット

華やかで見逃せないものばかり!
ヴェルサイユ宮殿 必見 ポイント

宮殿内は観光客でいっぱいだが必見ポイントは
逃さずに見学を。順路に沿って進みながら
見どころポイントを押さえよう。

Château de Versailles

宮殿のまわり方

入場したら1階でオーディオガイドを借りて、階段で2階へ上がる。順路は決まっているので、案内ガイドに従いながら進むとわかりやすい。

ルイ14世最後の建築
1 王室礼拝堂
La Chapelle Saint-Louis

1710年に完成、ルイ14世が毎日ミサに参加していた礼拝堂。大理石製の祭壇とキリスト復活が描かれた絵画が後陣に掛かる。

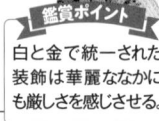

鑑賞ポイント
白と金で統一された装飾は華麗ななかにも厳しさを感じさせる。

●王室礼拝堂の丸天井に描かれた天井画はマンサールの代表作

巨大な天井画に息をのむ
2 ヘラクレスの間
Salon d'Hercule

ヘラクレスを題材にした天井画の宮殿最大の部屋。ヴェネツィア共和国から贈られた『パリサイ人シモン家の墓』を飾るために造られた。

鑑賞ポイント
大理石の贅沢な装飾、暖炉のブロンズ彫刻は必見。天井画は321㎡と巨大。

●元は礼拝堂だった。絵画は部屋の奥にある

[宮殿見取り図]
オーディオガイド貸し出し所(1階)
本館棟2階
オーディオガイド貸し出し所(1階)
北翼棟2階 2階へ ギャラリー
クール・ド・マルブル(1階)
大理石の中庭
南翼棟 南翼棟2階 ギャラリー
本館
北翼棟 北翼棟1階
団体用入口B(1階)
個人用入口A(1階)
アンジェリーナ(2階) P.63

王のもてなしを受けられた豪華な祝宴のサロン
3 豊穣の間
Salon de L'Abondance

ルイ14世が王族や貴族に飲み物や軽食をふんだんに振る舞っていた部屋。

鑑賞ポイント
天井画は天使とそれを讃える人々が一面に描かれており、印象的な緑の壁との調和が見事。

●王が自身のコレクションを展示していた場所

天井にはヴィーナスをはじめ神々の姿が
4 ヴィーナスの間
Salon de Venus

戦士の姿をしたルイ14世の像が立つ部屋。壁には遠近法を利用しただまし絵も。天井画はヴィーナスをはじめさまざまな神の姿が描かれている。

モーツァルトが演奏した部屋
5 マルスの間
Salon de Mars

音楽会や賭博場として使用され「舞踏会の間」と呼ばれた。天井画は戦車に乗った軍神マルス。

●衛兵の間として使用された時代も

●太陽王ルイ14世を讃えた太陽の装飾

ルイ14世最期の場所
6 メルクリウスの間
Salon de Mercure

1715年にルイ14世の遺体はこの部屋に安置され1週間にわたるミサが行われた。天井画は水星と商業の神メルクリウス。

鑑賞ポイント
寝室だったこの部屋には裏部屋に続く隠し扉がある。王妃の寝室にもある。

●豪華な調度品があるルイ14世の寝室

戦いがモチーフの作品が並ぶ

7 戦争の間
Salon de la Guerre

大理石や鏡、ブロンズで彩られた部屋は軍事勝利がテーマ。馬上のルイ14世レリーフも見事。

↑壁のレリーフは敵を踏みしだく馬上のルイ14世

鑑賞ポイント
ル・ブランが描いた神話と戦いが主題の天井画や美しい壁のレリーフは必見。

宮殿巡りのクライマックス

8 鏡の回廊
Galerie des Glaces

目も眩むほどまばゆい回廊は窓と向かい合わせに357枚の鏡がはめ込まれている。天井画、シャンデリア、彫刻のどれをとっても非常に美しい。

↑ルイ16世とマリー・アントワネットの婚礼舞踏会が開催され、ヴェルサイユ条約が結ばれたのもこの部屋。2007年に改装

鑑賞ポイント
全長73mの回廊は王の寝室と王妃の居室をつないでいた。室内装飾の一つひとつが美しい。

専用寝室は宮殿の中心に

9 王の寝室
Chambre du Roi

王たちが朝の引見と就寝前の接見式を行った。ルイ14世が自ら選んだ室内の絵画は王室収集品のなかでも傑作ばかり。

↑起床や就寝の儀式も行われた

マリー・アントワネット仕様の寝室

10 王妃の寝室
Chambre de la Reine

歴代の王妃3人が使用し王の子ども19人が誕生した。現在の家具や装飾はマリー・アントワネットの時代のものを復元。

↑宝石箱はレプリカ

王と王妃の公式の食事部屋

11 大膳式の間
Antichambre du Grand Couvert

公式に食事をした場所。食事には人々の参列が許されたものの食卓に着くことができたのは王族のみだった。演奏家用の楽廊が付いている。

↑絵画のために19世紀仕様に改装

ナポレオンの戴冠式の絵

12 祝典の間
Salle du Sacre

ナポレオン1世の戴冠式の絵が飾られた部屋。現在あるのは画家本人の手によるレプリカで本物はルーヴル美術館に所蔵。

鑑賞ポイント
王女が絵の完成前に亡くなり、壁の肖像画のベビーベッドには黒い布が。

↑室内には王族の絵が並ぶ

グッズをチェック!
Shop

© DR

クール・ド・マルブル
Boutique Cour de Marbre

2018年11月に新たにオープンしたショップ。国内のブランドやクリエイターとマリー・アントワネットがコラボした、ここだけでしか買えないグッズが揃う。

🕙10:00～17:45 ❌月曜

↑デフォルメされた宮殿のイラストがかわいいトートバッグ€19.95
↑ルイ16世の時代に使われていたものを再現したティーカップとソーサー

© DR

宮殿の次は美しい景観を堪能
庭園&トリアノン

Château de Versailles

宮殿西側には庭園や大運河、グラン・トリアノン、マリー・アントワネットの離宮などが広がり、豪華な宮殿と調和する広大な緑地帯を形成している。

遠近法を用いた幾何学模様
フランス式庭園の傑作
庭園
Les Jardins
MAP P.59

⤵馬車を駆って海面から登場する太陽神アポロンの像が置かれた「アポロンの泉」

ルイ14世お抱えの造園師ル・ノートルの手によるフランス式庭園。100万㎡以上の敷地に植栽や道、大小の運河を使って幾何学的模様を描いた。ギリシャ彫刻が配された池や噴水も点在し見どころたっぷりだ。

☎01-30-83-78-00 ⊕宮殿からすぐ ⊕8:00～20:30※最終入場19:00(11～3月は～18:00※最終入場17:30) ⊛無休 ⊕無料(4～10月の大噴水ショー開催日€10.5、ミュージカルショー開催日€10)

⤵庭園の導入部にある水の前庭。男女2体ずつ4体のブロンズ像はフランスにある4つの大河を表す

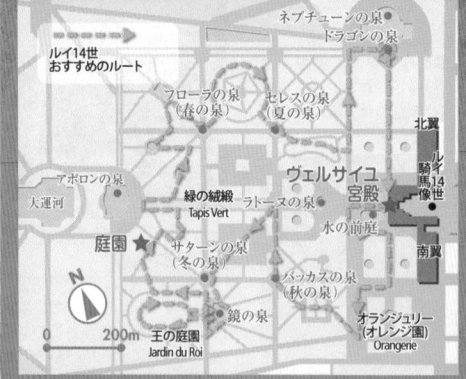

ルイ14世おすすめのルート

庭園の建設に力を注いだルイ14世は庭園を一般大衆にも開放し、どのような順序で庭を鑑賞すべきかガイドブックを発行したという。王のおすすめルートに沿ってみよう。

ネプチューンの泉
ドラゴンの泉
ルイ14世おすすめのルート
フローラの泉(春の泉)　セレスの泉(夏の泉)
北翼
ヴェルサイユ宮殿
アポロンの泉
ル イ 14 世 騎 馬 像
緑の絨毯 Tapis Vert
ラトーヌの泉
水の前庭
大運河
庭園 ★
サターンの泉(冬の泉)
バッカスの泉(秋の泉)
南翼
鏡の泉
N
0　　200m　王の庭園 Jardin du Roi
オランジュリー(オレンジ園) Orangerie

水なき地の一大プロジェクト
夏の間は水のイベントも
大運河
Le Grand Canal
MAP P.59

十字形の運河が配されているが、この地に水があったわけではなく約10kmも離れたセーヌ川から水を引いて造園された。

⤵春から秋にかけて大噴水ショーも
⊙宮殿から徒歩7分

バラ色の大理石が美しい
王族たちの離宮
グラン・トリアノン
Le Grand Trianon
MAP P.59

ルイ14世が宮廷の公務を離れて家族と過ごすために建設した離宮。バラ色の大理石を使って増改築した。革命後はナポレオン1世がこの館の主となった。

☎01-30-83-78-00 ⊕宮殿から徒歩20分 ⊕12:00～18:30(11～3月は～17:30)※入場は閉館の30分前まで ⊛月曜、公式行事日 ⊕€12(プチ・トリアノンと共通)、ヴェルサイユ宮殿との共通パスポートでも入場可 **PASS**

⤵当初陶器で覆われていた外壁をルイ14世が大理石に張り替えさせた

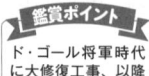
鑑賞ポイント

ド・ゴール将軍時代に大修復工事、以降フランスの公式レセプション会場に。

遠近法を用いて平坦・広大さを強調した庭園に幾何学的模様が描かれている

トリアノン

王族が宮殿の厳しいしきたりから離れ、家族やお気に入りの人とだけ過ごした離宮。特にマリー・アントワネットは多くの時間をプチ・トリアノンで過ごし、田舎の村里を模した集落まで造った。この工事に莫大な費用がかかったことで、フランス革命の一因になったとも。

ヴェルサイユのグルメスポット!!

1日かけて歩きまわるならゆったりとランチ、またはお茶で疲れをリセットしよう。

小さなヴェネツィアが店名
ラ・プティ・ヴニーズ
La Petite Venise
MAP P.59

木立の中にひっそりとたたずむイタリアンレストラン＆サロン・ド・テ。昔の厩舎を改造したモダンな内装で本格的なイタリア料理を。屋内の席とテラス席がある。予算は€50前後。

↑ゆったりとした店内
☎01-39-53-25-69 ㊀宮殿から徒歩20分 ⏰11:45～18:00(冬期は～17:00、食事は～15:30) ㊡冬期休業あり E

↑喧騒から離れてゆっくりと食事ができるテラス

一人の女として過ごした王妃お気に入りの専用離宮
プチ・トリアノン
Le Petit Trianon
MAP P.59

↑新古典主義建築の傑作

もとはルイ15世が愛人ポンパドゥール夫人の発案で建設、ルイ16世がマリー・アントワネットに贈りお気に入りの離宮に。寝室には遺品の展示もある。

☎01-30-83-78-00 ㊀宮殿から徒歩20分 ⏰12:00～18:30(11～3月は～17:30)※入場は閉館の30分前まで ㊡月曜、公式行事日 ㊎€12(グラン・トリアノンと共通)、ヴェルサイユ宮殿との共通パスポートでも入場可 PASS

↑安らぎに満ちた「お供の間」

宮殿で人気のパティスリー
アンジェリーナ
Angelina Versailles
MAP P.60

パリ各地に展開する人気のパティスリー店。宮殿内でもおなじみの味が楽しめるといつも人気。定番のフランス菓子のほかサンドイッチなどの軽食もありランチの利用もおすすめ。

↑宮殿の続きのような店内
☎01-39-20-08-32 ㊀宮殿から徒歩 ⏰10:00～18:30(11～3月は～17:30) ㊡月曜 E

←名物ホットチョコレートでひと休み

マリー・アントワネットの離宮

田園生活を夢見た王妃の別邸。庭園の一部を改造したり、ノルマンディ風の家を建造させて素朴な田舎生活をここで楽しみ、安らぎの場として足しげく通ったといわれる。敷地内の王妃の館も公開。

↑ノルマンディ風茅葺屋根の田舎家

パリから
🚌＋🚃で
約3～4時間

Mont Saint-Michel

→朝焼けや夕焼けのなかに浮かび上がる幻想的な姿が見られる

年に数回の大潮のときには橋が水没するため完全な孤島となる。公式HPで日程を確認

海に浮かぶ神秘、という絶景！

日帰りで楽しむ世界遺産 プチ旅行の本命！

11 城塞と見紛う修道院 モン・サン・ミッシェル

ノルマンディからブルターニュにかけての海岸線から1km沖、天に向かって伸びる尖塔を中心に要塞のような建物が見える。中世から続く巡礼の島の神々しさは今なお健在だ。

一生に一度は訪れたい世界遺産 数奇な運命をたどった修道院

「聖ミカエルの山」という意味のモン・サン・ミッシェル、全周600mほどの島の歴史は8世紀ごろに遡る。708年に大天使ミカエルからお告げを受けた聖オベール司教は海上の岩山に礼拝堂を建設することにした。11～13世紀にゴシックの僧院が建てられ、13世紀には現在の姿になった。途中数世紀にわたり繰り返されてきた増改築によって、多様な建築様式が混合した独特の姿になっている。遠方から眺めると島全体が浮かぶ城のように見え幻想的な

美しさだが、その立地から自然の要塞として戦争に利用されたり、牢獄として使用された時期も。1865年にナポレオン3世の勅令により本来の美しい姿を取り戻し、1979年には世界遺産に登録。2015年に完了した工事では海に囲まれた孤島の姿を取り戻すことにも成功した。

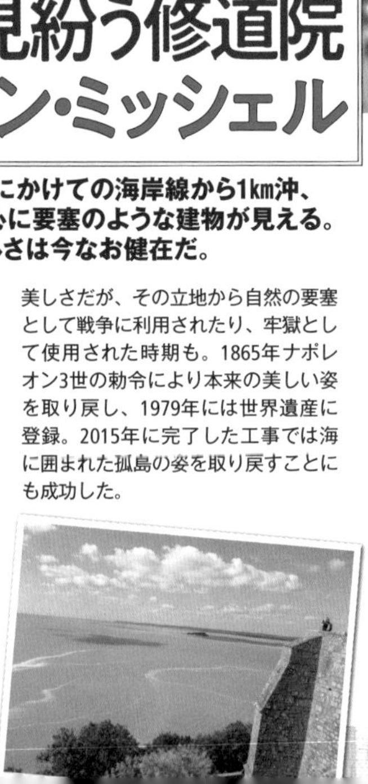

モン・サン・ミッシェル修道院 ✝
ル・バッスール＆
ラ・マランゴット停留所

━━ ル・バッスール
━━ ラ・マランゴット（馬車）
━━ 徒歩

干潟

駐車場から島まで
約2.7km
（徒歩約30分）

干潟

河口ダムの
展望バルコニー

Ｈ ル レ・サン・
ミッシェル
P.68

アヴランシュ→

ル・バッスール停留所

ル・バッスール停留所

ラ・マランゴット停留所

観光案内所 ⓘ

Ｈ メルキュール・
モン・サン・
ミッシェル P.68

ル・バッスール停留所

🚉 ポントルソン駅

モン・サン・ミッシェル ノルマンディ観光案内所

Office de Tourisme Mont Saint-Michel-Normandie

MAP P.65

☎ 02-33-60-14-30 交 島の入口からすぐ
所 Grande Rue 開 10:00～17:00（4～9月は9:30～18:30、7・8月は9:30～19:00）※曜日、祝日により変動あり 休 無休
HP www.ot-montsaintmichel.com

島内を散策する

モン・サン・ミッシェルへのアクセス

パリから

パリのモンパルナス(Montparnasse)駅からTGVで2時間10分、レンヌ(Rennes)駅北口ターミナルから直通バスに乗り換え1時間10分。予約は https://www.sncf-connect.com/ から可能。旅程が決まったら事前購入が確実。当日駅の券売機や窓口での購入も可能。レンヌ駅経由のほか、TGV駅のドル・ド・ブルターニュ、サンマロ、カーン、ポントルソンで直通バス(バス運営会社のサイトhttps://keolis-armor.com/en/ で予約可)に乗り換えることができる。パリから直通のバスの運行もある。片道4時間45分、朝7時ごろパリを出発し戻りはモン・サン・ミッシェルを17時ごろ出発する。

対岸から

バスが到着するのはモン・サン・ミッシェルの対岸にある駐車場。自家用車などの乗り入れが禁止されているため島の入口までは駐車場から無料シャトルバスで10分、徒歩で約45分のアクセス。

ツアーを利用するのもおすすめ
自力で日帰りするのは意外ときびしいので、パリ市内から出発する日帰りツアーを利用するのも効率的。公共交通機関のストライキの心配もない。

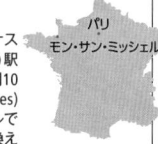

©i.Stock.com/ventdusud

散策アドバイス

歩きやすい靴で出かけよう
島内は石畳の坂道が多く、修道院内はでこぼことした階段が続くためちょっとした山登りの心構えで、歩きやすい靴に履き換えよう。特に雨や雪の日には足元が滑りやすくなるので注意。

強風に注意
海辺にあるため強風が吹く日も多い。持ち物や帽子などが飛ばされないよう気をつけよう。

干潟は1人で歩かないように
潮が引いている間は干潟に下りてさまざまな角度から塔や城壁を眺めるのも楽しいが、対岸までガイドなしで歩いて渡るのは危険。満潮時には島の入口が水浸しになるほど水位が上がる。濡れてもよい靴を履くと安全。

10世紀に建てられて以来多くの巡礼者を迎えた聖地のパワーと、数奇な歴史の重みを感じながら散策しよう。

当時最先端の防衛設備
ガブリエル塔
Tour Gabriel
16世紀に建てられた全方位をカバーする見張り塔。現在は灯台の役目を果たしている。

警備強化のための門
大通り門
Porte du Boulevard
入口から2番目の門は15世紀に王の門を守るために造られた。島のメインストリートにつながる。

町の入口を厳重に守る
王の門
Porte du Roi
壕と跳ね橋、落とし格子で侵入者から厳重に町の入口を守っていた。15世紀のもの。

地図:
N
0　　50m
聖オベール礼拝堂
回廊
庭園
修道院
西のテラス
ガブリエル塔
ファニル塔
北塔
監視塔
クローディーヌの塔
サンサンファリオンの泉
サン・ピエール教会
P.68 グランド・リュ
P.68 ラ・シレーヌ
P.68 ブティック・ラ・メール・プラール
P.68 ラ・メール・プラール
王の門
大通り門
ブクル塔
ティフェンヌの館
半月塔
低塔
自由の塔
モン・サン・ミッシェル ノルマンディ観光案内所
王の塔

修道院への参道
グランド・リュ
Grand Rue
中世の時代、巡礼者のための旅籠や商店が並んでいた石畳の参道。メインストリートだが狭い通り。
▶P68

洞窟に建てられた教会
サン・ピエール教会
Église Saint-Pierre
洞窟内に掘られた珍しい教会。入口横にジャンヌ・ダルク像がある。
(時)9:00～21:00 (休)無休※宗教行事中は入場不可 (料)無料

島のハイライトはここ
修道院
Abbaye du Mont Saint-Michel
頂上に立つ修道院。数世紀にわたる増改築を繰り返した内部は、複雑に入り組み、見どころ満載。
▶P66

モン・サン・ミッシェル観光のハイライト
修道院を見学

所要
約1時間

708年に大天使ミカエルのお告げにより建てられた小さな礼拝堂が始まり。ロマネスク様式、ゴシック様式などが混在する建築芸術でもある。

西洋の驚異と呼ばれた建築美
迷路のように入り組んだ内部
修道院
Abbaye du Mont Saint-Michel
MAP P.65

建物は966年にベネディクト派の修道院として建築が始まった。13世紀にラ・メルヴェイユ（驚異）と呼ばれる3階建ての教会が増築され当時の最新技術と装飾美を取り入れたゴシック建築の傑作とされる。

Mont Saint-Michel

☎02-33-89-80-00 ◎島の入口から徒歩8分 ◉9:30〜18:00(5〜8月は9:00〜19:00) ㊡無休 €13(日本語オーディオはタブレット€5) ※ネット予約推奨

ここが修道院への入口。チケット売り場はここ！

●特に教会北側のゴシック部分がラ・メルヴェイユ（驚異）

てっぺんで金色に輝くのが大天使ミカエル像

北 ← → 南

ラ・メルヴェイユ
食堂
教会
修道院
回廊
騎士の間
貯蔵庫
教会の階
中層階
低層階
北監視棟
聖マルタン礼拝堂
修道院長の公舎
王の塔
大通り門
クローディーヌの塔
入口

修道院のまわり方
増改築を繰り返してきた修道院の内部は複雑に入り組んでいる。地階からまず一気に上階へ上がり、表示どおりに見学すれば迷子になる心配はない。

当時のチェックポイント
1 哨兵の門
Salle des Gardes
門の両脇にある2つの小さな塔。外壁にある覗き穴から修道院に出入りする人々を厳しくチェックし警備していた。

●14世紀の建造物。階段へ続く

教会へつながる唯一の通路
2 大階段
Grand Degré
唯一の通路である90段の階段の上には展望台が。高い壁に挟まれた通路上部の2つの橋から敵を攻撃することができた。

●急勾配の長い階段はゆっくりと

湾を見渡せる展望スポット
3 西のテラス
Terrasse de l'Ouest
教会の正面にあり海抜80mの高さから潮の満ち引きで変わる抜群の風景を楽しめる。またテラスの石畳には教会建設に関わった中世の職人のサインが刻まれている。
●修道院の採石場が沖合に見える

教会の階

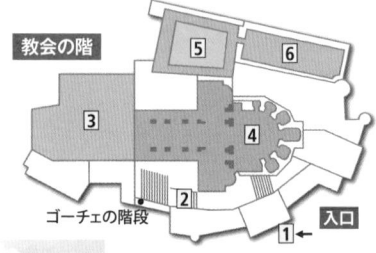

5   6
3
4
2
ゴーチェの階段
1 入口

Nice View
西はカンカル、東はグルワン岬、北にはトンブレーヌ小島を見渡すことができる絶景スポット。

島の頂点に立つ教会
4 修道院付属の教会
Église Abbatiale

本堂北側は12世紀のロマネスク様式、内陣と後陣は15〜16世紀のゴシック後期フランボイヤン様式になっている。

⬆身廊の比率はノアの方舟と同じ。光が差し込むと幻想的！

➡祭壇脇に配された聖ミカエルの像は15世紀に作られたもの

⬆137本の柱と中庭の緑が美しい。ラ・メルヴェイユと呼ばれる

修道士の憩いと瞑想の場
5 回廊
Cloître

二重に建てられた円柱がわずかにずれているので、周囲を歩くと柱が無限に続く錯覚を覚える視覚効果が。

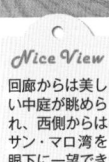

Nice View

回廊からは美しい中庭が眺められ、西側からはサン・マロ湾を眼下に一望できる。

中世の優美な建築
7 迎賓の間
Salle des Hôtes

修道院長が身分の高い訪問者を迎えた場所。大きな2つの暖炉ではイノシシなどの肉を焼いたとされる。最も優美な中世建築のひとつ。

➡フランス国王も迎えた

修道士たちの食堂
6 食堂
Réfectoire

59の窓から差し込む光が神聖な雰囲気を与える丸天井の空間。

⬆食事は壁向きだった

中層階

大きな円柱に注目
8 地下礼拝堂
Crypte des Gros Piliers

上層部を支えるための円周5mもの太い柱に囲まれた礼拝堂。19世紀の牢獄使用時には囚人が判決を待つ場所としても使われた。

⬆15世紀半ばに設けられた

アーチ形の美しい祭室
9 聖マルタン礼拝堂
Chapelle St-Martin

11世紀当時の姿をそのままとどめる貴重なロマネスク様式礼拝堂。厚い石壁は2m以上ある。

⬆天井までの高さは9m

モン・サン・ミッシェルの歴史

708	オベール司教が夢の中で大天使ミカエルから「この岩山に聖堂を建てよ」とお告げを受ける
966	リシャール1世がベネディクト派の修道院を建設
1337	百年戦争勃発で修道院は閉鎖。島全体が要塞となる
1789	修道院は廃止され、監獄として使用
1865	修道院として復元される
1979	世界遺産に登録
1995	海洋環境整備工事開始
2015	工事が完了し、本来の姿に

修道士たちの執務堂
11 騎士の間
Salle des Chevaliers

ラ・メルヴェイユ棟にある見学最後の部屋。柱にはアカンサス模様が施され、寒さが厳しいため大きな暖炉が設置されている。

⬆窓の光で作業を行っていた

⬇天井まで届く大きな暖炉が2つ部屋の奥に

死者を安置する礼拝堂
10 聖エティエンヌ礼拝堂
Chapelle St-Étienne

死者を安置した石棺の下には「永遠、生と死」を表すAとΩが刻まれ、壁には同じ意味を持つハチの巣が描かれている。

⬇西のテラスの真下、納骨堂に隣接

干潟を歩く

かつて巡礼者は引き潮を待って命がけで海を渡ったとされている。現在は専門ガイド付きツアーでのみ干潟を歩くことができる。

修道院へ続く細い参道にショップがずらりと並ぶ

観光の後は参道の散策を楽しもう

グランド・リュでグルメ&ショッピング

グランド・リュは島随一の目抜き通り。昔から巡礼者たちに宿や食事を提供するために、ホテルやレストランが軒を連ねる。

ラ・メール・プラール `グルメ`

La Mère Poulard

MAP P.65

19世紀に宿を開業し巡礼者のためにプラール夫人が考案したスフレのようにふわふわでサクサクのオムレツが有名。ハイシーズンは混み合うので予約がおすすめ。

☎02-33-89-68-68 ⊗島の入口からすぐ ⊗11:30〜20:30 ⊗無休

独特の食感がたまらない 名物オムレツの元祖

↑よく泡立てて焼かれたオムレツ €38〜 ↑130年の歴史ある店舗、コース料理もある

絶景が楽しめる名宿

ルレ・サン・ミッシェル

Le Relais Saint-Michel

MAP P.64

島のちょうど対岸にあるホテル。修道院が眺められる部屋もある。

☎02-33-89-32-00 ⊗シャトルバスターミナルから徒歩10分 ⊛La Caserne ⊛⑤⑦€219〜 客数39

バスターミナルが近くて便利

メルキュール・モン・サン・ミッシェル

Hotel Mercure Mont Saint -Michel

MAP P.64

広々とした部屋で快適なホテル。修道院の夜景を楽しむ散歩も可能な距離。

☎02-33-60-14-18 ⊗シャトルバスターミナルから徒歩5分 ⊛Route du Mont Saint Michel ⊛⑤⑦€117〜 客数100

↑ハムや卵入りの食事クレープ

↑店名でもある人魚の吊り看板。店舗は2階

絶品クレープを食べよう
行列ができる人気店で

ラ・シレーヌ `グルメ`

La Sirène

MAP P.65

地元の新鮮な食材を使ったガレット(食事クレープ)がおいしいと評判の店。具だくさんで日本人の口に合うメニューが豊富だ。みやげ物店の2階にある。

☎02-33-60-08-60 ⊗島の入口から徒歩3分 ⊗11:45〜16:00(7・8月は〜19:00) ⊗無休(夏期)、11月初旬〜2月は休業

ブティック・ラ・メール・プラール

Boutique La Mère Poulard

MAP P.65

ブルターニュ地方のおみやげ店。厳選された材料で作られたバターの風味豊かなガレット(クッキー)が定番で美味。ブランドのトレードマークでもある缶もかわいい。

☎02-33-89-02-03 ⊗島の入口から徒歩3分 ⊗9:30〜18:30 ⊗1/1、12/25

↑オムレツの名店の系列店

老舗クッキーメーカー レトロ缶入りもおすすめ

`みやげ`

↑クッキーは定番のバターのほか、アップルキャラメル味やレモン味などもある

→シンプルなエッグカップ

↑濃厚なキャラメル 50g €6

→クッキーの缶の絵がプリントされたマグカップ

©Marc Bertrand

WELCOME TO THE CITY OF ART

アート

街は膨大な「美」の迷路！

Contents

鑑賞前に知っておきたい! 美術館の基礎知識

芸術の都パリはルーヴルやオルセーなど世界的な大美術館のほか、ピカソやロダンなど個人の芸術家作品を展示する美術館、モダンアートを展示するギャラリーや画廊も豊富だ。

チケットを買う

Webサイトで要予約

ほぼすべての美術館が要予約に。ルーヴル美術館は完全予約制で英語、フランス語、スペイン語のみ。予約したい日、時間と人数を入力し確定するとアカウント入力画面が出るので、初めて購入する際にはアカウント登録から始める。また入場者全員の氏名の入力も必要となる。ピカソ美術館はアカウント登録の必要はないが、代表者のメールアドレスを入力する必要がある。

ルーヴル美術館
Musée du Louvre
ⓗ www.ticketlouvre.fr

ピカソ美術館
Musée National Picasso-Paris
ⓗ billetterie.museepicassoparis.fr

前売りチケットはある?

前売りチケットはフランス全土にあるFNAC各店(大型メディア店フナック)や観光案内所などで購入できる場合がある。購入方法については変動が激しいため、Webサイトでの事前購入が安全だ。美術館の窓口では前売りチケットを販売していない。

無料の日にお得に鑑賞

毎月第1日曜日にほとんどの国立美術館が無料開放されていたが毎年の変更も多いのでWebサイトなどで事前に確認を。ルーヴル美術館の無料開放は第1土曜日の18時以降、オルセー美術館は毎月第1日曜日。

第1日曜が無料の主な美術館
オルセー美術館 ▶P78
オランジュリー美術館 ▶P82
ピカソ美術館 ▶P84
ケ・ブランリ美術館 ▶P42・83
※時間のみ予約が必要なところもあるので注意。

パリ・ミュージアム・パス

複数の美術館や史跡を連日訪れる予定があれば断然お得なパス。ルーヴル美術館も利用できるが、Webサイトで事前に日時の指定が必要となる。

パリ・ミュージアム・パスって?

パリとその近郊にある主要な観光スポット約60カ所の美術館・博物館に有効期間中直接入場できるフリーパス。チケット売り場に並ぶ必要もなく予約も不要で何度も入場できるので時間の節約になる。
ⓗ www.parismuseumpass.com

2日券 €62
4日券 €77
6日券 €92
の3種類

パスの使い方

Eチケット(電子チケット)に表示されたバーコードをかざして入場できる。バーコードがあればEチケットのスクリーンショットや、紙のプリントアウトでも問題ない。なお、各施設へ再入場はできないので注意が必要。

パスが買える場所

パリ市内の観光案内所やFNAC各店(大型メディア店フナック)、空港のインフォメーションなどで購入できるが、取り扱いに変更があったりするので日本であらかじめ購入しておくとよい。使用日は連続していなければならないので予定日に休館日がないか、旅程に無理がないか注意して購入しよう。またパリ・ミュージアム・パス ジャポンでオンラインや電話での販売もある。

パリ・ミュージアム・パス ジャポン
ⓗ www.parismuseumpass-japon.com
☎ 03-6435-4614(東京)

パリ・ミュージアム・パスが使えるおもな施設

ルーヴル美術館 ▶P72
オルセー美術館 ▶P78
ケ・ブランリ美術館 ▶P83
オランジュリー美術館 ▶P82
ピカソ美術館 ▶P84
ロダン美術館 ▶P84
凱旋門 ▶P44
パンテオン ▶P161
コンシェルジュリー ▶P27
サント・シャペル ▶P27
ヴェルサイユ宮殿 ▶P58

※本書では、パリ・ミュージアム・パスが使える施設には、その紹介記事に**PASS**のマークを記載しています。
パリ・ミュージアム・パスで入場できる施設は予告なしに変更される場合があります。また、各館の定期休館日のほか、一般的に1月1日、5月1日、12月25日は休館、一部祝日も休館の場合があります。

学割、年齢割引はある?

ミュージアム・パス対応のほとんどの施設で18歳未満は常時入場無料。学生割引やシニア割引料金を適用している美術館もある。いずれも年齢を証明するためのパスポートや国際学生証の原本の提示が必要となる。

チケット窓口は混んでいる?

基本は事前予約だが、当日に窓口での販売やオンライン販売することもある。売り場は早朝から長蛇の列になるため、おすすめはできない。窓口で購入する場合、長時間列から離れられないこと場合もあるので気をつけよう。

美術館へ行く

休館日はある?

フランスの美術館は月曜日や火曜日、国民の祝日に休館になることが多い。旅程を組み立てる際やミュージアムパス購入の際に留意しよう。ごくまれにストライキによる閉館もある。

主な美術館の休館日

月曜	オルセー美術館 ピカソ美術館 ロダン美術館 マルモッタン美術館
火曜	ルーヴル美術館 オランジュリー美術館 クリュニー中世美術館

訪れるおすすめ時間帯は?

人気の美術館にすいている時間帯はないので、朝一番に訪れるのがおすすめ。閉館間際に行くと落ち着いて鑑賞できないので午後に入場の際には特に時間に余裕をもって訪れよう。

夜まで開いている美術館は?

夜間に開館時間を延長して開放している美術館がある。一般的に昼間に比べて入場者が少ない、入場料が若干やすいなどの特典があるので名画再訪などに利用しよう。

夜間も開館している美術館

ルーヴル美術館 ▶P.72
⏰水・金曜は〜21:45

オルセー美術館 ▶P.78
⏰木曜は〜21:45

入館時のセキュリティチェック

ほとんどの美術館で入館時に手荷物検査がある。公共の場での安全を確保するための検査なので指示に従ってチェックを受けよう。持ち込める手荷物の大きさに制限のある美術館もあるので事前にチェックしよう。

企画展をチェックする

パリの美術館では常設展示だけでも見応えがあり、時間が足りないくらいだが、期間限定の企画展も見逃せない。

企画展の情報収集

アートの都パリでは各美術館で意欲的に企画展が開催されている。一年を通じて開催されるさまざまな企画展は専門家たちの研究成果であり、貴重な作品が集められ公開されている。地元住民も多く訪れるため、できるだけ早めの予約が必要。なお、ミュージアムパスは対応していないので注意。アート以外のジャンルでも大きな話題となることも多いので、事前に調べておきたい。

グラン・パレ
🌐 www.grandpalais.fr/en

カルティエ財団現代アート美術館
🌐 www.fondationcartier.com/en/

館内は撮影できる?

カメラの持ち込みも禁止される美術館がある一方で写真撮影がOKな場所もある。ただし作品保護のためにフラッシュは絶対にNG。スマホなどで撮影の際にはオートフラッシュ(自動モード)になっていて気づかないこともあるので十分に注意しよう。

館内の施設もチェック

カフェでひと休み

美術館を見学しなくても併設のカフェやサロン・ド・テに無料でアクセスできることも。ジャックマール・アンドレ美術館やロマン派美術館のカフェは、美しい内装や静けさが地元の人にも人気。

ミュージアムショップ

美術館に併設されているミュージアムショップはおみやげの宝庫。ポストカードやカタログ、ロゴバッグなどの雑貨も豊富だ。

企画展専門の美術館

パリには企画展専門の美術館がある。カルティエ財団現代アート美術館のような、企業による芸術文化支援(メセナ)活動の一環で行われているものも多くある。また、グラン・パレなどで開催されるファッションや音楽の作品展も楽しみやすい。

企画展専門の主な美術館

グラン・パレ ▶P.47
カルティエ財団現代アート美術館
パレ・ド・トーキョー
アン・サン・ピエール美術館

知っておきたい 美術館での鑑賞マナー

美術館では大声を出さない、走らないといった基本的常識はもちろん、芸術作品を守るためのマナーを守ろう。フラッシュ撮影が絶対にダメなことはもちろん、作品に近づきすぎるのも誤って触れてしまう原因となりうるので注意。近くで長時間の鑑賞は、ほかの人たちの妨げとなる迷惑行為だ。各所で館員が芸術品保護に神経を研ぎすましているので協力しよう。

夜の芸術巡り 「ニュイ・ブランシュ」 Nuit Blanche

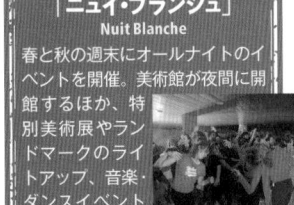

春と秋の週末にオールナイトのイベントを開催。美術館が夜間に開館するほか、特別美術展やランドマークのライトアップ、音楽・ダンスイベントが行われる。

photo:Ville de Paris
🌐 www.nuitblanche.paris

ショッピング

スイーツ

グルメ

歩いて楽しむ

エンターテインメント

ホテル

38万! の収蔵品が結集する
ルーヴル美術館

王宮所蔵の美術品から始まりナポレオンの戦利品など
世界中の美術品が集まった世界最大級の美術館。
敷地面積7万㎡以上の館内を年間900万人近くの人々が訪れる。

↑日没後には外観がライトアップされてひときわ美しい

1階～半地階
鑑賞時間
**30分～
1時間**

ルーヴル美術館
要予約
(P.73 information 参照)

Musée du Louvre
MAP 付録P.13 D-2

王宮所蔵の美術品を革命政府が公開したことから始まった
ルーヴル美術館は、ナポレオンが遠征の戦利品として持ち
帰ったヨーロッパ各国やエジプトの美術品によって躍進し
た。1981年に故ミッテラン元大統領が「ルーヴル大改造計
画」に乗り出し、中庭の地下調査中に偶然中世ルーヴル宮
の城塞の遺跡を発見、現在見学可能だ。
☎01-40-20-53-17 Ⓜ1,7号線Palais Royal Musée du Louvreパ
レ・ロワイヤル ミュゼ・デュ・ルーヴル駅から徒歩3分 🏛Musée du
Louvre, 1er 🕘9:00～18:00(水・金曜は～21:45) 閉館30分前から退
場開始 🈲火曜、1/1、5/1、12/25 🈹€22(企画展・当日、翌日のドラク
ロワ美術館入場料込み)。第1金曜、7/14、18歳未満は無料(企画展は除く)
🇯🇪 PASS

ルーヴル美術館の館内構成

メインの入口はガラスのピラミッド。その地下のナポ
レオンホールに、インフォメーションセンターとチ
ケット売り場がある。展示室は、シュリー翼、リシュ
リュー翼、ドゥノン翼からなる。

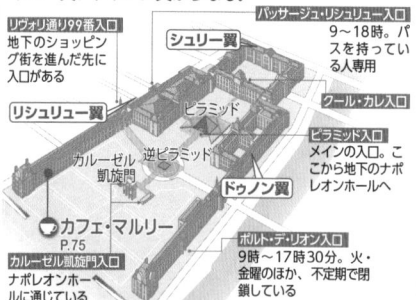

リヴォリ通り99番口入口
地下のショッピン
グ街を進んだ先に
入口がある

シュリー翼

リシュリュー翼

カルーゼル
凱旋門

ピラミッド

クール・カレ入口

ピラミッド入口
メインの入口。こ
こから地下のナポ
レオンホールへ

逆ピラミッド

ドゥノン翼

パッサージュ・リシュリュー入口
9～18時。パスを持ってい
る人専用

🍴カフェ・マルリー
P.75

カルーゼル凱旋門入口
ナポレオンホー
ルに通じている

ポルト・デ・リオン入口
9時～17時30分。火・
金曜のほか、不定期で閉
鎖している

Rez-de-chaussée
1階

歴史的に貴重な彫刻の数々
古代ギリシャの代表作

1階に集められているのは歴
史的にたいへん貴重な彫刻ば
かり。さまざまな地域の独創
的な彫刻があり、イタリア彫
刻のコーナーではミケラン
ジェロの作品が見もの。

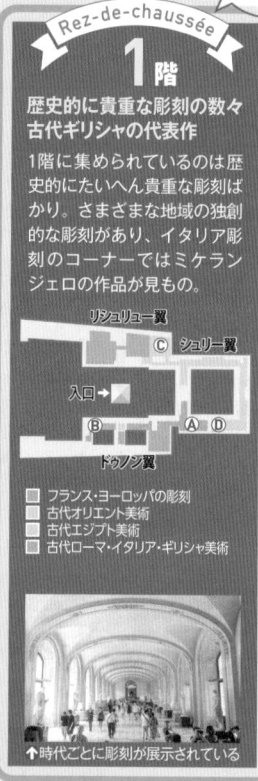

リシュリュー翼

Ⓒ シュリー翼

入口→

Ⓑ　　　　ⒶⒹ

ドゥノン翼

■ フランス・ヨーロッパの彫刻
■ 古代オリエント美術
■ 古代エジプト美術
■ 古代ローマ・イタリア・ギリシャ美術

↑時代ごとに彫刻が展示されている

👆 必見作品はこれ!

ミロのヴィーナス
map Ⓐ
囚われの身／瀕死の奴隷
map Ⓑ

鑑賞の
ポイント
楔形文字とアッ
カド語の碑文の
上は左がハムラ
ビ王で右が太陽
神シャマシュ

Ⓒ ハムラビ法典
Code de Hammurabi
紀元前18世紀にバビロ
ン王国で建てられた玄
武岩の碑。古代近東の最
も古い法令集。

ガラスのピラミッド

1989年にナポレオンの中庭に落成したガラスのピラミッドは、中国系アメリカ人建築家イオ・ミン・ペイが美術館の中央入口として設計した。内側からルーヴル宮の正面を眺められる。

©iStock.com/Pietro_Ballardini

Ⓐ ミロのヴィーナス 必見!
Vénus de Milo
1820年にミロス島で発見された紀元前2世紀末ごろのヘレニズム美術の傑作。

鑑賞のポイント
体のラインと布の織り成す美しい陰影に注目しながら360度見学しよう

Ⓑ 瀕死の奴隷(左)／囚われの身(右)
L'Esclave mourant / L'Esclave rebelle
ミケランジェロ作の未完の彫刻。経済的理由から制作中止になった。2体で1つの作品。
●ミケランジェロ 必見!

Ⓓ タニスのスフィンクス
Sphinx de Tanis
古代エジプト美術部門の入口にあるスフィンクスは守護神で王家のシンボル。

鑑賞のポイント
ライオンの体に人間の顔、王を象徴する証とされるつけひげ、コブラ、頭巾

鑑賞のポイント
タイトルにそぐわない穏やかな表情。教皇の寵愛を受けていたからだといわれている

● チケットの購入はWebで　当日にルーヴル美術館でチケットを購入しようとすると行列で時間がかかるほか、混雑がひどい場合は当日券が発売されない。必ずWebで入手しておこう。当日分のWeb販売もあるが午前中に売り切れることが多い。

● 入館時間の予約　英語、フランス語、スペイン語、中国語の4ヶ国語だが操作は簡単。Webで購入できるのは一度に6枚まで。1.入館日 2.時刻 3.チケット購入枚数やオーディオガイドなどのサービスを選択し、支払い画面へと進む。内容確認画面が出たらチケット受け取り方法「プリントアウト」を選択し、クレジットカードで支払う。チケットはプリントアウトして持参する必要がある(番号とバーコードを読み取る)。パリ・ミュージアム・パスを持っている場合でも必ず時間の予約が必要。シーズンによってかなり先まで予約で埋まってしまう。

● より深く展示を楽しむために　案内所では日本語パンフレットの用意があり、オーディオガイド(€6)も役立つ。事前に美術館の日本語サイトを使って下調べも。

Entre sol
半地階

ダイナミックな彫刻と城塞跡 2つの中庭も見逃せない

偶然発見された城塞跡や7〜19世紀ごろまでの彫刻が年代順に並ぶ2つの中庭は必見。

ルーヴル宮の壕の遺跡
Fossés le Louvre Médiéval

1190年に要塞として誕生したころの壕の跡。主塔や堅牢な城砦を取り巻く壕、跳ね橋の橋脚が残っている。

マルリーの中庭
Cour Marly

主にルイ14世がマルリー城の庭園のために注文した彫刻の数々。必見はルイ15世の『マルリーの馬』。

⟳次ページ **2階**

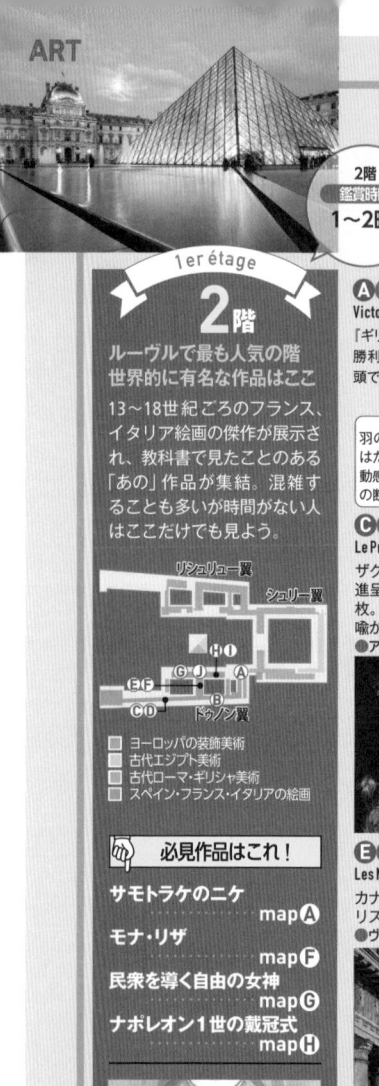

ART

2階
鑑賞時間
1〜2時間

必見!

1er étage
2階

ルーヴルで最も人気の階
世界的に有名な作品はここ

13〜18世紀ごろのフランス、イタリア絵画の傑作が展示され、教科書で見たことのある「あの」作品が集結。混雑することも多いが時間がない人はここだけでも見よう。

リシュリュー翼
シュリー翼

■ ヨーロッパの装飾美術
■ 古代エジプト美術
■ 古代ローマ・ギリシャ美術
■ スペイン・フランス・イタリアの絵画

必見作品はこれ！

サモトラケのニケ
map A

モナ・リザ
map F

民衆を導く自由の女神
map G

ナポレオン1世の戴冠式
map H

↑サモトラケのニケへ続く上り階段

A サモトラケのニケ
Victoire de Samothrace
『ギリシャ神話』に登場する勝利の女神ニケが軍艦の先頭で飛び立つ瞬間の姿。

鑑賞のポイント
羽の一枚一枚、風を受けはためく衣服のひだの躍動感が秀逸。翼は118片もの断片をつなげたもの

C 春
Le Printemps
ザクセン選帝侯への進呈用に描かれた一枚。強大な権力の隠喩があるとも。
●アルチンボルド

鑑賞のポイント
肖像画としてだけでなく多種多様な植物が細かく描写され森羅万象を表現

E カナの婚礼
Les Noces de Cana
カナという村で起きた水が葡萄酒に変わる聖書のキリストの奇跡を王室の婚宴場面に投影した絵。
●ヴェロネーゼ（パオロ・カリアーリ）

鑑賞のポイント
当時多数の複製が制作されたほど成功を収めた大胆な構図を間近で見よう

B 岩窟の聖母
La Vierge aux rochers
聖母マリア、キリスト、聖ヨハネが描かれ受肉の神秘を讃える宗教絵画。
●レオナルド・ダ・ヴィンチ

D 聖母の死
La Mort de la Vierge
被昇天に人が多すぎて不敬、と修道院が受け取りを拒否したとされている宗教絵画。
●カラヴァッジオ

鑑賞のポイント
映画『ダ・ヴィンチ・コード』に登場する視野の暗点、赤いドレープの配置に注目

鑑賞のポイント
ヴェネツィアらしい大人数の華やかな場面が、鮮やかな色彩で描かれている

F モナ・リザ
Portrait de Lisa Gherardini,
Épouse de Francesco del Giocondo,
dite Monna Lisa,
la Gioconda ou la Joconde

多くの謎を秘めた名画は防弾ガラスで守られている。長年の謎とされていたモデルは2008年に富豪ジョコンドの妻リザであることが判明した。理想美を追求した作品。
●レオナルド・ダ・ヴィンチ

鑑賞のポイント 必見!
モナ・リザの目元、口元に見られる精巧な油絵の技術と左右非対称な地平線に注目

G 民衆を導く自由の女神 必見!
Le 28 Juillet.La Liberté guidant le peuple

1830年に起きたフランス7月革命で自由の女神マリアンヌが民衆を率いる姿が描かれている。
●ドラクロワ

鑑賞のポイント
同胞の屍を乗り越えて民衆を導く女神の帽子はのちに自由のシンボルに

鑑賞のポイント
実際に出席していない母の姿や身長を高く美男子に仕上げられたナポレオンなど

I ホラティウス兄弟の誓い
Le Serment des Horaces

ホラティウスの三兄弟が父から闘いの剣を受け取っている一方で家族の女性たちは悲しみに暮れている場面。
●ジャック＝ルイ・ダヴィッド

鑑賞のポイント
直線で構成された力強い男たちと曲線で描かれた女性、幾何学的な室内構造

H ナポレオン1世の戴冠式 必見!
Sacre de Napoléon Ier

ナポレオンがパリのノートル・ダム大聖堂で皇帝として戴冠した直後に皇后ジョセフィーヌに冠を授ける威厳ある歴史絵画。
●ジャック＝ルイ・ダヴィッド

J グランド・オダリスク
La Grande Odalisque

トルコのハーレムに仕える女性が描かれている。オリエンタリズム（東方趣味）の影響が随所に。
●ドミニク・アングル

鑑賞のポイント
発表当時大非難を浴びた、解剖学的事実を無視して描かれた裸体、長い背骨など

中庭にカフェがあります

カフェ・マルリー
Le café Marly

軽食やスイーツが楽しめるカフェ。テラス席からはガラスのピラミッドやカルーゼル凱旋門が見える。
☎01-49-26-06-60
⊙8:00～翌2:00 ⑯
無休 🄴🄴🄴

➔リシュリュー翼に位置し、ピラミッドを見ながらゆっくり休憩できる

3階
鑑賞時間
1〜2時間

A 大工聖ヨセフ
Saint Joseph Charpentier
父である大工聖のヨセフと
自らの犠牲を予兆するかの
ような少年キリストの姿が
描かれている。
●ジョルジュ・ド・ラ・トゥール

必見!

鑑賞の
ポイント
十字架であろう床の木
片、ヨセフの瞳に映る
炎、不安な老人と純粋
な少年のコントラスト

鑑賞の
ポイント
17世紀の道徳に
おける3大誘惑
(賭博、ワイン、
邪淫)に溺れる
青年の姿

B ダイヤのエースを持ついかさま師
Le Tricheur à l'as de carreau
遊女を中心に4人で賭け事中、左側の青
年を3人で騙そうとしているいかがわし
い雰囲気たっぷりの一枚。
●ジョルジュ・ド・ラ・トゥール

2eme étage

3階

フランス絵画が大集結
見応えたっぷりの最上階

絶対に見逃せないヨーロッパ
の名画は3階に集結。オラン
ダやドイツ、フランドル派な
どの作品がほぼ年代別に作品
鑑賞できるようになっており
時代の特徴が見てとれる。

リシュリュー翼
F E
G H C
ドゥノン翼

A B
D
I

シュリー翼

■ 北ヨーロッパ・フランスの絵画

👆 **必見作品はこれ!**

ダイヤのエースを持つ
いかさま師 ⋯⋯⋯⋯ map **B**

王妃マリー・ド・メディシス
のマルセイユ上陸 map **G**

レースを編む女
map **H**

↑ヨーロッパの名画が集まる

C ヴィルヌーヴ=レ=ザヴィニョンのピエタ
La Pietà de Villeneuve-lès-Avignon
15世紀のフランス絵画最高傑
作。十字架から降ろされるキ
リストと彼を抱く母マリアの
嘆きの様子が描かれている。
●アンゲラン・カルトン

鑑賞の
ポイント
キリストの身体
の細長いアラベ
スク調の曲線が
特徴的。背景は
あえて平面的に

D 宰相ロランの聖母
Vierge du chancelier Rolin
宰相ロランが跪いて天地
創造の力を象徴する地球
儀を手にした幼子のイエ
スから祝福を受けている。
●ヤン・ファン・エイク

鑑賞の
ポイント

宰相が注文し自
らの姿を見事に
写実描写されて
いる。左が地上
人で右は聖人

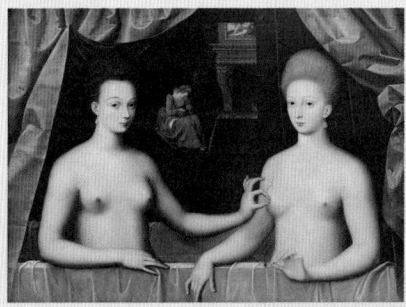

E 浴槽のガブリエル・デストレとその妹
Portrait présumé de Gabrielle d'Estrées et de sa sœur la duchesse de Villars
アンリ4世の愛人（右）とその妹を描写、乳首をつまんでいるのは彼女の懐妊を示唆したとも解釈されている。
●作者不詳

鑑賞のポイント
長く描かれた首や胴、背景に見える人物が謎めいた雰囲気で描かれているのが、この作品の魅力

F 自画像
Autoportrait ou Portrait de l'artiste tenant un chardon
西洋絵画史上初の自画像とされている。画家が手にしている棘の付いたアザミの解釈には今も諸説ある。
●アルブレヒト・デューラー

鑑賞のポイント
アザミには夫の忠誠の証拠もしくはキリストの受難（荊冠の棘）の暗示が

H レースを編む女　必見！
La Dentellière
フェルメールの作品中最も小さな作品。ルノワールが世界で最も美しいと称賛しゴッホが色彩の調和に魅了された。
●ヨハネス・フェルメール

鑑賞のポイント
作品を右手で隠しながら集中するモデルは見るものをけっして寄せつけない。手前の聖書が宗教を示唆

G 王妃マリー・ド・メディシスのマルセイユ上陸
Le Débarquement de la reine à Marseille
イタリアの富豪の娘がアンリ4世に嫁ぐためマルセイユに上陸した史実を古代神話の神々とともに壮大に描いている。
●ピーテル・パウル・ルーベンス

必見！

鑑賞のポイント
左下に海神ネプチューンとトリトン、王妃の足元では海の精が歓迎している

↑王妃の生涯が描かれた24点の連作を展示

I トルコの浴場
La Bain turc
ハーレムに象徴される異国情緒と女性の裸の官能美が表現された作品。作者はこの地を訪れないまま想像で描いた。
●ドミニク・アングル

鑑賞のポイント
曲線のみで描かれた裸婦のモデルはなく、すべて以前の作品から引用したもの。円形でのぞき見の感覚も

ショッピング

スイーツ

グルメ

歩いて楽しむ

エンターテインメント

ホテル

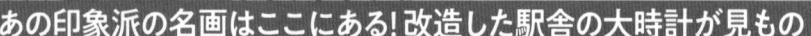

あの印象派の名画はここにある！改造した駅舎の大時計が見もの

19世紀美術を集めた オルセー美術館

印象派をはじめとする19世紀美術の
壮大なコレクションが常設展示で
4000点以上を誇る世界的にも有名な美術館。

📍 金色の大時計

中央のガラス窓に掲げられた金色の大時計はオルセー名物で駅舎当時のもの。時計の裏側の中階は『海底二万里』からインスピレーションを受けたゴールドを基調にしたカフェになっている。

オルセー美術館

Musée d'Orsay
サン・ジェルマン・デ・プレ **MAP** 付録P.12 C-3

1900年のパリ万国博覧会に合わせて建てられた鉄道駅兼ホテルが美術館に生まれ変わったのは1986年。外観内観ともに駅舎の面影を残す。時系列に沿ってわかりやすく展示された19世紀美術のコレクションは、自然光を再現した最新設備の工夫で名画の豊かな色彩を堪能できる。

地上階
鑑賞時間
1〜2時間

Rez-de-chaussée
地上階

かつてのプラットホームにずらりと19世紀の名画

19世紀後半の新古典主義やバルビゾン派、初期印象派までの作品が並ぶ。コローやミレーの作品は必見。ドーム型の天窓から自然光が差し込む明るく開放的な空間。

	特別展		D
個人用入口A / 団体用入口B	セーヌ・ギャラリー	中階へ→	
チケット売場	・大時計　中央通路	オペラ・ガルニエの模型	
優先入口C	リール・ギャラリー　Ⓐ		WC

👉 必見作品はこれ！

ヘビ使いの女　　　　map Ⓐ

落ち穂拾い　　　　　map Ⓑ

Ⓐ ヘビ使いの女
La Charmeuse de Serpents

月明かりに照らし出されるヘビ使いの女の目が暗闇に光り、見る者を見据えているように怪しく輝く。
●アンリ・ルソー

鑑賞の
ポイント

イメージ上の草木とされる22の緑色を使った葉のリアルさや鳥の姿も必見

☎01-40-49-48-14 ❻Ⓜ12号線
Solférinoソルフェリーノ駅から徒歩
3分、ⓇⒺⓇC線Musee d'Orsay ミュ
ゼ・ド・オルセー駅からすぐ ⓗ1 Rue
de la Legion d'Honneur 75007
Paris ❻9:30〜18:00(木曜は〜
21:45)※チケット販売は閉館の1時
間前、見学は閉館の30分前まで ❻月
曜、5/1、12/25 ❿€16(ウェブサイ
ト購入)、€14(当日券)。木曜18:
00〜は€13、毎月第1日曜は無料(要
ウェブサイトから予約)。18歳未満は
無料。オーディオガイド€6 ❒Ⓔ▱
ⓅAⓈⓈ

⮕ルーヴル美術館とはセーヌ川の
対岸に。元は駅舎だった

information

● チケットの購入はWebで チケットは事前
にWebで購入でき、優先入口から入場でき
る。入口は予約ありの個人客、予約不要の個
人客、団体客、当日券希望者の4カ所に分かれ
ている。当日美術館で直接チケットを購入する
こともできるが、購入と入場に時間がかかるこ
とが多い。事前購入と同様に優先入場できる
パリ・ミュージアム・パスを利用するなどして
効率よく旅のプランを組もう。なお毎月第1日
曜は無料開放、18歳未満は常に無料。
● より深く展示を楽しむために 無料の日本
語の案内パンフレットやオーディオガイド
(€6)の貸出を利用するほか、日本語の公式サ
イトで下調べをしていくと鑑賞が楽しめる。

Ⓑ 落ち穂拾い 必見!
Des glaneuses

農村の貧しい人々の姿を郷愁の念を込めて描
き、当時急速に工業化していった都市社会へ
の反動を表している。
●ジャン=フランソワ・ミレー

鑑賞の ポイント
奥の積み藁や地主の賑やかさとは対照的な貧しい農婦の姿は妻、母、祖母を投影したとされている

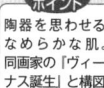
鑑賞の ポイント
陶器を思わせるなめらかな肌。同画家の「ヴィーナス誕生」と構図が似ている

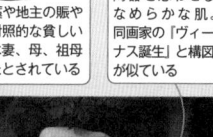

Ⓒ 踊るジャンヌ・アヴリル
Jane Avril dansant

ムーラン・ルージュの踊り子がモデルの名画。
浮世絵風に縦長で主役を左にずらした構図。
●アンリ・ド・トゥールーズ=ロートレック

鑑賞の ポイント
紙の色を生かし、あえて背景を描き込まず一部内装と人物のみ着色している

鑑賞の ポイント
故郷への愛の裏に社会や美術界への批判精神に根ざした辛辣なレアリスム

Ⓓ オルナンの埋葬
Un Enterrement á Ornans

田舎で無名の人の埋葬の様子を大画面に淡々
と描いた作品。発表当時激しく非難された。
●ギュスターヴ・クールベ

Ⓔ 泉
La Source

理想化された架空の女性を描くのが当
時の常識、優美な輪郭で女性の肉体美
を表現した。●ドミニク・アングル
※非公開(2024年5月現在)

Ⓐ 自画像
Portrait de l'artiste

いわゆる「耳切り事件」のの
ち精神病院に入院していた
頃に描かれた作品。
●フィンセント・ファン・ゴッホ

**鑑賞の
ポイント**
背景は画家の不
安定で苦悩に満
ちた感情が青白
く渦巻き燃え
立っている

**鑑賞の
ポイント**
暗い空、屋根の赤、地面の黄緑など
強烈な印象のコントラスト。教会の
屋根も歪んで見えたのだろうか

〈Niveau médian〉
中階

**中階
鑑賞時間
1〜2時間**

ゴッホ、ロダンをはじめとする名画が集結

吹き抜けを囲むように造られた中階はロダンの彫刻ととも
に、入場者に人気のアール・デコ作品が並ぶ。

祝典の間	自然主義・ 象徴主義	アール・ヌーヴォー
上階へ		
レストラン	Ⓔ Ⓒ Ⓐ 吹き抜け	
	Ⓓ Ⓑ	

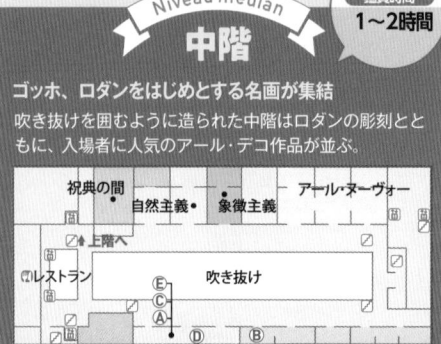

👆 **必見作品はこれ！**

オーヴェルの教会
‥‥‥‥ map Ⓒ

タヒチの女たち
‥‥‥‥ map Ⓓ

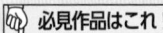

Ⓑ サーカス
Le Cirque

制作中に亡くなり未完となっ
た大作。サーカスの愉快な雰
囲気を見事にとらえた点描が
特徴的な画家の作品。
●ジョルジュ・スーラ。

**鑑賞の
ポイント**
明らかに巨大な曲馬師や観客
席の上部と下部での社会的階
級の違いが見て取れる

Ⓒ オーヴェルの教会 必見！
L'église d'Auvers-sur-Oise

最後の地として移り住んだオーヴェルの教会を描いた。重度の発
作を繰り返していたこの頃、絵は死の2カ月前に完成した。
●フィンセント・ファン・ゴッホ

Ⓓ タヒチの女たち 必見！
Femmes de Tahiti

南洋のタヒチに渡航した作者が制作
した。左右の女性の対比と色鮮やか
な南国の描写が印象的。
●ポール・ゴーギャン

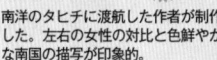

**鑑賞の
ポイント**
暖色を多用した色彩と2人の女
性の圧倒的な重量感で楽園の神
秘性を感じる

Ⓔ ローヌ川の星月夜
Nuit Étoilée sur le Rhône

川沿いを歩くカップルの背
景にローヌ川の水面と星空
が溶け込む美しい光景。
●フィンセント・ファン・ゴッホ

**鑑賞の
ポイント**
濃紺の空に明るく輝
く数多くの星は死後
の世界をイメージし
て描いた

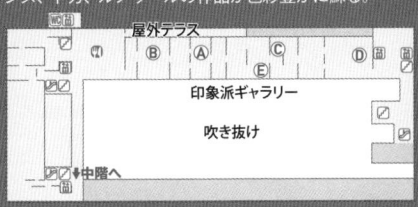

上階

上階 鑑賞時間 1〜2時間

日本でもファンの多い傑作が並ぶ

1870年以降の作品を展示。館内随一の人気フロアで、グレーの壁と濃色の床板で自然光に近い空間でマネやセザンヌ、ドガ、ルノワールの作品が色彩豊かに蘇る。

屋外テラス

印象派ギャラリー

吹き抜け

中階へ

🖐 必見作品はこれ！

ムーラン・ド・ラ・ギャレットの舞踏会
.... map**C**

草上の昼食
.... map**D**

Ⓐ 日傘を持つ女
Femme à L'ombrelle
Tournée vers la Gauche

モネの人物像の大傑作として有名。モデルは亡き妻カミーユの代わりに後妻の娘シュザンヌがなった。
●クロード・モネ

鑑賞のポイント
たなびくスカーフだけでなく、雲と草のそよぎからも風が強く吹いている様子を感じられる

鑑賞のポイント
手前で背を向け椅子に座る男性の黒い背広に注目。木漏れ日が生き生きとした筆致で表現されている

Ⓑ リンゴとオレンジ
Pommes et oranges

鮮やかな構図と色彩でリンゴとオレンジの質感を表現した秀作。
●ポール・セザンヌ
※非公開(2024年5月現在)

鑑賞のポイント
向きがばらばらの果物はそれぞれ美しい角度から描き1枚に収めたため不自然に傾いている

Ⓒ ムーラン・ド・ラ・ギャレットの舞踏会 必見!
Bal du Moulin de la Galette, Montmartre

モンマルトルのダンスホールが舞台の作品。人生の喜びが美しい色彩で描かれている。
●オーギュスト・ルノワール

必見!
Ⓓ 草上の昼食
Le déjeuner sur L'herbe

神話を題材にしながらも当時のブルジョワの男性2人と裸婦を描いた。
●エドゥアール・マネ

鑑賞のポイント
当時の倫理観で不道徳とされ論争を巻き起こした問題作。サロンで酷評されるも見たい市民たちが殺到した

Ⓔ アプサント／カフェにて
L'absinthe (Dans un café)

友人の女優と彫刻家をモデルに、朝のカフェのけだるい風景に蒸留酒アプサントのグラスを描いた。
●エドガー・ドガ

鑑賞のポイント
中毒性があり幻覚や緑の妖精が見えるといわれていたアプサントは、当時多くの芸術家を虜にした

ショッピング

スイーツ

グルメ

歩いて楽しむ

エンターテインメント

ホテル

モネの大作『睡蓮』だけじゃない！名画揃いの回廊！

印象派をじっくり楽しむオランジュリー美術館

ルーヴル、オルセーに並ぶパリを代表する美術館。モネの『睡蓮』を所蔵していることで有名で、印象派の巨匠らの作品群に魅了される。大観光名所ではないので落ち着いて鑑賞できる。

オランジュリー美術館

Musée de l'Orangerie

ルーヴル美術館周辺 | MAP | 付録P.12 C-2

ルーヴル美術館、オルセー美術館から徒歩で移動できるので、2つの美術館とあわせて見学するのがおすすめ。目玉である『睡蓮』のモネ以外に、マチス、ピカソ、セザンヌ、モディリアーニ、ルノワール、ユトリロなど、印象派やポスト印象派の作品が数多く展示されている。

☎01-44-50-43-00 ⊗ Ⓜ 1,8,12号線Concordeコンコルド駅から徒歩2分 ㊞ Jardin des Tuileries,1er ⑭ 9:00〜18:00※最終入場は〜17:15、金曜は21時まで ㊡ 火曜、一部祝日 ㊙ €12.5(金曜18時以降の入館は€10、第1日曜、18歳未満は無料) Ⓔ 🚻 📷 PASS ※ネット予約推奨

Rez-de-chaussée
1階

『睡蓮』の大作のためのゆったりとした2つの展示室

モネが国に寄付を申し出た作品。寄付は死後にという条件を貫き『睡蓮』が寄付されたのは彼の死後の1927年。

連作 | 睡蓮 | 樹々の反映

Les Nymphéas, Reflets d'arbres

第2展示室の『樹々の繁栄』は水面に映る緑、睡蓮の色鮮やかさとの対比が美しい。●クロード・モネ

↗中央に設置されたベンチに座った目線で鑑賞も

> **鑑賞のポイント**
> モネ晩年の大連作。2間に分かれて巨大な4種類の大壁画が展示されている

連作 | 睡蓮 | 雲

Les Nymphéas, Les Nuages

水面にくっきりと浮かぶ雲の様子が初夏の穏やかな昼下がりを彷彿させる作品。●クロード・モネ

Basement
地階

印象派やパリ派のフランス名作コレクションが集結

画商のポール・ギョームが集めたフランスで制作された名画を展示。セザンヌやマティス、ピカソなどの作品も。

> **鑑賞のポイント**
> 中央のミルク入れを軸にしたりんごの配置、壁と棚の微妙な不均衡に注目

果物、ナプキン、ミルク入れ

Fruits, Serviette et boîte á lait

セザンヌが得意としたリンゴや棚、ナイフが不思議なアングルで描かれた作品
●ポール・セザンヌ

ピアノに寄る少女たち

Jeunes filles au piano

ルノワールによる1892年ころの作品で、同じテーマの作品が数点描かれている。●オーギュスト・ルノワール

> **鑑賞のポイント**
> オルセー美術館に同じモデル、構図の絵があるので見比べてみよう

ジュニエ爺さんの馬車

La Carriole du Père Junier

ジュニエ爺さんと家族、ルソー本人が馬車で出かける様子。●アンリ・ルソー

> **鑑賞のポイント**
> 不自然に小さい犬、人物が揃って正面を向いているなど謎が多い作品

ショッピング

スイーツ

グルメ

歩いて楽しむ

エンターテインメント

ホテル

ヨーロッパ以外の文明とアートのコレクション

民俗学愛好家はケ・ブランリ美術館

アジアやアフリカの民族芸術に造詣の深かった元フランス大統領のジャック・シラクと
プリミティブ・アートの研究者のジャック・ケルシャシュの出会いで誕生。

ケ・ブランリ美術館

Musée du quai Branly
エッフェル塔周辺 **MAP**付録P.11 E-2

2006年に開館。アジア、アフリ
カ、オセアニア、アメリカ大陸の
文化から集められた45万点の作
品で構成。アフリカの仮面、アジ
アの織物、オセアニアの彫刻、ア
メリカの儀式用など。

☎01-56-61-70-00 **RER**C線Pont
de l'Almaポン・ド・ラルマ駅から徒歩4分 37 Quai Branly, 7e
10:30〜19:00(木曜は〜
22:00) 月曜、5/1、
12/25 €14(第1日曜無
料) **PASS**

鑑賞の
ポイント
楽器、歴史に関するもの、
テキスタイルの3つのセク
ションに分かれる

←↑ジャン・
ヌーヴェルに
よる建築。カ
フェからエッ
フェル塔が

近代社会の訪れとともに広がる20世紀の新しい芸術運動

過去の伝統的な美術様式から脱しようと、精神実験を繰り返した多種多様な創作のかたち。

パリに集結した外国人芸術家集団
「エコール・ド・パリ」と20世紀美術
第一次世界大戦後にパリに集結した
外国人芸術家を総称して「エコール・
ド・パリ(パリ派)」と呼ぶ。モンマ
ルトルやモンパルナスに居住する東
欧やユダヤ系の作家たちが多い。ピ
カソ、ミロ、シャガール、日本の藤
田嗣治ら、キュビスムとシュルレア
リスムをつなぐ潮流をつくった。

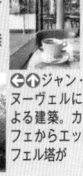

→『ポール・ギョー
ム』の肖像。イタリ
ア出身の画家、彫刻
家アメデオ・モディ
リアーニが1915年ご
ろに描いた

フォービズム
Fauvisme

激しい色彩表現や原色の使用から
「野生派」と呼ばれる。主要メンバー
は、マティス、マルケ、ルオー、セー
ヌ河畔に共同アトリエを構えていた
ドランとヴラマンクなどであった。

キュビズム
Cubisme

ピカソ、ブラック、グリスから始
まった表現活動。ルネサンス以降の
写実主義を壊したことから、20世紀
最大の芸術運動のひとつとされる。

ダダイズム
Dadaïsme

第一次世界大戦下の鬱屈した現実の
反動として発生。伝統的な美学を拒
絶し、政治的には反戦を主張する文
学や映画なども含む表現運動だった。
画家ではピカビアやデュシャンなど。

シュルレアリスム
Surréalisme

超現実主義。1924年のアンドレ・ブ
ルトンの「シュルレアリスム宣言」
から始まる。画家たちは不条理で非
論理的な風景、日常的な風景と奇妙
な非現実的な生き物などを描いた。

表現主義
Expressionnisme

非自然主義的な描写により、内面的
な感情の表出や主観的な意識過程を
外的な世界観の歪みにより強調する
ような表現。

ポップ・アート
Pop art

1950年代半ばのイギリスと1950年
代後半のアメリカで発生した前衛美
術運動。大衆消費社会のイメージ
(雑誌、広告、商品、コミック、TV、
映画)を主な主題や素材とした。

巨匠の画風の変遷をたどる貴重な展示。デッサンと版画に注目!

フランス文化が威信をかけたピカソ美術館

フランス国内に複数あるピカソ美術館のなかで最大級。青の時代の代表作『自画像』をはじめ、ピカソが生前手放さなかった彫刻や版画、陶器、絵画コレクションが展示されている。

ピカソ美術館 要予約

Musée National Picasso-Paris
マレ MAP 付録P.14 C-3

17世紀に建てられた貴族の邸宅を利用した美術館。ピカソの遺族によって収められた約5000点の作品を収蔵し、『ドラ・マールの肖像』『縞の帽子』など初期から晩年に至る作品が各階にわかりやすく展示されている。

☎01-85-56-00-36 ◎Ⓜ1号線St-Paul サン・ポール駅から徒歩7分 働5 Rue de Thorigny, 3e 働9:30～18:00※最終入場は～17:15(第1水曜は～22:00) 働月曜 働€16(第1日曜、18歳未満は無料)
Ⓔ◑ 📱PASS

↑ヴェルサイユ宮殿を手がけた職人による美しい邸宅

↑建物は塩税徴収官が私腹を肥やして建てたもので、塩の館とも

『接吻』や『考える人』に会いに行く。改装された邸宅と庭園も美しい

改めてその才能に息をのむロダン美術館

晩年をこの美しい邸宅で過ごし愛してやまないこの館を美術館にしたいと熱望していたロダン。広大な庭園に展示された屋外の彫刻は陽光の下で圧倒的な力強さを誇示する。

ロダン美術館

Musée Rodin
サン・ジェルマン・デ・プレ MAP 付録P.12 B-3

『考える人』で有名な彫刻家オーギュスト・ロダン。ロダンの住宅兼アトリエであった建物が美術館になっている。16室の部屋に年代順に作品が展示され、ロダンの恋人で彫刻家のカミーユ・クローデルの作品やロダンが愛したゴッホやルノワールの絵画も展示。

☎01-44-18-61-10 ◎Ⓜ13号線 Varenne ヴァレンヌ駅から徒歩5分 働77 Rue de Varenne, 7e 働10:00～18:30 働月曜 働€14(10～3月は第1日曜無料)
Ⓔ◑ 📱PASS

↑広大なイギリス庭園を伴う邸宅美術館

↑生前に鋳造されなかった『地獄の門』は未完

↑代表作『接吻』はダンテの『神曲』がテーマとも、ロダンとカミーユがモデルとも

↑庭園にある『考える人』。いくつかパターンがあり微妙にポーズが異なる

ロダンの弟子のアトリエにも注目!

ブールデル美術館
Musée Bourdelle de Paris

交通の要所モンパルナスにある赤レンガ造りが印象的な建物。彫刻家オーギュスト・ロダンの弟子、アントワーヌ・ブールデルのアトリエ兼住居で、現在は美術館になっている。

↑弟子を育てたアトリエ

MAP 付録P.18 B-2 ☎01-49-54-73-73 ◎Ⓜ12号線Falguière ファルギエール駅から徒歩3分 所 18 Rue Antoine Bourdelle, 15e 開 10:00～18:00 休月曜、一部祝日 料 無料(展示により変動) Ⓔ 📷

西洋美術史をパリの名画とともに

西洋美術の歴史をたどることで、既成価値に対する人々の反動や
対抗活動のなかでの思想や生活様式の変化を概観することができる。

中世美術	
1400 ルネサンス美術	
1600 バロック美術	
1700 ロココ美術	
新古典主義	
1800 ロマン主義	
写実主義	
印象主義	
ポスト印象主義	
1900 エコール・ド・パリ	
20世紀美術	

中世美術
Médiéval Art
初期キリスト教時代からゴシック時代まで4時代に渡って、キリスト教の教義を伝えることを目的に創作活動が行われた。

→ジョット・ディ・ボンドーネ『アッシジの聖フランチェスコの聖痕拝受』1295-1300年ごろ〈ルーヴル美術館蔵〉

ルネサンス美術
Renaissance Art
ギリシャ、ローマの古代文化を復興しようとする運動。14世紀のイタリアから始まり、ボッティチェリ、ダ・ヴィンチ、ミケランジェロが牽引。大きな変化として油絵の具が使われるようになった。

代表的な芸術家
フラ・アンジェリコ
ボッティチェリ
レオナルド・ダ・ヴィンチ
ミケランジェロ
ラファエロ

→ラファエロ『聖母子と幼き洗礼者聖ヨハネ』1507-1508年〈ルーヴル美術館蔵〉

バロック美術
Baroque Art
ルネサンス美術の均衡的な構成より、意図的にバランスを崩した動的表現が特徴。レンブラントやフェルメールなどが代表的な作家。

代表的な芸術家
カラヴァッジョ
レンブラント
フェルメール
ルーベンス

↑ルーベンス『王妃マリー・ド・メディシスのマルセイユ上陸』1625年〈ルーヴル美術館蔵〉

ロココ美術
Rococo Art
18世紀のフランスの宮廷を中心に展開された美術様式。淡く華やかな色彩が多用され、軽やかさ、繊細さ、優美さが作風の特徴。

代表的な芸術家
ヴァトー／ブーシェ／フラゴナール

新古典主義
Néo-classicisme
ロココ美術の全面否定からイタリアルネサンスの古典美術をもう一度見直そうとした潮流。

代表的な芸術家 ダヴィッド／アングル

ロマン主義
Romantisme
古典主義への反動から生まれた芸術運動。自由な発想による高揚した感性を表現した。

代表的な芸術家 ドラクロワ

写実主義
Réalisme
画家クールベがロマン主義に対し日常生活や現実をそのまま表現することを目指し提唱。

代表的な芸術家 クールベ

印象主義
Impressionnisme
古典的写実から、事物より受けた感覚的・主観的印象をそのまま表現する芸術的手法。憧れた多くの外国人画家がパリを目指した。

代表的な芸術家
シスレー／モネ／ルノワール

→クロード・モネ『日傘を持つ女』1886年〈オルセー美術館蔵〉

ポスト印象主義
Postimpressionnisme
印象派の影響を受けながらもそれぞれの画家が独自で別の表現へ展開。この変化が19世紀美術と20世紀美術を橋渡しする役割を果たすこととなった。

代表的な芸術家
ゴッホ／ゴーギャン
セザンヌ

↑ゴッホ『オーヴェルの教会』1890年〈オルセー美術館蔵〉

エコール・ド・パリ
École de Paris
外国人画家が芸術の中心のパリに集結。各々が自由に活動し多彩な表現が生まれる原点に。

代表的な芸術家 ローランサン／ユトリロ／モディリアーニ／藤田嗣治／シャガール

2000

あの名画はここにある!

世界的名画が集まるパリの美術館、1人の画家が複数の美術館に展示されていることが多い。見たかった作品を見逃さないよう事前に一覧表で確認を。

作者	作品名	所蔵美術館
ヴァトー	シテール島の巡礼	ルーヴル美術館
	ピエロ	ルーヴル美術館
ウォーホル	10のリズ	国立近代美術館
ヴェロネーゼ	カナの婚礼	ルーヴル美術館
クールベ	画家のアトリエ	オルセー美術館
ゴーギャン	美しきアンジェール	オルセー美術館
	アレアレア	オルセー美術館
	タヒチの女たち	オルセー美術館
ゴッホ	オーヴェルの教会	オルセー美術館
	自画像	オルセー美術館
	タンギー爺さんの肖像	ロダン美術館
	ローヌ川の星月夜	オルセー美術館
ジェリコー	メデューズ号の筏	ルーヴル美術館
ジョット	アッシジの聖フランチェスコの聖痕拝受	ルーヴル美術館
シャガール	エッフェル塔の新郎新婦	国立近代美術館
スーラ	サーカス	オルセー美術館
セザンヌ	カード遊びをする人々	オルセー美術館
	オーヴェルの首吊りの家	オルセー美術館
ダヴィッド	ナポレオン1世の戴冠式	ルーヴル美術館
チマブーエ	六人の天使に囲まれた荘厳の聖母	ルーヴル美術館
ドガ	オペラ座のオーケストラ	オルセー美術館
ドミニク・アングル	泉	オルセー美術館
	グランド・オダリスク	ルーヴル美術館
	トルコの浴場	ルーヴル美術館
ドラクロワ	民衆を導く自由の女神	ルーヴル美術館
	ショパンの肖像	ルーヴル美術館
ピカソ	ギターを弾く男	ピカソ美術館
	白い帽子の女	オランジュリー美術館
ピサネロ	ジネヴラ・デステの肖像	ルーヴル美術館
フェルメール	レースを編む女	ルーヴル美術館
ブグロー	ヴィーナスの誕生	ルーヴル美術館
ブラック	果物とトランプのある静物	国立近代美術館
フランソワ・ブーシェ	ポンパドゥール夫人	ルーヴル美術館
	水浴のディアナ	ルーヴル美術館
ベルナルディーノ・ルイーニ	洗礼者ヨハネの首を受け取るサロメ	ルーヴル美術館

※メンテナンスや貸し出しなどで見学できない場合があります

←笛を吹く少年 装飾を排した背景が特徴的なマネの色鮮やかな作品。オルセー美術館で展示

→タンギー爺さんの肖像 ロダン美術館に展示されているゴッホの作品。画材屋兼画商の爺さんの背景は浮世絵

作者	作品名	所蔵美術館
ボッティチェリ	ヴィーナスと三美神から贈り物を受ける乙女	ルーヴル美術館
	聖母子と少年聖ヨハネ	ルーヴル美術館
マネ	オランピア	オルセー美術館
	草上の昼食	オルセー美術館
	笛を吹く少年	オルセー美術館
マチス	王の悲しみ	国立近代美術館
モネ	サン・ラザール駅	オルセー美術館
	日傘を持つ女	オルセー美術館
	睡蓮	オランジュリー美術館
ミレー	落ち穂拾い	オルセー美術館
	春	オルセー美術館
	羊飼いの少女	オルセー美術館
モディリアーニ	ポール・ギョームの肖像	オランジュリー美術館
ユトリロ	コタンの袋小路	国立近代美術館
ラ・トゥール	ダイヤのエースを持ついかさま師	ルーヴル美術館
ラファエロ	聖母子と幼き洗礼者聖ヨハネ	ルーヴル美術館
	バルダッサーレ・カスティリオーネの肖像	ルーヴル美術館
	聖ゲオルギウスと竜	ルーヴル美術館
リゴー	ルイ14世の肖像	ルーヴル美術館
リベーラ	エビ足の少年	ルーヴル美術館
ルーベンス	フランドルの祝祭	ルーヴル美術館
ルソー	田舎の結婚式	オランジュリー美術館
ルノワール	道化の衣装のクロード	オランジュリー美術館
	ムーラン・ド・ラ・ギャレットの舞踏会	オルセー美術館
	ピアノに寄る少女たち	オルセー美術館 オランジュリー美術館
ルブラン	ビジェ・ルブランとその娘	ルーヴル美術館
レオナルド・ダ・ヴィンチ	岩窟の聖母	ルーヴル美術館
	洗礼者ヨハネ	ルーヴル美術館
	モナ・リザ	ルーヴル美術館
	夫人の肖像	ルーヴル美術館
レジェ	読書する人	国立近代美術館
作者不詳	フランス王ジャン善良王の肖像	ルーヴル美術館
	浴槽のガブリエル・デストレとその妹	ルーヴル美術館

←メデューズ号の筏 実際の事件を綿密に取材し描かれた作品はほぼ実物大の大画面。多くの死体や苦悩が描かれ、発表当時物議を醸した。ルーヴル美術館で展示している

LET'S GO FIND YOUR TREASURE

ショッピング

パリジェンヌのお墨付き!

Contents

旅の思い出を手に入れる 欲しいものであふれるパリ!

ブランド品からプチプラ雑貨まで欲しいものであふれるパリ。旅の記念にあこがれの品を自分に買うのも、エスプリを感じる小物をおみやげに買うのも◎。楽しいお買い物を満喫しよう!

基本情報

休みはいつ? 営業時間は?

一般的に商店の営業時間は10時から19時、日・月曜に休む店舗が多い。個人商店はバカンスに出ると1カ月ほど休みになる。1/1、5/1、7/14、12/25は休業する店が多い。スーパーは年中無休の店がほとんどだが、日曜は短縮営業。

デパートは日曜も営業?

法の規制緩和により日曜営業のデパートが増えたが、開店している店舗も平日より開店時間が遅い短縮営業となるので出かける前に調べておこう。

ショップもバカンス?

夏のバーゲンセールのあとに長期の休暇を取るショップも。お目当てのお店があれば事前にメールなどで直接確認しよう。

買い物にパスポートが必要?

外国人旅行者が優遇される免税でのお得な買い物の手続きには支払い時にパスポートの提示(コピー不可)が必須。クレジットカードを使用する際やタバコや酒の販売の際、年齢や本人確認が必要なことも。すぐに出せるように財布にパスポートをコピーしたものを入れておくと便利。

お得情報

バーゲン(ソルド)の時期は?

バーゲン(ソルド)は、パリでは冬1月第2週の水曜と夏6月最終週の水曜から始まる。最大70%も割引される商品もあるので、この時期に旅行を計画するのも一案。ファッションだけでなく、電化製品や日用品もソルドになりお得だ。

免税手続きも怠りなく

ソルドの商品であっても1日1店舗あたり€175.01(店舗により異なる。行わない店舗もあり)を超える買い物があれば免税手続きが可能。忘れずにパスポートを携帯しよう。

▶P183

エコバッグは必需品?

フランスではプラスチック製のレジ袋配布が禁止されエコバッグは必需品だ。レジ脇で売られていることもあるので手に入れよう。

ショッピングのマナー

まずはあいさつを

店に入ったらまず笑顔で「ボンジュール(こんにちは)」とあいさつを。店を出る際には買い物をしなくても「メルシー、オヴォワール(ありがとう、さようなら)」と声をかけるのが店へのマナー。

こんにちは
Bonjour
ボンジュール

ありがとう
Merci
メルスィー

商品には勝手に触らない

商品を勝手に棚から出したり、手に触れるのはありがちなマナー違反だ。見たいものがあれば気軽に声をかけて許可を得よう。断られることはまずないし、お互いに気持ちよく買い物ができる。

すみません
Excusez-moi
エクスキュゼ モワ

サイズ換算表

服(レディス)		服(メンズ)		靴	
日本	フランス	日本	フランス	日本	フランス
5 XS	34	—	—	22	36
7 S	36	S	38	23	37
9 M	38	M	40	24	38
11 L	40	L	42	25	39
13 LL	42	LL	44	26	40
15 3L	44	3L	46	27	41
				28	42
				29	43
				30	44

パンツ(レディス)			パンツ(メンズ)		
日本(cm)/(inch)		フランス	日本(cm)/(inch)		フランス
58-61	23	32	68-71	27	36-38
61-64	24	34	71-76	28-29	38-40
64-67	25	36	76-84	30-31	40-44
67-70	26-27	38-40	84-94	32-33	44-48
70-73	28-29	42-44	94-104	34-35	48-50
73-76	30	46	—		—

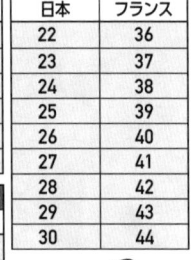

おすすめのパリみやげ

高級ブランドの最新商品から蚤の市で見つけるアンティーク、おいしいフランス食品、エスプリの利いた雑貨、コスメなどパリには自分用にだけでなく友人や家族にも買いたいおみやげがたくさん。目移りしないようリストを作成しよう。

フレンチ雑貨

もはや定番となったフランスのスーパー「モノプリ」のエコバッグやエッフェル塔グッズ、キッチンアイテムなど。

コスメ

パリ発の老舗コスメやオーガニックコスメのほか、ドラッグストアでもお得に買える。

食品

チーズやマカロン、ハチミツ、チョコレートのほか、紅茶やワイン、シャンパンなどもおすすめ。

アンティーク

蚤の市やパッサージュではアンティークのガラス食器やインテリア、アクセサリーなどの掘り出し物があるかも。

基本会話

これはいくらですか。
Ç'est combien?
セ コンビヤン

これは何ですか。
Qu'est-ce que c'est?
ケスク セ

もう少し安くなりませんか。
Pourriez-vous faire une réduction?
プリエ ヴ フェール ユヌレデュクスィオン

これをください。
Je prends ça.
ジュ プラン サ

試着してもいいですか。
Puis-je l'essayer?
ピュイ ジュ レセイエ

ちょっと大きい(小さい)ようです。
C'est un peu grand(petit).
セ アン プー グラン(プチ)

領収書をください。
S'il vous plaît donnez-moi un reçu
スィル ヴプレ ドネモワ アン ルシュ

おつりの計算が合いません。
Ily a une erreur de monnaie.
イリ ア ユンヌ エラード ドゥ モネ

パリのショッピングエリア

特にお目当てのショップや買い物の予定がなくてもウインドーショッピングが楽しめるのもパリならでは。個性豊かなショップのディスプレイやおしゃれなブランドのショーウインドーを覗くだけでも楽しい。まずは人気の6大エリアを目指そう。

世界的ブランドの本店がずらり
フォブール・サントノレ通り
Rue Saint-Honoré

サンローランやエルメス、シャネルの店が軒を連ねるフォブール・サントノレ通り。高級車で乗りつけて買い物にくるマダムや富豪の姿も。

洗練されたパリはここに
モンテーニュ大通り
Avenue Montaigne

フォブール・サントノレ通りとともに2大ブランド・ストリートと称される最も華やかなエリア。高級ホテル「プラザ・アテネ」もこの通りに。

文化人に愛されたカフェが集まる
サン・ジェルマン大通り
Boulevard Saint-Germain

歴史あるカフェが軒を連ねるサン・ジェルマン大通り沿いは高級店も点在する。ルイ・ヴィトンやエンポリオ・アルマーニなどがある。

若者で賑わう街
フラン・ブルジョワ通り
Rue des Francs Bourgeois

若者の集まり、アクセサリーや雑貨店などが並ぶ。カジュアルなブランド店が多い。

高級食材からブランド店まで
マドレーヌ寺院周辺
L'église de la Madeleine

マドレーヌ寺院付近には高級食材店「フォション」や「ラデュレ」の本店がある。フランスのハイ・ブランドブティックもこのあたりに。

おしゃれな散策路に店が並ぶ
サン・シュルピス通り周辺
Rue Saint-Sulpice

『ダ・ヴィンチ・コード』で一躍有名になった教会前の通り。王室御用達のキャンドル店や個性豊かな専門店、雑貨店が立ち並ぶ。散策もおすすめ。

アート
ショッピング
スイーツ
グルメ
歩いて楽しむ
エンターテインメント
ホテル

今パリでいちばんの買い物スポットがココ

ハイセンス! 高品質! 品揃え多彩!
大注目のセレクトショップ ③ 店

**規模は大きいけれどもデパートとは
ひと味違う。ファッションから雑貨まで
トレンドの大殿堂。**

ショップの前に
飾ってある赤い
車が目印

Point! 1階のモードのフロアは
定期的にテーマが変わる

いつ訪れても心ときめく雑貨ワールド

メルシー

Merci
マレ **MAP** 付録P.14 C-2

2019年で10周年を迎える。モードか
らインテリア、食器、リネン類まで、
暮らしを彩るライフスタイルを提案。
マダガスカル・フェアなど定期的に
テーマを変え、時代や季節の空気を読
み取った構成がいつも新鮮だ。吹き抜
けの広い空間で3フロアに分かれ、3
つのカフェも併設している。

☎ 01-42-77-00-33　Ⓜ 8号線St-
Sébastien Froissart サン・セバスチャン・フ
ロワッサール駅からすぐ 🏠 111 Boulevard
Beaumarchais,3e 🕙 10:30～19:30(金・
土曜は～20:00、日曜は11:00～19:30)
🈳無休 🇬🇧🇫🇷

メルシーのロ
ゴ入りオリジ
ナルバッグ
€35。何色に
するか迷う!

↩↪パオラ・ナヴァ
ヌ作のポップな絵
皿はパリモチーフ

各€19

↩静かな中庭の奥
にあるので、見逃
さないで

↩ピクニックで使
いたいパステルカ
ラーのスプーン

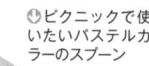

↩食卓を彩る
ホウロウの
カップとお皿
は飾っておく
だけでもお
しゃれ

おしゃれな街・北マレに注目

北マレにはメルシーを中心に、小さなこだわりのセレクトショップが点在。メンズ専門店や雑貨の店などもあるので、チェックしてみよう。

アート

ショッピング

スイーツ

グルメ

歩いて楽しむ

エンターテインメント

ホテル

Recommend!

イザベル・マランのウエストポーチ€360をプラスして、アクティブなスタイルを完成。ワンピース、スニーカー€100。帽子€130

みんなが大好きなスニーカーコーナーで、トレンドを押さえよう

さらっと羽織る麻100％のジャケットとTシャツで、メンズライクに。かごや帽子をあしらいコーディネート。サンダル€210

美しい暮らしをするためのアイデアが満載のディスプレイ。大人のかわいいものがいっぱい

併設カフェでひと休み

エントランスの右手にあるユーズド・ブック・カフェ・メルシー(Used Book Café Merci)では壁の蔵書を読みながら、ゆっくりコーヒーブレイクができる。

🕐10:00～18:00
🈺日曜 €💳🚭

カフェ・クレームやカプチーノ各€5.5～€6.5がおすすめ

パリジェンヌのように、かわいいものを探し出す *Point!*

食器やカトラリー、フラワーベースなども豊富に取り揃える

グリーンを各所に配したフロアでゆったり商品選びが楽しめる

質のいいバッグと靴も充実。低価格に押さえているのが人気の秘密

Point!

定期的に変わる限定商品も人気。服から雑貨まで揃う

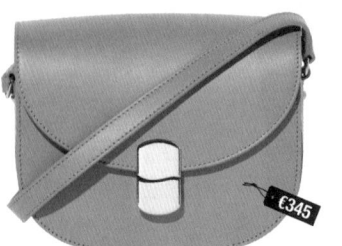

⬆セザンヌのイットバッグCLAUDE。パリジェンヌの定番

€345

⬇スエードパッチワークのスカート

€245

⬇膝が隠れるAラインのレーシーなスカート

€170

⬅モヘアウール混のボーダーニット

€115

⬅スリーブレスデニムジャケットで、個性的に

€115

⬅日本未発売のキャンドルは即完売の人気アイテム

€55

⬅パリジェンヌがこぞって愛用するシューズはおでかけに

€160

€125

⬆鮮やかな赤が人気のウールメリノのカーディガン

行列ができるパリジェンヌ御用達
ラパルトマン・セザンヌ
L'Appartement Sézane
オペラ・ガルニエ周辺 **MAP** 付録P.13 F-1

スタイリストだったモルガン・セザロリー氏がネットで販売していた服が人気を博し、 オリジナルブランドのショップ展開に。手ごろな価格で、リアルクローズが見つかると人気だ。

☎なし Ⓜ8,9号線Grands Boulevardグラン・ブールヴァール駅から徒歩5分 📍1 Rue Saint-Fiacre, 2e ⏰11:00〜20:00(土曜10:00〜) 休日曜 💳🇬

⬆グラン・ブールヴァール裏手の大きな建物

パリ発の人気レザーブランド
ポレーヌ

Polène
オペラ・ガルニエ周辺 **MAP** 付録P.25 F-3

2016年にパリで創業されたレザーブランド。パリでデザインし、スペインのウブリケの革職人が作るしなやかなフォルムの皮革のバッグがパリジェンヌに愛される。

☎なし 🚇Ⓜ3号線Bourseブルス駅から徒歩4分 📍69 Rue de Richelieu, 2e🕐11:00～19:00 🈺無休

➡毎日、行列ができるほど大人気のブティック

自然からインスピレーションを受けたジュエリーコレクションも発表
Point!

➡人気ドラマ『エミリー、パリへ行く』に登場した人気バッグ Numéro Huit Mini

➡エレガントなフォルムの Numéro Neuf Mini

• €380

• €340

⬇最初にデザインされた Numéro Un Nano

⬇軽やかなスタイリングが魅力のラタンバスケット Yké

• €280

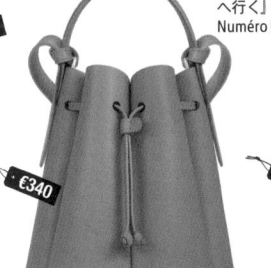

• €520

• €340

➡新作のMokkiは、収納力のあるつくり

タイムレスなフォルムの繊細でエレガントなバッグ。色展開も充実

アート

ショッピング

スイーツ

グルメ

歩いて楽しむ

エンターテインメント

ホテル

フランスが誇る老舗ブランド❺店

モードの国、フランスの素晴らしい技術と創造力は、
今も昔も世界中から注目の的。長く付き合える逸品を。

➡ マイケル・
ジャクソンモデ
ルのローファー
€330〜

大人のカジュアルを極めるならここ
レペット

Repetto
オペラ・ガルニエ周辺 MAP 付録P.25 E-3

女子の永遠の憧れ、バレエのエスプリ
をタウンファッションにも取り入れたい。
そんな想いから、さまざまなアイテム
を発表しているレペット。色も豊富なバ
レエシューズのオーダーも好評。

☎01-44-71-83-12 Ⓜ3,7,8号線Opéra
オペラ駅から徒歩3分 🏠22 Rue de la
Paix,2e 🕐10:00〜19:00(日曜は11:00〜)
Ⓗ無休 ⒿⒺ⬜

1.ラ・ベ通りのこのショ
ップは100周年を迎えた
⮕見た目だけでなく履きやすく
工夫されている。バレリーナ・サン
ドリヨン。色は毎年微妙に変わる

€275〜

€275〜

1.ラ・ベ通りのこのショ
ップは100周年を迎えた
。1階は靴、バッグ、服
のコレクション、2階は
クラシックバレー、ダン
スの商品。靴のオーダー
も行っている

パリの老舗レザーグローブ店
メゾン・ファーブル

Maison Fabre
ルーヴル美術館周辺 MAP 付録P.13 E-2

家族経営で代々伝わるクラフマン
シップでファッションアイテムとし
ての手袋の地位を確立、セレブの顧
客も多い。上質な素材でファッショ
ナブルなグローブが見つかる。

☎01-42-60-75-88 Ⓜ1,7号線Palais
Royal Musée du Louvre パレ・ロワイヤル
ミュゼ・デュ・ルーヴル駅から徒歩3分 🏠128-
129 Galerie de Valois,1er 🕐11:00〜
19:00 Ⓗ日・月曜 Ⓔ⬜

⬆手元を華やかに彩るおしゃれな手袋が並ぶ

➡しなやかな革を使用
したオープンフィン
ガータイプ
€160

数少ない女性トランク職人
モワナ

MOYNAT
オペラ・ガルニエ周辺 MAP 付録P.25 D-4

1849年創業の旅行鞄メーカー
で最もパリらしいと称される。
カーブが美しいことで知られる
鞄類は伝統の職人技に現代の
エッセンスを加えている。

☎01-47-03-83-97 Ⓜ1号線
Tuileries チュイルリー駅から徒歩4分
🏠348 Rue Saint-Honoré,1er 🕐
10:00〜19:00 Ⓗ日曜 Ⓔ⬜

1.アルチザンの手作業による
極上のレザー製品の数々が圧
巻 2.クラス感の漂う本店

➡シンプルで
美しいデザイ
ンのバッグ
「M.CABAS」

€160

⬆バッグ「ガブ
リエルクラッチ」

➡バッグ
「M.CABAS」

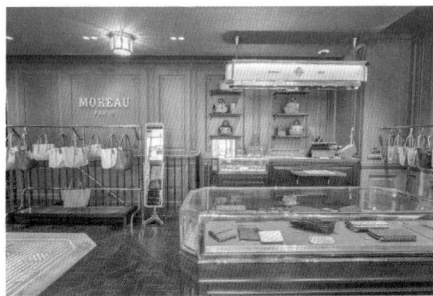
⬆️ブランドのテーマカラーのブルーでまとめられた店内

手縫いのレザーの魅力
モローパリ
MOREAU PARIS
オペラ・ガルニエ周辺 **MAP**付録P.24 A-2
19世紀初めに創業。高級なレザー製品と旅行用品の店としてスタート。2011年に再稼働し、丁寧ななめし加工を施したバッグなどが人気。

€1750
⬆️手縫いのステッチが特徴のバッグ

⬆️格子柄のカードケース

☎01-70-38-77-00 Ⓜ1,8,12号線Concorde コンコルド駅から徒歩10分49 Rue du Faubourg Saint-Honoré,8e ⏰10:30～19:00 ❌日曜 Ⓔ🔲

1

セレブが愛する秀逸な革製品
ベルルッティ
BERLUTI PARIS SÈVRES
サン・ジェルマン・デ・プレ
MAP付録P.12 C-4
ヴェネチアンレザーを使用した靴など、富裕層や王室、芸術家御用達フランスの高級メンズブランド。品質と独特のカラーが特徴の革製品はカバンや小物も充実。

2
1.メンズ用のプレタポルテと靴のフロア 2.ダンディズムを感じさせるショーウインドー

⬇️光沢のあるレザーキャリア
モダンなバックパック

☎01-40-48-28-60 Ⓜ10,12号線Sèvres Babylone セーヴル・バビロヌ駅から徒歩2分14 Rue de Sèvres,7e ⏰10:00～19:00 ❌日曜 Ⓔ🔲

一着は持っておきたい!
フレンチ *Vintage* ヴィンテージ

⬅️⬆️シャネルやエミリオ・プッチなど豊富な品揃え

ディスプレイが美しい
サンクス・ゴッド・アイム・ア・ヴィップ
Thanx God I'm a VIP
北マレ **MAP**付録P.14 B-1
1940～90年代の貴重なアイテムが揃い、色別のディスプレイが美しい。モード関係者やファッショニスタにファンが多い。日本語で質問できるのもうれしい。

☎01-42-03-02-09 Ⓜ5号線Jacques Bonsergent ジャック・ボンセルジャン駅から徒歩5分12 Rue de Lancry,10e ⏰14:00～20:00 ❌日曜 ⒿⒺ🔲

ハイブランドの名作ならここ
ルネサンス
Renaissance - Vintage Fashion Paris
サン・ジェルマン・デ・プレ
MAP付録P.13 D-3
1900年から2000年までのディオールやシャネル、オートクチュールモデルなどレアな逸品が見つかる。

⬆️シャネルのワンピース

☎01-42-60-95-49 Ⓜ12号線Rue du Bac リュ・デュ・バッグ駅から徒歩8分14 Rue de Beaune,7e ⏰14:30～19:00(日・月曜は12:00～) ❌日曜 Ⓔ🔲

シャネルの品揃えパリー
ヴァロワ・ヴィンテージ
Valois Vintage
シャンゼリゼ大通り **MAP**付録P.6 B-4
シャネルやエルメスの良質なヴィンテージを中心にバッグ類やジュエリーのラインナップも。
⬆️エルメスのスノードーム、シャネルのジャケット

☎01-49-24-97-64 Ⓜ9号線Miromesnil ミロメニル駅から徒歩5分8 Rue des Saussaies,8e ⏰10:00～18:30(土曜は11:00～) ❌日曜 Ⓔ🔲

パリの老舗ヴィンテージ店
ディディエ・リュド
Didier Ludot
ルーヴル美術館周辺
MAP付録P.25 F-4
ヴィンテージの帝王ディディエ・リュドのショップ。ウインドーだけでものぞく価値あり。

⬆️エルメスのシルクのブラウス

☎01-42-96-06-56 Ⓜ1,7号線Palais Royal Musée du Louvre パレ・ロワイヤル ミュゼ・デュ・ルーヴル駅から徒歩4分 Jardin du Palais Royal, 24 Galerie de Montpensier,1er ⏰11:00～18:30 ❌日曜 Ⓔ🔲

パリで女子力アップ！エレガントに、華やかに！
最上級フレグランスが手に入る5店

自分の好きな香水をシーンと気分によって使いこなす、それが
パリジェンヌ。本場で購入すれば、パリの香りも届けてくれる。

幻想的な香りの世界へ誘う
セルジュ・ルタンス
Serge Lutens
ルーヴル美術館周辺 MAP付録P.13 E-2

香りや化粧品、写真などさまざまな分
野で独自の美を生み出すセルジュ・ル
タンス。パレ・ロワイヤルにあるブ
ティックは、ルタンスの美意識が凝縮
されたもの。崇高な紫色に覆われた館
で、詩情あふれる香調を纏ってみたい。
☎01-49-27-09-09 Ⓜ1,7号線Palais
Royal Musée du Louvre パレ・ロワイヤル・ミュ
ゼ・デュ・ルーヴル駅から徒歩4分 🚇142 Galerie
de Valois,1er ⏰11:00～19:00 休日曜

気体の宝石と称される香りの数々が陳列

⬆パレ・ロワイヤル限定の香りもある整然としたたたずまいのパリ店

€142～ 1

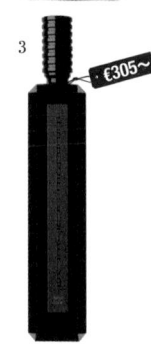
€120 2
€305～ 3

1.ルタンスが最初に調香したフェミニ
テデュボワ。しなやかで洗練された杉
の香り(50ml) 2.「水」とともに過ごす
時間をイメージして作られたコレク
ション「マタンルタンスシリーズ」オー・
ド・パフューム(100ml) 3.漆黒のボト
ルが素敵なグラッドシエル(100ml)

1.オー・デ・コロン
アンペリアル(100ml)
2.オードトワレのア
クア・アレゴリア・コ
レクション(100ml)
€115
€101～ 2

2階はアーティスティックな香りの美術館のよう

フランスが誇る香水の代表格
ゲラン
Guerlain
シャンゼリゼ大通り MAP付録P.5 F-4

1828年から今現在まで、常に時代とと
もに歩んできた老舗。自分で香りを選
び、ボトルや装飾リボンなどをカスタ
マイズできるフランスのショップなら
ではのサービスはぜひ利用したいもの。
☎01-45-62-52-57 Ⓜ1号線Flanklin
D.Roosevelt フランクラン・デ・ルーズベルト
駅から徒歩4分 🚇68 Avenue des Champs-
Elysées,8e ⏰11:00～20:00(日曜は11:
30～19:00) 休無休

⬆シャンゼリゼ大通りの顔ともいえる本店

96

洗練された香りで癒やされる
ディプティック
Diptyque
オペラ・ガルニエ周辺 **MAP** 付録P.25 D-4

パリ発の香水メゾン。香水のほか定番のアロマキャンドルやルームフレグランス、石鹸などホームとボディケアコレクションが揃う。ミステリアスかつ洗練された独特の香りを持ち帰ろう。

☎01-42-33-19-79 Ⓜ1号線Tuileriesチュイルリー駅から徒歩3分 🏠330-332 Rue Saint-Honoré,1er 🕙10:30～19:30 🚫日曜 🅹🅴

↪ヴァンドーム広場にほど近い立地

↪ショップにはフラゴナールのすべての商品が

€58

↪ベストセラーのキャンドル、フィギエ

€92

↪本店の住所をネーミングしたキャンドル

↩オレンジが香るオードトワレオーデサンス

€102

各€22

↪オードトワレのミニボトル・コレクション(50ml)

南仏の香りあふれる香水専門店
フラゴナール香水博物館
Le Musée du Parfum Fragonard
オペラ・ガルニエ周辺 **MAP** 付録P.25 D-2

香水博物館も併設する南仏の老舗香水メーカー、パリのショップではいろいろな香りを試すことができる。練り香水やアロマキャンドル、ハンドクリームなどお手ごろ価格でおみやげに人気。

☎01-47-42-04-56 Ⓜ3,7,8番線Opéra オペラ駅徒歩3分 🏠9 Rue Scribe,,9e 🕙9:00～17:30 🚫日曜 🎫入場無料 🅴

↪香水博物館のエントランス

↪昔の香水の容器やラベルなどを展示

アーティスティックな香りにときめく
メゾン・フランシス・クルジャン
Maison Francis Kurkdjian
オペラ・ガルニエ周辺 **MAP** 付録P.25 D-4

ピュアで希少なエッセンシャルオイルを駆使し、常にセンセーショナルな香りをつくり出す。マリー・アントワネット王妃をイメージしたア ラ ローズ オードパルファムや、さわやかな香りのアクア セレスティアなど自由に表現した香りを楽しむ。

☎01-42-60-07-07 Ⓜ1号線Tuileriesチュイルリー駅から徒歩2分 🏠5 Rue d'Alger,1er 🕙10:30～19:30(日曜は13:00～19:00) 🚫無休 🅴

↪クリエイティブな香りを醸し出すブティック

↪パリの華やかなモニュメントがモチーフのディスプレイ

↪天才調香師と称されるフランシス・クルジャン

ボーダーレスな香りを意識したジェントルフルイディティ

€185   €185

左から高貴なバラの香りのアラ ローズ オードパルファム、ベストセラーのムスキーフローラルな香りのアクア ユニヴェルサリス オードトワレ、天空の水という名のアクア セレスティア オードトワレ(70mlのみ)

€405   €345   €175

アート
ショッピング
スイーツ
グルメ
歩いて楽しむ
エンターテインメント
ホテル

日本未上陸も！人気アイテムが続々登場！

お手ごろも！パリコスメ**3**店

おしゃれや美容に余念がないパリジェンヌたちのお気に入りショップをご案内。高級品も格安品も。

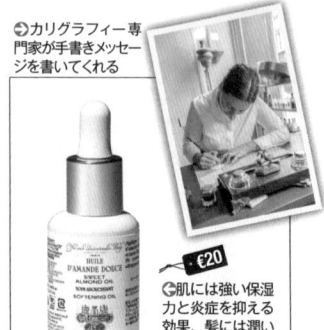
→カリグラフィー専門家が手書きメッセージを書いてくれる

豊富な香りに癒される総合美容薬局

オフィシーヌ・ユニヴェルセル・ビュリー

Officine Universelle Buly
サン・ジェルマン・デ・プレ **MAP** 付録P.26 A-1

1803年創業の美容薬局。調香師にルーツがあり、植物由来の豊かな香りが特徴。厳選された原料を使ったコスメは天然素材ベースなので、敏感肌の人にも安心だ。アンティークで素敵な店舗と美しいパッケージも必見。

☎01-43-29-02-50 Ⓜ4号線St-Germain des-Prés サン・ジェルマン・デ・プレ駅から徒歩7分 ⊕6 Rue Bonaparte, 6e ⊗11:00～19:00（冬期は10:00～）⊛日曜 JⒺ

→美容に興味がある人たちが国内外から訪れる

↑フランスの職人によって意匠が施された店内

←各€40
↑ハンド＆フットクリーム。左は保湿効果、右は肌荒れを防ぐ

←€20
←肌には強い保湿力と炎症を抑える効果、髪には潤いを与えるスイートアーモンドオイル

←€44
↑肌をなめらかに整えるオー・スゥペールフィヌ

←€150
↑水性香水、オー・トリプルアル・カシール。サンダルウッドの香り

スキンケアコスメはここ

シティファルマ

Citypharma
サン・ジェルマン・デ・プレ
MAP 付録P.26 A-3

ラ・ロッシュ・ポゼやニュックスなどフランス産スキンケアコスメブランド商品を買うならここ。セットになった商品やばらまきに便利なリップクリームも安い。

☎01-46-33-20-81 Ⓜ4号線St-Germain des-Prés サン・ジェルマン・デ・プレ駅からすぐ ⊕26 Rue du Four, 6e ⊗8:30～21:00（土曜9:00～、日曜は12:00～20:00）⊛無休 Ⓔ

←€7.59
↑メイク落としのビオデルマ。乾燥肌タイプ

←€11.46
↑肌の潤いを保つメルヴィータのアルガンオイル

←€3.98
↑すっきりしたミント味の歯磨きペースト

手作り有機コスメに挑戦

アロマ・ゾーン

Aroma Zone
サン・ジェルマン・デ・プレ
MAP 付録P.26 C-3

花やハーブのエッセンシャルオイルが安く揃う店。好みのオイルで自分専用に作り上げる無添加の石鹸やシャンプー、泥パックがおすすめ。

☎なし Ⓜ4,10号線Odéon オデオン駅からすぐ ⊕25 Rue de l'Ecole de Médecine,6e ⊗10:00～20:00 ⊛日曜、祝日 Ⓔ
→圧倒的な品種の多さを誇る店内

←手作り化粧品に使用。リラックス効果のあるアルジル

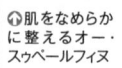
←€5.95
↑ヒアルロン酸セラムで肌にうるおいを

←2階にはフェイス・トリートメントなどが受けられるスパも併設

←€3.95～
↑エッセンシャルオイルのラヴァンド・ビオ

←€6.95
↑ココナッツオイル配合のボディクリーム

ポン・ヌフ館の1階には創設者の妻の愛称をつけた「ブティック・ドゥ・ルル」が創設

アート

ショッピング

スイーツ

グルメ

歩いて楽しむ

エンターテインメント

ホテル

アール・ヌーヴォー様式の華麗な建築美
老舗百貨店へようこそ

**アップデートされた
最新お買い物スポット**

↑パリのイラストが入ったカラフルな包装のチョコレート

↓ストリート系やデザイナー・ラボも充実

サマリテーヌ
Samaritaine

ルーブル美術館周辺 **MAP**付録P.13 F-3

1870年創業。ポンヌフのたもとにあり、2005年に安全基準を満たすため閉鎖され、16年の時を経て2021年にリニューアルオープン。建物はポン・ヌフ館と新設されたリヴォリ館が並ぶ。ポン・ヌフ館には600のブランドが入り、リヴォリ館にはストリート系やアウトドア系が入居する。

☎01-88-88-60-00 ✖7号線Pont-Neufポン・ヌフ駅から徒歩2分 ⑨9 Rue de la Monnaie, 1er ⑧10:00〜20:00 ⑧5/1 Ⓔ

↑リヴォリ館ではスタイリッシュなTシャツを取り揃える

→ポン・ヌフ館のブランドのコーナー

↑ポン・ヌフ館の壮麗な外観と吹き抜けの階段は、うっとりする美しさ。最上階まで上りたい

吹き抜けの空間に、お洒落なブランドが勢揃いしている

パリの匂いを運ぶインテリア ⑤ 店

こんなのが欲しかったとあなたはきっと思う！

実用性だけでなくセンスが良くなければわざわざパリで購入する必要はない。
形も色も柄も、こんなインテリア用品が欲しかった、というモノに必ず会える。

€155

⬅シルクのスカーフを小粋に巻いて

鮮やかな色の世界に染まる
イヌイ・エディションズ
Inoui Editions
サン・ジェルマン・デ・プレ **MAP**付録P.26 C-4

2008年に、スタイリストのリズとデザイナーのマチルドがブランドを創立。アトリエは北仏のソンムの海沿いにあり、自然からインスパイアされたデザインのスカーフやタオル、小物が店内を埋め尽くす。

☎01-42-49-69-12 Ⓜ4,10号線Odéonオデオン駅から徒歩4分 ㊟21 Rue de l'Odéon, 6e ⊗10:30〜19:30 ㊡日曜

⬆🅐アーティスティックなショーウインドー

⬇携帯などを入れたいケースは、デイジーがアクセントに **€85**

€215

⬇🅑大判のビーチタオルやコットンとシルクのスカーフ

⬇🅒ブルーグリーンの手提げバッグ

€85 **€95**

キッチンが楽しくなるような食器や鍋、クロスの宝庫

⬆🅓雑貨とインテリアの店が向かい合って立つ

⬇🅔トーション（ふきん）などリネン類も充実

機能的で美しいインテリア雑貨
ラ・トレゾルリー
La Trésorerie
北マレ **MAP**付録P.14 C-1

キッチンアイテムからインテリア雑貨まで揃うショップ。フランスでは珍しく北欧や英国のアイテムも多く取り扱う。ガラスの天井からの光が温かい店内。

☎01-40-40-20-46 Ⓜ3,5,8,9,11号線République レピュブリック駅から徒歩4分 ㊟11 Rue du Château d'Eau, 10e ⊗11:00〜19:00 ㊡日・月曜

リラックスできる生活雑貨
カラヴァンヌ
Caravane
バスティーユ **MAP** 付録P.15 D-4

ベッドやソファ周りのアイテムを中心に生活雑貨を取り扱う。エスニックを感じさせながらもフランスらしいリネンやインテリア雑貨で癒やしの空間を。

☎01-53-02-96-96 ❿Ⓜ8号線Ledru-Rollin ルドゥルー・ロラン駅から徒歩2分 ㊟19 Rue Saint-Nicolas, 12e ⓣ11:00～19:00(月曜は12:30～) ㊡日・月曜、1/1, 5/1, 7/14, 12/25

Ⓖエスニックなバブーシュ
€55

Ⓒ毎日使う化粧ポーチもこだわりたい

Ⓒいつでも気軽に持てる布バッグ

Ⓒカラフルなクッションでお部屋に差し色を

€18

Ⓒ風情のあるランプや器、鏡などで素敵な住まいづくり

Ⓒ季節を感じさせるテーブルセッティングを提案

€30

セレブデザイナーが手がける
サラ・ラヴォワーヌ
Sara Lavoine
オペラ・ガルニエ周辺 **MAP** 付録P.25 E-4

パリ各地にブティックを展開しパリのインテリアデザインをリードする、世界的に有名なインテリアデザイナーのショップ。パリで今注目のセンスの良さはディスプレイで確認。

☎01-42-96-34-35 ❿Ⓜ1号線Tuileries チュイルリー駅から徒歩5分 ㊟9 Rue Saint Roch, 1er ⓣ10:30～14:00, 15:00～19:00(木曜は～18:00) ㊡日・月曜 Ⓔ⊟

Ⓒ紺色と白のクールなトーンのお皿
Ⓒバイカラーのカップ。色違いも

€18

Ⓒサントノレ通りにあるブティックはシックな外装

繊細なシャンヴル布の世界
クーラール・シャンヴル
Couleur Chanvre
マレ **MAP** 付録P.14 B-3

シャンヴルという麻の一種を使ったアイテムを扱う。日本語では大麻布と呼ばれ、リネン以上に繊細で、独特な風合いと保温性を持つ。綺麗な色に染め上げたストールやエプロンが人気。

☎01-42-74-43-34 ❿Ⓜ1号線St-Paul サン・ポール駅から徒歩4分 ㊟13 Rue Ferdinand Duval, 4e ⓣ11:00～14:00, 15:00～19:00 ㊡日曜 Ⓔ⊟

Ⓒ店員さんが説明をしてくれる

Ⓒくすんだ翡翠のような色のエプロンもおしゃれ

Ⓒマレの小道に面するブティック

Ⓒナチュラルな風合いで、幅広い層に支持されている

Ⓒテーブルリネンやキャンドル入れも扱う

各**€49**

Ⓒ肌ざわりの良いストール

アート
ショッピング
スイーツ
グルメ
歩いて楽しむ
エンターテインメント
ホテル

画材をはじめオリジナリティに富んだ逸品

センスで探すならこのステーショナリー④店

文房具は日常で使うものだからこそ、趣味の良いものを選びたい。ラグジュアリー派、アート派、モダン派、アイデア派。なんでも見つかる、それがパリ。

1. 贅沢な装飾の店内 2. 購入した革小物にその場で刻印をしてくれる 3. アルモリアルのロゴマーク 付きのボックス 4. ポイントの刻印が素敵なパリシックなカード＆封筒各10枚セット €55

職人技から生まれる美しい文具

アルモリアル

Armorial

シャンゼリゼ大通り周辺 **MAP**付録P.6 B-4

1890年創業の老舗。オリジナルの刻印や印刷技術をもって、高級ステーショナリーの歴史を紡いできた店。洗練されたデザインのレターやノート、革小物などをおみやげに。

☎01-42-60-20-08 Ⓜ9,13号線 Miromesnil ミロメニル駅から徒歩3分 ⓜ109 Boulevard Haussmann,8e ⓦ10:00～19:00(土曜は11:00～18:00) ⓗ日曜 Ⓔ▯

€25
◐アーティスト手描きイラストのカード

€45
◑ゴールドのモチーフのノート3冊セット

◑クロコや仔牛など上質な革素材のカード入れ
€65
€580

ピカソやセザンヌも通った老舗

セヌリエ

Sennelier

サン・ジェルマン・デ・プレ **MAP**付録P.26 A-1

創者セヌリエ氏が作り出した鮮やかな色彩の画材は、今も昔も世界中の芸術家たちに愛されている。パステル、油、水彩をはじめとする各種画材、スケッチブックなどがラインナップ。

☎01-42-60-72-15 Ⓜ1,7号線 Palais Royal Musée du Louvre パレ・ロワイヤル ミュゼ・デュ・ルーヴル駅から徒歩9分 ⓜ3 Quai Voltaire,7e ⓦ10:00～12:45、14:00～18:30(月曜は14:00～) ⓗ日曜 Ⓔ▯

€10～
◐サイズ豊富なラファエル社製の水彩筆

€61.54
◐スヌリエの水彩絵の具ボックス12色

€17.05
◑セヌリエ・オリジナルアートバッグ

1. ディテールが美しい額をかけるフック 2. 色とりどりのピグモン(顔料) 3. 創業当時の棚に並ぶ、発色のよいセヌリエの画材 4. セーヌ左岸に面した店舗 5. 長い歴史を刻んできた店内。スタッフは専門知識が豊富

1

2

3

1.オリジナルカードや筆記具がいっぱい 2.思い出になるカードを探す 3.封筒やシールもお気に入りを！4.パッサージュ・モリエールの中にある

€60〜

€38

職人手作りのポルト・プリュム（ガラリット素材）とプリュミエール（筆置き）

ここでしか出会えない商品も
レクリトワール
L'Ecritoire
マレ **MAP** 付録P.14 A-2

€6.20

ノートやポストカード、ペン、しおりなどなど、オーナーのお眼鏡にかなった製品や、細部にまでこだわったオリジナルの品々が並ぶ。小さなお店の中に詰まったパリのエスプリを。

☎01-42-78-01-18 ✖Ⓜ11号線 Rambuteau ランビュトー駅から徒歩5分 ㊟26 Passage Molière, 3e ◷11:00〜19:00(日曜は15:30〜18:30) ㊡無休 🈺🈂

€27.60

ノートル・ダム大聖堂のペーパーオブジェ

シーリングスタンプ＆ワックスセット

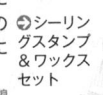

€38

大切な人に手紙を書きたくなる羽根ペン

日本にも上陸した文具店
パピエ・ティグル
Papier Tigre
マレ **MAP** 付録P.14 C-2

紙を使用した製品やステーショナリーをデザイン、制作するブランド。カラフルで楽しくなるアイテムが多くビジュアルのインパクトやユニークなデザインは世界中で人気を博している。

☎01-48-04-00-21 ✖Ⓜ8号線 Filles du Calvaire フィーユ・デュ・カルヴェール駅から徒歩3分 ㊟5 Rue des Filles du Calvaire, 3e ◷11:30〜19:30(土曜は11:00〜20:00、日曜は13:30〜19:00) ㊡無休 🈺🈂

1.店先に配された大きな鉛筆が目印 2.何か書きたくなるようなバイカラーの鉛筆各€2.53. カラフルな商品が並ぶ

1

2

デスク周りが楽しくなるポップなデザインノート

ノートとペン、鉛筆のセットはプレゼントに

€32

グラフィカルなミニノート。いろいろなデザインがある

€10.50

LOVEやHONEYと刻印されたおしゃれな鉛筆セット

€3(1本)

3

FIGURE

アート

ショッピング

スイーツ

グルメ

歩いて楽しむ

エンターテインメント

ホテル

SHOPPING

1.ヨーロッパのエスプリが香る白い陶器の数々などたくさんの種類がある 2.花や蝶のモチーフも 3.サントノレ通りに面する

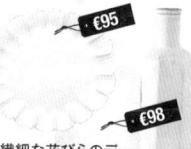

パリの工房で作る純白の陶器

アスティエ・ド・ヴィラット

Astier de Villatte
ルーヴル美術館周辺 **MAP**付録P.13 D-2

18世紀からの製法で作られるカントリー調の温かみのある白い陶器で有名なお店。釉薬から透けて見えるパリ産の土の風合いが特徴。世界の都市をイメージした香りのキャンドルも人気。

☎01-42-60-74-13 Ⓜ1号線Tuilerieチュイルリー駅、パレロワイヤルから3分 🏠173 Rue Saint-Honoré,1er 🕐11:00〜19:00 🈺日曜 J E

€95

€98

⤵細細な花びらのデザインのプレート

↪マイカップにしたいハートや花のマグカップ

€118

↪野の草花を生けたいベース

後悔しないよう気に入ったら即買い

見事なキッチン用品❸店

**フランスらしいほっこりしたデザインも
プロ仕様のものも揃う、パリのキッチン雑貨店。
食の国ならではの充実のお店をご紹介。**

キッチン用品のスペシャリスト

モラ

Mora
ルーヴル美術館周辺 **MAP**付録P.13 F-2

プロ仕様の道具も揃う100年以上の歴史を持つ店。機能美とシンプルな美しさは、デザイン性も抜群。キッチンにパリの風を運んでくれる。

☎01-45-08-19-24 Ⓜ4号線Les Hallesレ・アル駅から徒歩3分 🏠13 Rue Montmartre,1er 🕐9:45〜18:30、(土曜は10:00〜) 🈺日曜 E

€13.98〜

↪ボルドーの伝統菓子カヌレの型

1.心ときめくグッズの宝庫 2.パリの中心部にある便利な立地 3.お菓子や料理に使うさまざまな型

€11.25

↪エッフェル塔形クッキー型

↪プジョーのコショウ挽き

€25.10〜

1.100%天然素材で作られる石鹸 2.プロヴァンスの生活が感じられる店内 3.ボディケア製品が充実

マルセイユ石鹸を買うならここ

マリウス・ファーブル

Marius Fabre
マレ **MAP**付録P.14 C-3

1900年の創業以来、無添加、無香料でオリーブ油とパーム油をベースに伝統的な製法で作られている。肌への刺激が少なく、やさしくなめらかな使い心地。本物に与えられる刻印入り。

☎01-44-93-59-57 Ⓜ1号線Saint-Paulサン・ポール駅から徒歩7分 🏠26 Rue de Turenne, 3e 🕐10:00〜19:00(月曜14:00〜) 🈺無休 E

€15.60

↪ボディミルクやモイスチャリング・オイル

↪トリコロールカラーの包装も人気

各€4.30

↪セミの形の石鹸はバスルームに飾って

€5.30

104

アート

ショッピング

スイーツ

グルメ

歩いて楽しむ

エンターテインメント

ホテル

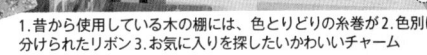

色にもやっぱりパリのエスプリ
趣味の手芸用品❸店

ビーズやボタン、レースなど、思わずカワイイ
と声が上がる、完全女子旅仕様の小物のお店。
友だちへのみやげにもなるでしょう。

日本進出もしている手芸店
ラ・ドログリー
La Droguerie ルーヴル美術館周辺 **MAP**付録P.13 F-2

シックで可愛いビーズやボタン、
リボンが並ぶ手芸店。色鮮やか
でありながらパリらしいセンス
が漂う。少量からの量り売りや
作品の相談にも乗ってくれる。

☎01-45-08-93-27 Ⓜ4号線Les
Halles レ・アル駅から徒歩2分 ⏰9-11
Rue du Jour, 1er ⏰10:00～19:00
🈺日曜、祝日 Ⓔ▭

⤴マーブル模様のス
クエア型のボタン

€9.25～

各€3.20

⤴花びらモチー
フのボタン

⤴⤴小花プリント
の布のハギレ
は使い勝手抜群
のサイズ（柄は
異なる）

€9.25～

1.昔から使用している木の棚には、色とりどりの糸巻り 2.色別に
分けられたリボン 3.お気に入りを探したいかわいいチャーム

⤴クロスステッチのプロのスタッフが手ほどきしてくれる店内

愛らしいクロスステッチの世界
レ・ブロドゥーズ・パリジェンヌ
Les Brodeuses Parisiennes バスティーユ **MAP**付録P.15 F-3

クロスステッチ好きにはたまら
ないたくさんのキットやクロス
ステッチ針、刺繍糸、刺繍布、
刺繍枠などの材料と道具を扱う。
パリや花、四季など種類豊富。

☎01-40-24-20-80 Ⓜ9号線
Voltaireヴォルテール駅から徒歩3分 ⏰
1 Rue François de Neufchâteau,
11e ⏰10:00～17:00 🈺月・火・土・
日曜 Ⓔ▭

⤴旅行ポーチ
の刺繍キット

€35.50

⤴ガーデンの窓辺
の刺繍キット

€39.50

⤴パリらしいモチー
フが可愛いノート

€15

パリの老舗手芸用品店
ウルトラモッド
Ultramod オペラ・ガルニエ周辺 **MAP**付録P.25 F-3

カラフルなリボンや糸、レース
が所狭しと並ぶ。フランスらし
い色づかいが美しい。特にボタ
ンの種類が多く、ほかでは見つ
からないアンティークものも。

☎01-42-96-98-30 Ⓜ3号線
Quatre Septembre カトル・セプタンブ
ル駅からすぐ ⏰4 Rue de Choiseul, 2e
⏰10:00～18:00（水曜は～19:30、土
曜は14:00～）🈺日曜、祝日 ⒿⒺ▭

⤴細工の
凝った花び
らボタン

€9.50

1.トリコロールカラーのリボ
ンも発見 2.アンティークな手
芸グッズ好きにはたまらない

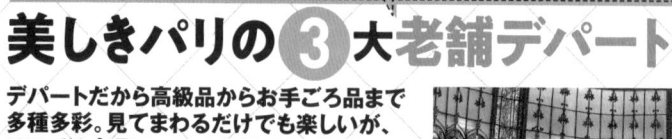

もはや観光名所！外観も内観も必見のクラシック建築

美しきパリの③大老舗デパート

デパートだから高級品からお手ごろ品まで
多種多彩。見てまわるだけでも楽しいが、
ここでは食品フロアのお得をご紹介。

ネオビザンチン様式のクーポールがある本館

パリで最大規模を誇る品揃え！

ギャラリー・ラファイエット パリ・オスマン

Galeries Lafayette Paris Haussmann

オペラ・ガルニエ周辺 **MAP** 付録P.25 E-1

本館1階は主流ブランドのバッグや
コスメを、2階は婦人服と靴を販売。
高級ブランドはもちろんお手ごろブ
ランドや書籍、食器まで3500を超え
るブランドを取り扱う。

☎01-42-82-34-56 Ⓜ3,7,8号線Opéra
オペラ駅から徒歩5分 ⊕40 Boulevard
Haussmann,9e ⊗10:00～20:30(日曜、祝日
は11:00～20:00) ⊕無休 ⊟

本館にある
丸い天井
（クーポール）
は必見！

屋上のカフェ
テラスから、
パリの街を一
望できる

↑オペラ・ガルニエの裏手にある　©StudioTTG

食品フロアに注目

メゾン＆グルメ館
Maison & Gourmet

ギャラリー・ラファイエットの別館。
日本でもおなじみの有名パティス
リーやショコラティエをはじめ、あら
ゆる高級食材が集結。ファッション
館とは道を挟んだ反対側にある。

MAP 付録P.25 D-1

☎01-40-23-52-
67 Ⓜ3,7,8号線
Opéraオペラ駅か
ら徒歩5分 ⊕35
Boulevard
Haussmann,9e
⊗9:30～21:30
(日曜、祝日は11:
00～20:00) ⊕無
休⊟

↑地下の野菜売り場。黄色や緑のトマトがずらり

↓夏のトリュフ、ゲ
ランド塩入り€8.30

↑おみやげに最適！ミニ・バゲッ
ト・パリ3テリーヌ(左)。ノワムティ
エの食卓塩(右)

↑一番人気のコンフィチュール・
パリジェンヌ(ラズベリーとアプ
リコット味)€14.90

↻エシレの有
塩バター(箱
入り)€7.70

↻ローズ風味のフォシ
エのローズ・サブレ、
チョコチップ入り€4

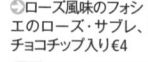

↑2階のシャンパンコーナー。小さなメゾン
から大手まで圧巻の品揃え

インテリアやレストランも充実の老舗
プランタン・オスマン
Printemps Haussmann
オペラ・ガルニエ周辺 MAP付録P.25 D-1

レディスを扱うプランタン・ファム、メンズとレストランなどを扱うプランタン・オムとプランタン・デュ・グー、コスメと子ども服などのプランタン・ボーテ・メゾン・アンファンの3館で構成。

☎01-42-82-50-00 Ⓜ3,9号線Havre Caumartin アーヴル・コーマルタン駅からすぐ 🏠64 Boulevard Haussmann,9e ⏰10:00～20:00(日曜は11:00～) 休無休 Ⓔ📇

日本のデパートに似た構造なので、気軽に楽しくお買い物

©MANUELBOUGOT

食品フロアに注目

プランタン・デュ・グー
Printemps du Goût

メンズ館の7・8階にあり、レストランやカフェ、食品品、ワインコーナーなどがある。

MAP付録P.25 D-1
☎01-42-82-75-00 Ⓜ3,9号線Havre Caumartin アーヴル・コーマルタン駅からすぐ 🏠59 Rue de Caumartin,9e ⏰10:00～20:00(日曜は11:00～) 休無休 Ⓔ📇

↑7階のワインコーナーで上質なワインを探す

↑美しいパッケージのサブレ

↑手のひらサイズのプチコンフィズリーはバッグのお供に

↑バー・ベルシュはティータイムに利用
©RomainRicard

↑レストランの窓からはエッフェル塔が望める

↑パレ・デ・テのルイボスティーは花と果実の風味

7階のテラスでは、エッフェル塔を見ながらお茶が楽しめる!

センスが光るパリ最古のデパート
ル・ボン・マルシェ
Le Bon Marché
サン・ジェルマン・デ・プレ MAP付録P.12 C-4

館内中央が吹き抜けの造りになっている。売場面積こそ広くはないが、有名ブランドから人気のデザイナーズブランドまで、厳選された商品が並ぶ。

☎01-44-39-80-00 Ⓜ10,12号線Sèvres - Babylone セーヴル・バビロヌ駅からすぐ 🏠24 Rue de Sèvres,7e ⏰10:00～19:45(日曜は11:00～※年末は変動) 休無休 Ⓔ📇

↓老舗の風格漂うシックな外観

食品フロアに注目

ラ・グランド・エピスリー・ド・パリ・リヴ・ゴーシュ
La Grande Épicerie de Paris Rive Gauche

食品館が本館の隣に立つ。食品館では食品コーナーのほか、ワイン、インテリア雑貨と家具の売り場もある。新鮮なシーフードをその場で味わえるイートインコーナーもおすすめ。

MAP付録P.12 C-4
☎01-44-39-81-00 Ⓜ10,12号線Sèvres Babylone セーヴル・バビロヌ駅からすぐ 🏠38 Rue de Sèvres,7e ⏰8:30～21:00(日曜は10:00～20:00) 休8/15 Ⓔ📇

鮮魚、チーズにハムに惣菜、パンがずらりと並ぶ

アート
ショッピング
スイーツ
グルメ
歩いて楽しむ
エンターテインメント
ホテル

自分にも友人にもちょっと面白いパリの食材

おみやげにも楽しい食材専門の⑤店

前出（P.106）のデパートの食品売り場では見当たらなくて、
プレゼントしても喜ばれそうなレアな食材ショップをご案内。

1.地下の食品売り場はおみやげパラダイス 2.パン屋も併設するカフェ 3.カフェではサラダやサンドイッチなど軽食も楽しめる 4.のんびりと過ごせるテラス席もある

食料品のセレクトショップ

ラ・メゾン・プリソン

LA MAISON PLISSON
マレ **MAP** 付録P.14 C-3

ワインセラー、デリカテッセン、カフェが一体化したスポット。お買い物がてらバランスのとれた食事も楽しめる。オリジナル製品もあり、グッズもおみやげに最適。

☎01-71-18-19-09 Ⓜ8号線St-Sébastien Froissart サン・セバスチャン・フロワッサール駅から徒歩3分 🏠93 Boulevard Beaumarchais, 3e ⏰8:00〜21:00（日曜は〜20:30）休無休 💳

←南仏バニュルスのワインビネガー
・€9.90

←レトロなパッケージがかわいい塩キャラメル
€8.50

←ランダルデア・ジュレ・ドゥ・ピモン・デスペレット
€5.50

←季節のフルーツぎっしりのコルシカ島産ジャム
€8.90

←店名のロゴが印象的なシンプルなデザインのマグ
各€6

←アイスティー用に香り豊かなフレーバーティーを
€12.80

←ローズとアップル風味の紅茶はおみやげに
各€17.70

←4つのボンボンショコラのアソート
€11

紅茶とインフュージョン専門店

フォション

FAUCHON
オペラ・ガルニエ周辺
MAP 付録P.24 B-2

1868年の創業以来、香りの高い紅茶や緑茶、チョコレート、マカロン、ジャムなどを販売。現在はコンパクトにセレクトされ、すっきりとした味わいのティーバッグの詰め合わせがおすすめ。

☎01-78-16-15-40 Ⓜ8,12号線Madeleine マドレーヌ駅からすぐ 🏠11 Place de la Madeleine, 8e ⏰10:30〜14:30、15:00〜18:30 休日曜 💳

←隣にはフォションのカフェがある

←イチジクジャムは朝食のお供に
€4.20

⬅ラングドック地方のグリーン・オリーブ

⬆オリーブオイル漬けのカツオの缶詰

⬅お店厳選のエキストラバージンオリーブオイル

①

レーズンチョコで有名な店

ダ・ローザ
da rosa
サン・ジェルマン・デ・プレ **MAP** 付録P.12 C-4

熟成されたスペイン産イベリコハムやフォアグラが特徴的なエピスリー。テイクアウトだけでなく小さいながらも食事のできるコーナーがある。

☎01-40-51-00-09 Ⓜ12号線 Rue du Bac リュ・デュ・バック駅から徒歩3分 ⌂ 37 Rue de Grenelle, 7e 🕐11:00〜21:30(月・火・土曜は〜19:30) 休日曜 🅴

②

⬅ソーテルヌ風味のレーズンチョコ
€15

⬅良質なタラマはパンにつけて食べたい
€7

⬅カツオの缶詰も各種扱う

1. サンジェルマンで買い物のときに立ち寄りたい 2. 生ハムや魚の缶詰など上質な食材を販売

お菓子や調味料の品揃え抜群

レ・ギャラリー・グルマンド
LES GALERIES GOURMANDES
凱旋門周辺 **MAP** 付録P.4 C-3

駅近のモール内にある高級スーパー。おみやげ候補やホテルの部屋で楽しみたいフードが揃う。思いがけないグルメにも出会えるかも。

☎01-56-68-85-50 Ⓜ1号線 Porte Maillot ポルト・マイヨー駅からすぐ ⌂ 2 Place de la Porte Maillot, 17e 🕐8:30〜21:00(日曜は9:00〜) 休無休 🅴

€10.95

⬆アルザスの有名なフェルベールのコンフィチュール

€4.50

⬅エッフェル塔形のパスタは友人へのおみやげに

⬅WEISSのチョコレートの詰め合わせ
€20.90

⬇チョコレートやスナック菓子の種類が豊富

⬆アルザスなどの地方菓子もある

⬆ナポレオンやパリをモチーフにした板チョコ
€6.45

⬅パリの郊外で醸造しているビールも味わってみたい
€3.20

€3.65

⬇ブラックチョコレート。ゲランド塩入り

③

①

1. アペリティフに食べたいナッツも量り売り 2. ジャムやライス、パンも陳列 3. 店頭には旬の野菜やフルーツがずらりと並ぶ

オーナーこだわりの食材

コース
Causses
北マレ **MAP** 付録P.14A-2

安全、おいしい、シンプルをコンセプトにこだわりの商品が揃う。利用者のほとんどが近隣のパリジャン。野菜や果物も豊富。

☎01-42-71-33-33 Ⓜ3、11号線 Arts et Métiers アール・ゼ・メチエ駅から徒歩4分 ⌂ 222 Rue Saint-Martin, 3e 🕐10:00〜21:00 休日曜 🅴

⬅オーガニックハーブティ。赤い果実風味
€7.95

⬅サバのリエット、レモン風味はパンに付けて

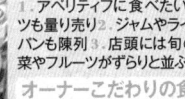

②

€3.95

アート
ショッピング
スイーツ
グルメ
歩いて楽しむ
エンターテインメント
ホテル

オブジェのようなチーズたち
ローラン・デュボワ
Laurent Dubois
サン・ジェルマン・デ・プレ MAP 付録P.27 E-4

MOF(フランス国家最優秀職人章)を持つオーナーの作るチーズは、おいしくて美しいと定評がある。上質のチーズにオリジナルの季節の味をプラスするなど、ガトーのような装い。

☎01-43-54-50-93 Ⓜ10号線 Maubert Mutualité モベール・ミュチュアリテ駅からすぐ ㊞47 Ter Boulevard Saint-Germain, 5e 8:00〜19:45(日曜は8:30〜13:00) ㊡月曜 ＪＥ▢

1.量り売りのフレッシュチーズの数々

2.所狭しとディスプレイされている。火・木・土曜は店の向かいにマルシェが立ち、とても賑やか

➡24カ月熟成のミモレット

€13
➡サクランボがたっぷりのクール・オ・グリオット

€54/kg

€18
➡花梨のジュレを添えたロックフォール

目移りするほどの種類が並んでいます!
本場のチーズ専門③店

日本で入手困難な種類もパリならベストなコンディションで手に入る。食べる時間や合わせるワインを伝えれば、さらにぴったりのチーズを選んでくれるはず。

€16.0 (270g)
➡ブルゴーニュのエポワスは、濃厚なコクがある

€10.8 (300g)
➡中身がとろりとしたブリ・ド・モー

€15.52 (485g)
➡コンテ15カ月。芳醇な香りとまろやかな甘み

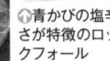
€10.30 (230g)
➡青かびの塩辛さが特徴のロックフォール

1.食べ頃のチーズが並ぶ 2.4種の盛り合わせ25など 3.チーズの説明をしてくれる久田夫妻

日本人の有名チーズ専門店
フロマジュリー・ヒサダ
Fromagerie Hisada
オペラ・ガルニエ周辺 MAP 付録P.25 F-4

日本人熟成士が厳選した商品が揃うパリの人気店。チーズは大切な食事の一部分というフランス人も納得の味が評判。2階でチーズを使った食事もできる。

☎01-42-60-78-48 Ⓜ7,14号線 Pyramides ピラミッド駅から徒歩4分 ㊞47 Rue de Richelieu,1er ㊜11:00〜20:00(水曜は15:00〜) ㊡日・月曜 Ｅ▢

まさに奥深きチーズのデパート
フロマジュリー・キャトルオム
Fromagerie Quatrehomme
サン・ジェルマン・デ・プレ MAP 付録P.18 B-1

チーズ熟成士として女性初のMOF(フランス国家最優秀職人章)を受章したマダム・キャトルオム。オリジナル加工のチーズも必食。テイクアウト用のチーズのタルティーヌもぜひお試しを。

☎01-47-34-33-45 Ⓜ10号線Vaneau ヴァノー駅から徒歩3分 ㊞62 Rue de Sèvres, 7e ㊜9:00〜19:45(日曜は〜13:00) ㊡月曜 ＪＥ▢

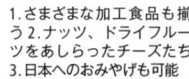
➡日本のウイスキーでスモークしたシャロレチーズ

€9.4

€82,50/kg
➡トリュフ入りブリーチーズ

1.さまざまな加工食品も揃う 2.ナッツ、ドライフルーツをあしらったチーズたち 3.日本へのおみやげも可能

アート

ショッピング

スイーツ

グルメ

歩いて楽しむ

エンターテインメント

ホテル

女子の心をくすぐるパッケージ

ニナス・パリ
NINA'S PARIS

オペラ・ガルニエ周辺 **MAP** 付録P.25 D-3

もともとは王室御用達のアロマ・スペシャリストで、すべて天然のアロマや花びら、フルーツなどを利用した香り高い紅茶が評判。マリー・アントワネット・ティーが人気商品で、そのほかにもかわいい包装の商品が多い。

☎01-55-04-80-55 Ⓜ3,7,8号線Opéraオペラ駅から徒歩5分 ⋒29 Rue Danielle Casanova,1er ⊗12:00～19:00 ⋒日曜、祝日 ⒿⒺⒺ

€18

€15～　€21

↑マリー・アントワネットのスペシャル缶には、トリュフチョコレートが

↑ニナスの大人気商品、マリー・アントワネット・ティー（右）とリーフティー（左）

↳店内のサロン・ド・テでは、素敵なインテリアに囲まれてティータイムを過ごせる

↳ガーリーなデザインのフェミニンなバッグは乙女心をくすぐる

€30

パリにはパリのおいしいフレーバー「テ」！

紅茶を買うならこの③店

紅茶ならイギリス、と言うなかれ。あのパティスリー、ラデュレまでが専門店を開いたように、またサロン・ド・テが賑わうように、パリにはパリ仕様の紅茶があるのです。

1.白壁にタイル床のエレガントな店内 2.ヴァンドーム広場の近くにある 3.店内でお茶とケーキを味わうこともできる

1.好みに応じた茶葉を量り売りで購入できる
2.整然と棚に並ぶ茶葉の缶の数々

究極のお茶の味を求めた茶館

パレ・デ・テ
Palais des Thés

マレ **MAP** 付録P.14 B-3

50人ものお茶の専門家や愛好家によって立ち上げられたというブランド。人と環境に配慮しつつ、本当においしいお茶を提供。オリジナルのフレーバーティーはパリっ子にも大人気。

☎01-48-87-80-60 Ⓜ11号線Rambuteau ランビュトー駅から徒歩6分 ⋒64 Rue Vieille du Temple,3e ⊗10:00～20:00 ⋒無休 Ⓔ

↑柑橘系とフローラル系ブレンド

€17

↳ルーヴル美術館と美術館のコラボ。イメージ

€39

↳贈り物に最適な各種フレーバーティーの詰め合わせ

1.香りを確かめてじっくり選ぶことができる
2.店頭にはテイスティングサービス 3.世界から選び抜かれた茶葉コレクション

世界中の紅茶が揃う名店

マリアージュ・フレール
Mariage Frères

マレ **MAP** 付録P.14 B-3

世界各地から輸入した紅茶やお茶の種類は世界で500種類以上。茶葉だけでなく紅茶のお菓子や茶器、おみやげにぴったりの茶缶も。サロン・ド・テではプロの淹れたお茶を堪能できる。

☎01-42-72-28-11 Ⓜ1号線Hôtel de Ville オテル・ドゥ・ヴィル駅から徒歩3分 ⋒30 Rue du Bourg Tibourg, 4e ⊗10:30～19:30（サロン・ド・テは12:00～19:00）⋒無休 ⒿⒺⒺ

3.カラフルなデザインのケーキがショーケースに 4.テ・ブルー・グラッセは、涼やかな口当たり 5.コロニアル・スタイルのサロン・ド・テ 6.マレの中心に位置する

せっかくだから間違いのない逸品を
厳選！ワインショップ❸店

世界中でワインが産出されてはいるが、やっぱり本場はフランス。パリで最高の品揃えを誇る店をご紹介。

1.ブルゴーニュのドメーヌ・ベルトラン・エ・アクセル・マシャール・ド・グラモンヴォーヌ・ロマネ2021 2.ボルドーのシャトー・ローザン＝セグラマルゴー2008 3.ロワールのドメーヌ・オジェローVent de Spilite2021 4.サヴォワのDomaine de l'Aitonnement Genesis 2018 5.シャンパーニュJ-M Seleque Solessence

€85.10 / €148.50 / €31.20 / €32.80 / €48

⬆️ナチュラルワインも豊富に取り扱う(左)、シャンパーニュのマグナムやロゼワインも充実(右)

フランス随一のワイン店
ラヴィニア
Lavinia
凱旋門周辺 **MAP** 付録P.5 D-4

1999年に設立、フランス、スペイン、スイスに拠点がある。30カ国以上から6500種のワインやシャンパン、スピリッツを取り揃え、ワイン流通のリーダー的存在を果たしている。

☎01-42-97-20-20 Ⓜ1,2,6号線、(RER)A線Charles de Gaulle Etoile シャルル・ドゥ・ゴール・エトワール駅から徒歩4分 ⌖22 Avenue Victor Hugo, 16e ⏰11:00〜20:00 休日曜 Ⓔ📷

⬆️ワインの試飲会なども積極的に開催している(左)、凱旋門に近い場所にお店を構える(右)

観光客から一流レストランまで対応
ル・ルペール・ド・バッキュス
Le Repaire de Bacchus
サン・ジェルマン・デ・プレ **MAP** 付録P.12 C-4

ボルドーやブルゴーニュなどフランス各地のワインやシャンパン、外国のワインまで品揃え。幅広い客層に対応し、きめ細かなリサーチで上質なものを扱うことに定評がある。

☎01-72-63-68-70 Ⓜ12号線Rue du Bac リュ・デュ・バック駅からすぐ ⌖74 Rue de Grenelle, 7e ⏰10:30〜13:00、15:30〜20:00(日曜は10:00〜13:00、火曜は15:30〜20:00) 休月曜 Ⓔ📷

⬆️サン・ジェルマン・デ・プレ界隈の住人お気に入りのワインショップ

1.コルシカ島のDomaine Gindicelli 2.梨酒Poire William 3.ボージョレの赤、Couvent des Thorins 4.Domaine Michel et Stephane Ogier

€42 / €44 / €31 / €19.5

⬆️ワインを熟知した責任者が仕入れるので、どれも値段が手ごろで上質なもの

⬅️お値打ちワイン、Chaàteau Côte Montpezat 2016

€19

ロブションのワイン専門店
ラ・カーヴ・ド・ジョエル・ロブション
La Cave de Joël Robuchon
サン・ジェルマン・デ・プレ **MAP** 付録P.12 C-3

フランス料理の伝説的巨匠ジョエル・ロブションのワインセラー。ワインに詳しいスタッフによる親身なサービスで楽しく間違いのないワインショッピングができると評判の店。

☎01-42-22-11-02 Ⓜ12号線Rue du Bac リュ・デュ・バック駅から徒歩2分 ⌖3 Rue Paul-Louis Courier, 7e ⏰10:00〜20:00 休日曜 Ⓔ📷

⬆️地元の常連客が通う

ア
ー
ト

ショッピング

スイーツ

グルメ

歩いて楽しむ

エンターテインメント

ホテル

絶対忘れないで持ち帰りたいおすすめ3種類
食卓を彩る調味料 3 つの名店

朝の食卓で、夕べの団欒で「これパリ製よ」なんて言ってみたくなる調味料を3種類。おすすめはこの3店です。おみやげにも。

1.イチゴやオレンジなどあらゆるフルーツのコンフィチュールがある 2.すべて味見ができるようになっている 3.ミニボトルのセットなどもある

コンフィチュール
Confiture
果物をシロップや香辛料などと一緒に煮詰めて作る。果物の形状が残るものが多い。

€9.50
➡マロングラッセ。まろやかな甘みがある

€8.50
➡オレンジ・ビガラード。苦みの強いオレンジ

€9.50
⬅フランボワーズ・ロワイヤル

本場フランスの高級ジャム
ラ・シャンブル・オ・コンフィチュール
La Chambre aux Confitures
サン・ジェルマン・デ・プレ **MAP** 付録P.26 B-2
パンにつけるだけでなく、チーズや料理と一緒に楽しめるコンフィチュール(ジャム)。高級フルーツジャムのほかにもチョコレートやキャラメル、トマトのスプレッドなど、珍しい品も豊富。
☎01-42-49-85-53 Ⓜ10号線Mabillonマビヨン駅から徒歩3分 🏠20 Rue de Buci,6e ⏰10:30〜14:00、14:30〜19:30(日曜は〜18:30) 🏠無休 🔲🔲

はちみつ
Honey
フランスではアカシアやラベンダー、栗の木などおいしいはちみつが採れる。

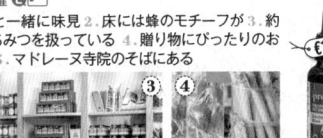

はちみつの世界に浸れる店
ラ・メゾン・デュ・ミエル
La Maison Du Miel
オペラ・ガルニエ周辺 **MAP** 付録P.24 C-2
世界各地のはちみつやはちみつ使用の飴や石鹸などを取り扱う。おいしいだけでなく見た目にもかわいいパッケージや包装でおみやげにも最適。くせの少ないアカシア・ハニーがおすすめ。
☎01-47-42-26-70 Ⓜ8,12,14号線Madeleineマドレーヌ駅から徒歩3分 🏠24 Rue Vignon,9e ⏰9:30〜19:00 🏠日曜 🔲🔲

€6.80
➡ゴーフルのハチミツ風味。紅茶とともに味わいたい

€6.90〜
➡アカシアや栗の木など個性の違う味を食べ比べ

€17.90
➡健康管理に利用したいプロポリスも販売

1.オーナーと一緒に味見 2.床には蜂のモチーフが 3.約50種類のはちみつを扱っている 4.贈り物にぴったりのお菓子が並ぶ 5.マドレーヌ寺院のそばにある

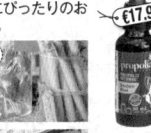

マスタード
Mustard
フランスのディジョンがマスタードの生産地として名高い。芥子とヴィネガーから作られる。

➡お店ではフレッシュマスタードも販売。好きなフレーバーを陶器に入れてもらう。1瓶€21.50〜

老舗マスタードの本店
ラ・メゾン・マイユ
La Maison Maille
オペラ・ガルニエ周辺 **MAP** 付録P.24 B-3
フランス人なら子供のころから知っているマスタード・マイユ。スーパーでも購入できるが本店ではフレッシュマスタードや珍しいフレーバーが手に入る。キュウリのピクルスもおいしい。
☎01-40-15-06-00 Ⓜ8,12,14号線Madeleineマドレーヌ駅からすぐ 🏠6 Place de la Madeleine, 8e ⏰10:00〜19:00 🏠日曜 🔲🔲

€7.70
€79.2
➡トリュフ風味のマスタード2個入り

€27.4
➡白ワインのマスタード。パルメザンチーズとバジリコ風味

➡白ワインのマスタード

⬅マドレーヌ寺院の前にある

プロヴァンス Provence

フランスの南東部に位置する。地中海性気候で温暖で、野菜や果物が豊富に生産されている。

⤴ロクスタンの創業者、オリヴィエ・ボーザン氏のプロデュース

⤴オリーブオイルベース、マンダリン風味

⤴カラフルなバルサミコ酢がベースの調味料

⤴おみやげに喜ばれるトリュフ塩

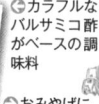
⤴南仏のおやつ、アーモンド菓子

€9.90

€12.90

⤴白バルサミコ酢、トリュフ風味

ロクスタンの創業者が経営

メゾン・ブレモン

Maison Brémond
サン・ジェルマン・デ・プレ **MAP** 付録P26 C-3

1830年創業の生産者を守りながら最高品質のものだけを提供することにこだわった南仏プロヴァンスの特産店。オリーブオイルをメインにさまざまな食材が集まる。

☎01-43-26-79-72 Ⓜ4,10号線Odéon オデオン駅からすぐ ⓐ8, Cour du Commerce Saint-André,6e ⏰10:30～19:30(日曜は11:00～18:30) ⓦ無休 Ⓔ

コルシカ島、プロヴァンスやバスク地方の逸品

地方の名産をパリで手に入れる

フランスも地方によって風土も気候も違う。そこでしかとれない逸品がパリで手に入る。なかでもおすすめの名産を紹介。

コルシカ島 Corsica

フランスの最南部にある地中海に浮かぶ美しい島。滋味豊かな食材の生産地として名高い。

⤴ジャムやはちみつ、ワインなどが並ぶ

⤴イチジクのジャム

⤴大きな生ハムの塊を持つシェフ

⤴地元で有名な発泡ワイン

€7.80

€20

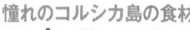
€11

⤴風味のある濃厚な味わいのハチミツ

⤴バスクの生ハムはみんなの好物！

€41.70

⤴自家製のフォアグラ

⤴バスクの人気ワイン、Irouleguy

€33.80

€35.4/kg

⤴羊のチーズも名産

バスク地方 Basque

フランスの南西、ピレネー山脈の麓から大西洋にかけて広がり、牛や羊が放牧されている。

⤴バスク産のピマン・デスプレットの缶詰(左)。人気の生ハムを手に入れよう(右)

美食の宝庫バスク地方の食材

ピエール・オテイザ

Pierre Oteiza
オペラ・ガルニエ周辺 **MAP** 付録P.24 C-2

豚が特産の美食で有名なバスク地方の食材が揃う。店内はハムやソーセージ、フォアグラ、チーズなどすぐ食べたいものでいっぱい。おみやげには瓶詰や缶詰を。

☎01-47-42-23-03 Ⓜ8,12,14号線Madeleine マドレーヌ駅から徒歩2分 ⓐ13 Rue Vignon,8e ⏰10:00～14:00、15:00～19:00 ⓦ日・月曜 Ⓔ

憧れのコルシカ島の食材

スプンティーノ

U Spuntinu
オペラ・ガルニエ周辺 **MAP** 付録P.24 C-1

大自然に囲まれた豊かなコルシカで丁寧に作られたシャルキュトリーやジャム、ハチミツ、ビールなどを扱う。手作りサンドイッチも大人気。

☎01-47-42-66-52 Ⓜ3,9号線Havre Caumartin アーヴル・コーマルタン駅から徒歩3分 ⓐ21 Rue des Mathurins,9e ⏰9:00～17:00 ⓦ土・日曜、8月 Ⓔ

博物館のようなスパイス専門店

エピス・ローランジェ

Épices Roellinger
オペラ・ガルニエ周辺 **MAP** 付録P.25 F-3

グランシェフのオーナーがブレンドにこだわった高級スパイスを購入できる。スパイスの歴史を学ぶことができる展示物も並ぶ。

☎01-42-60-46-88 Ⓜ7,14号線Pyramides ピラミッド駅から徒歩5分 ⓐ51 bis Rue Sainte-Anne,2e ⏰10:00～19:00 ⓦ日・月曜、祝日、1・5月に1週間ずつ Ⓔ

€8.40
⤴希少な香り豊かなバニラビーンズ

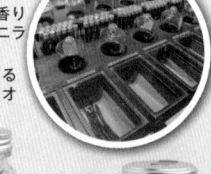
⤴コクのあるスパイシーオイル

€8.90

⤴ふくよかな香りがする胡椒

⤴リラックスするときに飲みたいハーブティー
€9.45

品揃え抜群! 現地調達派にもおみやげ探しにも

手ごろでもこだわりのスーパーでおみやげ

大手スーパーやオーガニックスーパーには、プチプラで高品質なお菓子や
食品がいっぱい。フランスらしい香りのするものを選びたい。

フランス・スーパーの定番
モノプリ
MONOPRIX
サン・ジェルマン・デ・プレ MAP 付録P.26 A-2

食料品から雑貨、衣料品、コスメまで何でも揃う定番スーパー。次々と新しいデザインのエコバッグが販売されるのでチェックしてみよう。

☎01-45-48-18-08 Ⓜ4号線
St -Germain des-Prês サン・ジェルマン・デ・プレ駅から徒歩2分 🏠52
Rue de Rennes, 6e ⏰8:00～
21:00(日曜は10:00～20:00) 🗓
無休 🖃

🔼人気のエコバッグ。エッフェル塔モチーフもある

€2

€1.59
🔽バター風味のパルミエもビオ製品

🔼軽くつまむお菓子、クレープ・ダンテル
€2.49

€3.35～
🔼シンプルな生成りのエコバッグ

🔼爽やかなハーブティ

€1.89

NATURALIA
Soyez libre à être nature.

創業1973年の老舗スーパー
ナチュラリア
NATURALIA
サン・ジェルマン・デ・プレ MAP 付録P.12 C-3

€2.80
🔼ナチュラリアブランドのチョコレートクッキー

外装が目印のオーガニック・スーパー。フランスの厳しい基準をクリアした有機農法を用いた原料で作られた食品のほかに清掃用品や日用品が揃う。

☎01-45-48-97-40 Ⓜ12号線
Rue du Bac リュ・デュ・バック駅からすぐ 🏠63 Rue du Bac,6e ⏰9:00～
20:45(日曜は～20:00) 🗓木曜 🖃

コンビニ感覚で利用できる
カルフール シティ
Carrefour City
サン・ジェルマン・デ・プレ MAP 付録P.12 C-4

🔼カラフルなエコバッグは大きめで使いやすい
€1

大型スーパー・カルフールの都市店舗。チーズやチョコレート、クッキーの種類が豊富。オリジナル商品も取り扱うのでおみやげ探しにも。

☎なし Ⓜ12号線Rue du Bac
リュ・デュ・バック駅からすぐ 🏠57
Rue de Grenelle,7e ⏰7:00～
23:00(日曜は～13:00) 🗓無休 🖃
🖃

🔼カルフールブランドのデトックスのお茶

€2.23

€4.61
🔽おつまみにしたいオリーブ

オーガニック商品にこだわり
ビオセボン
Bio c' Bon
オペラ・ガルニエ MAP 付録P.25 F-3

€4.39
Bonneterre
Tartelettes
Chocolat Noir

オーガニックの商品を集めたスーパー。一般に割高なオーガニック商品が手ごろな値段で買えると人気。オリジナル商品も取り揃える。

☎01-40-41-13-81 Ⓜ3号線
Quatre-Septembre キャトル・セプタンブル駅から徒歩1分 🏠29-31
Saint-Augustin, 2e ⏰9:30～
20:00 🗓日曜 🖃

🔼ブラックチョコのタルトレット

Yogi Tea
Detox
🔼グリーンスプリットエンドウ
€3.59

€2.65

🔼天然スパイスのヨギティーデトックス
€3.99

🔽リサイクル繊維で作られたトートバッグ

暮らすようにパリを楽しむ! パリジェンヌの週末スタイル

日曜日はマルシェでお買い物

フランス生活でなくてはならない日曜の朝市。自宅近くのマルシェで新鮮な食材や生活用品を1週間分買い込むのが定番。

1.マダムに人気のオーガニック野菜 2.色鮮やかな野菜は採れたて新鮮 3.カラフルな石鹸は植物由来 4.できたてのガスパチョもおすすめ

大人も子どもも大好きな焼きたてワッフルはマルシェ定番。

→あつあつに粉砂糖だけでおいしい

→袋入りのクッキーはおみやげに

パリ近郊の養蜂家が販売するハチミツは新鮮さが自慢。

→ソローニュ地方のハチミツは香り高く濃厚

SUN	MON	TUE	WED	THU	FRI	SAT

パリで最も古いオーガニックマルシェ

マルシェ・ラスパイユ

Marché Raspail
サン・ジェルマン・デ・プレ **MAP** 付録P.18 C-1

1989年から始まった歴史あるオーガニックマルシェ。有機栽培であることを認証されたABラベルの商品を扱い、無農薬・有機野菜、手作り化粧品・石鹸・オイルや果物やチーズや肉などを買うことができる。

🚇Ⓜ12号線 Rennes レンヌ駅からすぐ 🏠Boulevard Raspail,6e ⏰火・金曜7:00〜13:30(オーガニックのマルシェは日曜の7:00〜14:30)

オーガニックマルシェと呼べるのはここことバティニョルだけ。

→ラベンダー・オイルはスプレータイプで使いやすい

↑ラベンダー入りのサッシェはとてもいい香り

アート

ショッピング

スイーツ

グルメ

歩いて楽しむ

エンターテインメント

ホテル

マルシェのショッピングアドバイス

マルシェはこんな場所

農業生産者などが直接販売する青空市場。美味しいものには目がないフランス人が通うマルシェは確かな食材が豊富に揃う。

おすすめの時間帯

人気店の商品は早くに売り切れることもあるので、なるべく午前中に！

マイバックは必須

フランス人は大きなかごやカートでマルシェに出かけるのが定番。エコバッグを忘れずに。

買い物の仕方

マルシェでは現金の支払いが基本。野菜や果物などほとんどが量り売り。欲しいものを備え付けの袋に入れ、重さを量ってもらおう。チーズやキッシュなど切り分けが必要なものは欲しい量を口頭かメモで伝えればOK。

| SUN | MON | TUE | WED | THU | FRI | SAT |

駅から降りてすぐパリ最大規模のマルシェ

マルシェ・バスティーユ

Marché Bastille
バスティーユ **MAP** 付録P.15 D-3

パリで最大規模のマルシェ。新鮮な食品から日用品まで揃い、安価で購入できる。ノルマンディ産の生ガキ、パエリア、ソーセージサンドなど、その場で食べられるパリグルメも充実し、ランチがてらぶらつくのもおすすめ。

🚇M1,5,8号線Bastille バスティーユ駅からすぐ 🏠Boulevard Richard Lenoir,11e 🕐木曜7:00～13:30、日曜7:00～14:30

14時には閉店する店が多いので早めに出かけよう。

➡乾燥イチジクはチーズと相性抜群

1.パリで一番大きなマルシェ 2.できたてのグルメをその場で食べ歩き 3.行列ができる人気店は要チェック

| SUN | MON | TUE | WED | THU | FRI | SAT |

パリの多彩な市場が全て集まったお得な市

マルシェ・ダリーグル

Marché d'Aligre
バスティーユ **MAP** 付録P.21 E-1

屋外マルシェに加え、常設の屋内市場、「ブロカント」と呼ばれる蚤の市まで開催されているマルシェ。月曜以外は毎日開催しているので、時間のない観光客には便利。庶民的な街のマルシェだから販売価格もリーズナブル。

🚇M8号線Ledru-Rollin ルドゥルー・ロラン駅から徒歩3分 🏠Rue d'Aligre et Place d'Aligre,12e 🕐常設(館内)8:00～13:00、16:00～19:30、土・日曜は8:00～19:30。場外7:30～13:30、土・日曜は～14:30 🈺月曜

1.屋根付き常設市場マルシェ・ボーヴォーが中心 2.思わず写真を撮りたくなる季節の花が素敵なコーナー 3.アンティーク未満の古道具店が広場いっぱいに並ぶ

アリーグル広場が中心のマルシェは下町の庶民的な雰囲気。

➡新鮮な魚介類は種類も豊富

パリらしくて、パリを知ってる人にも間違いなし!

絶対に喜ばれます!パリ定番みやげ

自分のために買ったものでなければなんでもおみやげになります。
でも差し上げる方の顔を思い出すとなかなか決まらない。そんなときに!

シャンパン
Champagne

15代続く老舗のシャンパン
アルロー

Arlaux Champagne
オペラ・ガルニエ周辺 **MAP** 付録P.25 D-4

創業1826年の名門シャンパンメゾン。15代目のクリスティーヌ氏はシャンパンを世界に広める活動も。優雅な店内で品定めしよう。
☎01-47-07-43-08 Ⓜ1号線 Tuileries チュイルリー 駅から徒歩3分 🏠350 Rue Saint-Honoré, 1er ⏰11:00～19:00 ⓧ日・月曜 💶

ⓐご主人のピエール・クリスチャン氏。シャンパンの試飲会も開いている

↑ブリュット・グランド・キュヴェ(左)、ブリュット・ロゼ(中)、2013ミレジム・ラール(右)

↑アンティークのシャンパングラスなども扱っている

€22

ⓐジョセフィーヌの肖像画の缶入り紅茶

1枚€3.2

↑口の中で甘みが広がるゴーフル。バニラなどのフレーバーがある

ゴーフル
Gaufre

名物ゴーフルはこのお店で
メール

Méert
マレ **MAP** 付録P.14 C-3

1761年創業以来門外不出のレシピで作られるゴーフルは薄いワッフル生地にキャラメルなどのクリームをサンドしたもの。
☎01-49-96-56-90 Ⓜ1号線St-Paul サン・ポール駅から徒歩6分 🏠16 Rue Elzévir, 3e ⏰10:30～13:30、14:00～19:00(土曜は10:30～19:00、日曜は10:30～13:00、14:00～18:30) ⓧ月曜 🎫💶

€9.5

ⓐ入れ物もおしゃれなビスキュイ・ド・ヴォワイヤージュ

↑ボンボンショコラやギモーヴなども販売

キャンドル
Candle

ⓑルイ14世もお気に入りだったキャンドルがずらり

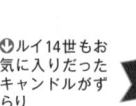

€40～

王様にも愛された伝統の店
シール・トリュドン

Cire Trudon
サン・ジェルマン・デ・プレ **MAP** 付録P.26 B-3

1643年創業世界最古のキャンドルメーカー。昔ながらの製法でひとつひとつが手作りのキャンドルはパリらしい香り。
☎01-43-26-46-50 Ⓜ4,10号線 Odéon オデオン駅から徒歩4分 🏠78 Rue de Seine, 6e ⏰10:30～19:30 (月曜は～19:00) ⓧ日曜 💶

ⓐバラやハーブなど30種類の香りがあるキャンドル

ⓐシンプルなキャンドルは6本セットの箱入りも

€4～

プチプラグッズも見逃せない!

パリといえばエッフェル塔!

パリならではのエッフェル塔グッズは種類も豊富。バラマキみやげにもおすすめ。

オリジナル商品が豊富
レ・パリゼット

Les Parisettes
市街南西部 **MAP** 付録P.17 E-2

☎01-75-43-23-65 Ⓜ8号線 Commerce コメルス駅から徒歩4分 🏠10 Rue Gramme, 15e ⏰10:30～18:30 (月曜は14:00～18:00) ⓧ日曜 💶

→人気No.1オリジナルエコバッグ

€10

マレの王道みやげはここ
パリ・ランデヴー

Paris Rendez-Vous
マレ **MAP** 付録P.14 A-3

☎01-42-76-43-43 Ⓜ1,11号線 Hôtel de Ville オテル・ドゥ・ヴィル駅からすぐ 🏠29 Rue de Rivoli, 4e ⏰10:00～19:00 ⓧ無休 💶

ⓐさわやかな色のマグカップ

→パリモチーフのキーホルダー

SWEET ENCOUNTER LIKE A JEWEL

スイーツ

見て、食べて、最高のご褒美を

Contents

人気絶大のパティシエがさらなる人気を競う

ハズすわけにいかない絶品スイーツ⑩店

**毎年新進気鋭のパティシエが誕生している街・パリはスイーツの激戦区だ。
勝者の店には必ず行列ができる。なかには朝食のおいしい店もある。**

憧れのティータイム
ラデュレ

Ladurée
シャンゼリゼ大通り MAP 付録P.5 F-4

パステルカラーのマカロンのほか色とりどりのスイーツが揃うラデュレ。優雅で美しいサロンでは朝から夜まで軽食と極上のティータイムが過ごせると評判で行列が絶えない。オリジナルグッズも要チェック。本店はマドレーヌ駅に近い「ロワイヤル」でこちらの風情もいい。マカロンやケーキ目当ての客が多いが、もうひとつのおすすめはサロン・ド・テでの朝食。フレンチトーストが素晴らしい。

☎01-40-75-08-75 Ⓜ1号線 George V ジョルジュ・サンク駅から徒歩3分 🏠75 Avenue des Champs-Élysées,8e ⏰7:30〜21:30 ❌無休 Ⓔ🈲🈂

マカロンはラデュレ独自のノウハウで焼き上げられる

サントノレ・ピスタッシュ
🔵ピスタチオ風味のサントノレ

イスパハン
🔵ローズの香りのマカロン生地にローズペタルのクリームが挟まった人気No.1商品
€10

©pmonetta

1.約20種類のマカロンがあり、ジュエリーのような美しさ 2.レリゼ€12はショコラとヘーゼルナッツの独創的な味 3.2階にはエレガントなサロンがある 4.店の奥にはシャンバンバーも

©hadrien_favreau
©hadrien_favreau

ぜひ2階のサロン・ド・テでティータイムを

🔵シャンゼリゼ大通りに面する優美な建物

軽食もとれ、朝食からディナーまで利用できる

マカロン
🔵ラヴァンド、マリー・アントワネット、ショコラ・ノワールなど

🔵素敵なコフレ入りのマカロンや焼き菓子は、ギフトに

LADURÉE

1個€2.5

天才パティシエの話題店
クリストフ・ミシャラク
Christophe Michalak
マレ MAP 付録P.14 B-3

有名店での修業を経て、わずか27歳でプラザ・アテネのペストリーを任されたパティシエが開いた店。競争の激しいパリのスイーツ界で若くして成功する実力に納得する。今まで見たこともないケーキやスイーツは必食。

☎01-40-27-90-13 Ⓜ1号線Hôtel de Villeオテル・ドゥ・ヴィル駅から徒歩2分 ⌖16, Rue de la Verrerie,4e ⌚11:00～19:00 ⊘無休
Ⓔ

1.ギャラリー風な店構え
2.店員さんが丁寧に商品を説明してくれる

メレンゲ・アンペリアル
➡ピエモンテ産ヘーゼルナッツのプラリネとムース状ガナッシュがサクサクのメレンゲを引き立てる

€8

シェフのミシャラク氏のレシピ本も販売中

ポップコーン
➡ピエモンテ産ヘーゼルナッツのプラリネとデュルセーチョコをムース状にしたガナッシュがポップコーンとよく合う

€9.5

©Delphine Michalak

POP CORN

ババ・ナチュール
➡ストレー発祥の菓子。ラム酒風味のシロップを染み込ませた逸品

€5.70

€6.50

フォレ・ノワール
⬆王道クラシックのチョコレートケーキ

パリっ子に愛される人気のアイス

王妃のお抱え職人の店
ストレー
Stohrer
マレ周辺 MAP 付録P.13 F-2

1730年創業のパリで最古の菓子店。ルイ15世の王妃がポーランドから嫁いでくる際に一緒にパリに来た職人の店。マロングラッセやチョコレート、マカロン、ケーキなどに加えてお惣菜まで。店内は豊富な品揃えで目移りしそう。

☎01-42-33-38-20 Ⓜ3号線Sentierサンティエ駅から徒歩3分 ⌖51 Rue Montorgueil, 2e ⌚8:00～20:30 ⊘無休
Ⓔ

1.夏場は店頭でアイスクリームも販売する 2.由緒あるパティスリーは意匠を凝らした装飾

キウイ
➡batak産胡椒を使ったキウイジャムを中に詰めた。外側は砂糖衣

€18

ピスタチオ
➡フルール・ド・セルを使ったピスタチオのプラリネとムースが絶妙

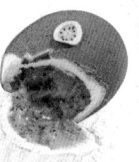
€18

1.スイーツのラボラトリーのような店内 2.焼き菓子なども販売 3.フレッシュでクリエーションなスイーツを作る

マンゴー
➡中央部はジューシーなマンゴー、外側はマンゴームース

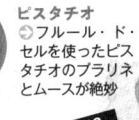
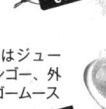

€18

©Calvin COURJON

世界ベスト・パティシエ賞を受賞しているシェフ

世界最高のシェフパティシエのお店
ル・ムーリス セドリック・グロレ
La Pâtisserie du Meurice par Cédric Grolet
オペラ・ガルニエ周辺 MAP 付録P.24 C-4

世界中からファンが足を運ぶ若きシェフ・パティシエのお店。フルーツを使ったスイーツはおいしいだけでなく秘密の食感が隠されていると人々を魅了。SNSフォロワーは1000万人を超える大人気のスター・パティシエ。

☎01-44-58-69-19 Ⓜ1号線Tuileriesチュイルリー駅から徒歩5分 ⌖6 Rue de Castiglione,1er ⌚12:00～商品終了まで ⊘月・火曜
Ⓔ ガトーは72～48時間前に要予約

アート
ショッピング
スイーツ
グルメ
歩いて楽しむ
エンターテインメント
ホテル

SWEETS

驚きのコラボでパリの新名所に！

ロクシタン&
ピエール・エルメ 86 Champs
L'Occitane & Pierre Hermé 86 Champs
シャンゼリゼ大通り **MAP** 付録P.5 F-4

コスメとスイーツのコラボという斬新なア
イデアを実現させたコンセプトストア。自
然素材で共通する両社の甘く優しい香りで
包まれる店内は女子にはたまらない。

☎01-70-38-77-38 **Ⓜ**Ⓜ1号線George V ジョル
ジュ・サンク駅から徒歩3分 **⌂**86 Avenue des
Champs-Élysées, 8e **◷**9：00〜23：30（金・土曜
は〜翌0：30）**休**無休 **E** **E**

熱いミルク
チョコをかけ
てできあがり♪

€8.50

カプチーノ
◷やさしい甘さが
うれしい

1.夏季限定でオープンするテラス 2.ロク
シタンのコスメも販売 3.ロクシタンとの
コラボ味のマカロンも 4.大人気のイスパ
ハンクロワッサンなどが並ぶ 5.エルメの
集大成のようなショーケース 6.この店だ
けで展開のアシエットデセールも好評

マンゴ・マエ
◷マンゴーとパッショ
ンフルーツのクリーム
を使った、カール・マ
ルレッティ作の商品

◷パティスリーの金額は
均一料金

パティスリーのセレクトショップ
フー・ドゥ・パティスリー
Fou de pâtisserie
マレ周辺 **MAP** 付録P.13 F-2

パティスリーの専門誌「Fou de
Pâtisserie」が開店。大御所から若手
までのパティシエが参加し、人気ス
イーツが各種ラインナップ。

☎01-40-41-00-61 **Ⓜ**4号線Étienne
Marcel エチエンヌ・マルセル駅から徒歩2分
⌂45 Rue Montorgueil, 2e **◷**10：00〜
20：00 **休**無休 **E**

定番と旬の
ものをセレクト
しているので
パリのスイーツの
傾向がわかる

新進気鋭のパティスリー
ヤン・クヴルー
Yann Couvreur
マレ **MAP** 付録P.14 B-3

数々のラグジュアリーホテルで経験
を積んできたシェフの芸術的に美し
いスイーツはパリっ子の間でも話題。
ひねりのある定番スイーツを。

☎なし **Ⓜ**1号線St-Paul サン・ポール駅か
ら徒歩5分 **⌂**23 bis Rue des Rosiers, 4e
◷10：00〜20：00 **休**無休
E

店内やパッケー
ジデザイン
もおしゃれで、
女子ウケする

メルヴェイユ
◷ショコラのムースと
白のメレンゲを使用し、
ナッツをコーティング。
さくっとした食感

€6.90

◷ミルフィーユやタルトシトロンも人気

1

フランスのスイーツ界で快挙
モリ ヨシダ
MORI YOSHIDA
モンパルナス MAP 付録P.18 A-1

現代的なフランス菓子を新しいアイデアで！

フランスの人気TV番組「2019年プロのベスト・パティシエ」を受賞し、脚光を浴びる吉田守秀さん。フランスの文化や歴史、素材を尊重し、フランス菓子を丁寧に作る。繊細で華のあるスイーツは、一つひとつ記憶に鮮やかに残るおいしさ。

☎01-47-34-29-74 Ⓜ10,13号線Duroc デュロック駅から徒歩6分 🏠65 Avenue de Breteuil,7e ⏰11:00〜19:00 休月曜・火曜 ⒿⒺ▣

シチリア
🔺ピスタチオとグリオトチェリーとバラのガトー（季節限定）
€7.50

ベージュ
€7.50
🔺紅茶とライムのムースにオレンジのガナッシュのサクサク食感
©Laurent FAU

フランヴァニーユ
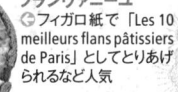
🔺フィガロ紙で「Les 10 meilleurs flans pâtissiers de Paris」としてとりあげられるなど人気

ショコラ

🔺季節を問わず多数のフレーバー取り揃える

2

1. 日本風なロールケーキもあり、芸術的なケーキに惚れぼれ 2. パリ7区の住人の御用達

伝統菓子にこだわり、パリ・ブレストやミルフィーユがおすすめ

日本未進出のパリ人気店
セバスチャン・ゴダール
Sébastien Gaudard
モンマルトル MAP 付録P.7 E-3

「フォション」出身のパティシエが独立してオープン以来地元で話題の店。厳選された素材だけを使用したフランスの伝統菓子がコンセプトで特に人気の板チョコは売り切れる場合も。美しい店内でケーキだけでなくヴィエノワズリーなどにも注目したい。

☎01-71-18-24-70 Ⓜ12号線Notre-Dame-de-Lorette ノートル・ダム・ドゥ・ロレット駅から徒歩5分 🏠22,Rue des Martyrs,9e ⏰10:00〜20:00(日曜は〜19:00、7・8月の火〜金曜は11:00〜) 休7・8月の月曜 Ⓔ▣

🔺淡いグレーのトーンでまとめられた店内

ミュシポンタン

🔺アーモンド風味で、メレンゲ生地にバニラクリームを挟んである
€6.10

モンブラン

🔺メレンゲが中に入り、甘さ控えめなモンブランクリームが絞ってある
€6.80

名パティシエの想いを味わう
ジャック・ジュナン
Jacques Genin
マレ MAP 付録P.14 C-2

料理の世界を熟知するジャック・ジュナン氏が手がける。作品の味わいは幅が広く、夏季にはオリジナルのアイスクリームも販売するなど、常に新しい事に挑戦し続ける。世界的な有名店から、今後も目が離せない。

☎01-45-77-29-01 Ⓜ3,5,8,9,11号線République レピュブリック駅から徒歩4分 🏠133 Rue de Turenne,3e ⏰11:00〜19:00(土曜は〜19:30) 休月曜 ⒿⒺ▣

€14

ボンボン・ドゥ・ショコラ
🔺多彩な味を楽しめるセットはぜひ大切な人へ

€14
パット・ドゥ・フリュイ
🔺シンプルで美しいパリ・スイーツの代表格

1

2

1. パット・ドゥ・フリュイの観念を変えるフレッシュな味 2. 創作意欲あふれるジャック・ジュナン氏

カラフルなパット・ドゥ・フリュイはまるで宝石のよう

アート
ショッピング
スイーツ
グルメ
歩いて楽しむ
エンターテインメント
ホテル

大人のテイストなら迷う必要はありません

パリの**ショコラ**ならこの**6**店

**本場パリでも、逸品ショコラは大人気。大人の女性はもちろん、
スイーツ好きの男性へのおみやげにも喜ばれること間違いなし!**

€16

エチュイ・マカロン
(10個入り)
⤷好きな味を選んでもよし、詰め
合わせになったものを買うもよし

ドレスアップされたショコラ

ジャン・ポール・エヴァン
JEAN-PAUL HÉVIN
ルーヴル美術館周辺 **MAP** 付録P.13 E-2

絶対外せない有名店。2018年には新
しい店舗もオープン。メインのショー
ケースにはボンボン・ドゥ・ショコラ
がずらり。MOF(フランス国家最優秀
職人章)の肩書きを持つシェフのショ
コラを、ぜひ本場で味わおう。
☎01-84-25-78-59 Ⓜ1号線Louvre
Rivoliルーヴル・リヴォリ駅から徒歩2分 🏠
108 Rue Saint-Honoré,1e 🕙10:00〜
19:30 🈺日・月曜 🇯🇪🇪

€7.10

ロンシャン・
プラリネ
⤷ダッコワー
ズとムース、
メレンゲの
傑作

€64

ボワット・ドゥ・ショコラ
グラン・クラシック
(470g)
⤷予算に合ったサイズ
が選べるのがうれしい

€15

シガー・オン・ショコラ
⤷シガー&スイーツ好きの
男性へのプレゼントにおす
すめの一品

1.モザイク作品のようなボンボン・ドゥ・ショコラ 2.新
店舗はルーヴル美術館にほど近い 3.高級感あふれる
ゴールドの装飾 4.香ばしいアーモンド&ショコラ

1884年創業のショコラティエ

ボナ
Bonnat
凱旋門周辺 **MAP** 付録P.5 F-3

「ビーン・トゥ・バー」チョコレートの
先駆者。シングルオリジンというコン
セプトを世界で初めて導入し原材料カ
カオの現地生産者とのコミュニケー
ションを大切にしていることで知られ
る。添加物を使用しないチョコレート。
☎01-45-61-02-58 Ⓜ2号線Ternes テ
ルヌ駅から徒歩7分 🏠189 Rue du Faubo-
urg Saint-Honoré,8e 🕙11:00〜19:00
🈺日・月曜 💳

€10.5〜

箱入り
チョコレート
⤷リキュール
風味とプラリ
ネ・アーモン
ド・カフェ味
の詰め合わせ

⤷タブレットは€5.5〜

1.ビーン・トゥー・
バーショコラの老
舗 2.約50種類の
タブレットが自慢

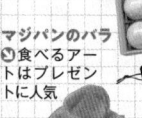

マジパンのバラ
❶食べるアートはプレゼントに人気
€44

ドゥミ・スフェール（9個入り）
❶こだわりのフィリングとショコラが相性抜群
€17

1.コンテンポラリーな内装 2.マドレーヌ寺院の向かい 3.2階はロジェ氏の彫刻作品の展示室

マジパンの魚
➡ユニークな動物シリーズ
€20

2018年のベストショコラティエ

パトリック・ロジェ
Patrick Roger
オペラ・ガルニエ周辺 MAP 付録P.24 B-3

彫刻家でもあるパトリック・ロジェ氏が手がけるショコラトリー。アーティスティックなショコラは、常に独創的でほかに類を見ない。

☎09-67-08-24-47 Ⓜ8,12,14号線Madeleine マドレーヌ駅からすぐ🏠3 Place de la Madeleine, 8e 🕙11:00～19:00 ❌無休

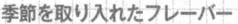

季節を取り入れたフレーバー
ユーゴ・エ・ヴィクトール
HUGO&VICTOR
サン・ジェルマン・デ・プレ MAP 付録P.12 C-4

古典的なレシピを革新的なデザインで仕上げられたショコラやガトーの数々。アーティスティックなショコラのアソートは必見。フィナンシェもぜひ。

☎01-44-39-97-73 Ⓜ10,12号線Sèvres Babylone セーヴル・バビロヌ駅から徒歩2分🏠40 Boulevard Raspail, 7e 🕙10:00～19:00(金曜は～20:00、土曜は9:30～20:00)❌無休

1.リュクスな雰囲気の店内 2.季節のフルーツを使ったフィナンシェ 3.クリエイターのユーゴ・ブジエ氏

カルネ・ミクスト（12個入り）
➡ショコラとスフェールの詰め合わせセット
€24

タルト・フリュイ・ルージュ
➡トライアングルのタルトにフルーツがぎっしり

1.クリエイティブなショコラの世界 2.ブティックの横に工房がある

タブレット マンディアンノワール 75%
➡ナッツやフルーツが入った一番人気の板チョコ

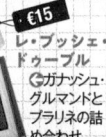

レ・ブッシェ・ドゥーブル
➡ガナッシュ・グルマンドとプラリネの詰め合わせ
€15

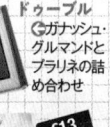

€13

チョコレート工場隣接のアトリエ
ラ・マニュファクチュール・ド・ショコラ・アラン・デュカス
La Manufacture de Chocolat Alain Ducasse
バスティーユ MAP 付録P.15 D-4

フランス料理の天才シェフ、アラン・デュカス氏によるチョコレート店。厳選された材料で作られる板チョコが特徴的。工場隣接でアトリエの様子も感じられる。

☎01-48-05-82-86 Ⓜ1,5,8号線Bastille バスティーユ駅から徒歩2分🏠40 Rue de la Roquette, 11e 🕙10:30～20:00 ❌無休

人気シェフが手がける
夢のチョコレート工場
ラ・ショコラトリー・シリル・リニャック
La Chocolaterie Cyril Lignac
バスティーユ MAP 付録P.15 F-4

アイデアの宝庫・リニャック氏のショコラへの愛を形にしたようなショコラトリー。イートインスペースもある。

☎01-55-87-21-40 Ⓜ9号線Charonne シャロンヌ駅から徒歩2分🏠25 Rue Chanzy, 11e 🕙9:00～19:00 ❌月曜

ノアゼット
➡ナッツとショコラ、クリームのフェスティバル
€7

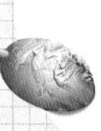
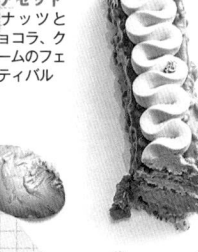

1.カジュアルな雰囲気で入りやすい 2.イートインスペースもある 3.カラフルなパッケージがかわいい

アート
ショッピング
スイーツ
グルメ
歩いて楽しむ
エンターテインメント
ホテル

胸がときめく色とりどりの幸せの味
可愛すぎるコンフィズリー❸店

ムッシュもマダムもマドモアゼルも、みんな大好き甘い誘惑、
ベスト・コンフィズリー。丁寧に作られた職人の味を。

コンフィズリーとは？

キャンディやキャラメル、砂糖でコーティングしたナッツやフルーツなど、加熱して作った甘いお菓子の総称。フランス各地にはご当地コンフィズリーがあり、味比べも楽しい。

⬆カラフルなスクール風がかわいい外観

⬆フルーツの味をまるごと閉じ込めたお菓子

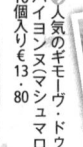

⬆人気のギモーヴ・ドゥ・バイヨンヌ（マシュマロ）16個入り€13.80

➡スュセット（棒付きキャンディ）1個€1.50

まるでお菓子のキラキラ宝石箱
ル・ボンボン・オ・パレ

Le Bonbon au Palais
カルチェ・ラタン **MAP** 付録P.20 A-1

フランス各地の老舗の味を集めた、いわゆるコンフィズリーのセレクトショップ。ボンボンのほか、ギモーヴやパット・ドゥ・フリュイなども充実。量り売りなので好きな味を好きなだけ買えるのも、おみやげにうれしい。

➡定番のボンボン

☎01-78-56-15-72 Ⓜ10号線Cardinal Lemoineカルディナル・ルモワヌ駅からすぐ 🏠19 Rue Monge,5e ⏰10:30～19:00 休日・月曜 🅴

フランス各地から夢の粒が大集合！

⬆キャラメル・アーモンドのフロランタン。1枚€4.50

⬆カラフルな色の南仏の伝統菓子カリソン

昔ながらのお菓子が並ぶ
ア・ラ・メール・ド・ファミーユ

A La Mère de Famille
サン・ジェルマン・デ・プレ
MAP 付録P.26 A-3

1761年創業の老舗菓子店。果物の砂糖漬け、焼き菓子、チョコレートやカリソンといったフランス人が大好きなスイーツであふれている。まるでお菓子箱のような店舗は本店と支店もある。

果実菓子パット・ドゥ・フリュイにも注目！

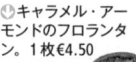

☎01-46-34-45-05 Ⓜ4号線St-Germain des-Prés サン・ジェルマン・デ・プレ駅から徒歩3分 🏠70 Rue Bonaparte,6e ⏰10:00～20:00（夏期は11:00～19:00）休日曜（夏期は日・月曜）🅴

⬆店内にはお菓子がいっぱい（左）。おみやげに喜ばれそうなものが見つかる（右）

王侯貴族も愛したスイーツ
ボワシエ

Boissier
サン・ジェルマン・デ・プレ
MAP 付録P.12 C-4

1827年に、ベリゼール・ボワシエによって創業。花びらをイメージしたチョコレート・ペタルやカラフルなキャンディ、ドラジェなどエレガントなスイーツが人気。文豪のヴィクトル・ユーゴーが詩の中で称賛したフルーツキャンディでも知られる。

☎01-43-20-41-89 Ⓜ12号線Rue du Bacリュ・ドゥ・バック駅から徒歩3分 🏠77 Rue du Bac, 7e ⏰11：00～13：30、14：00～18：30 休日・月曜 🅹🅴

➡チョコレート・ペタルやドラジェ

➡プレゼントにぴったりのスイーツが揃う

豪華なドラジェの缶はお祝いに

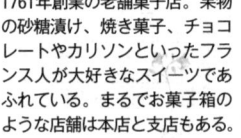

アート

ショッピング

スイーツ

グルメ

歩いて楽しむ

エンターテインメント

ホテル

どこか懐かしい昔ながらのお菓子

フランスの地方銘菓が手に入る②店

フランスは郷土の焼き菓子がうまいと定評があるが、地方からパリに進出して人気を博している2店へぜひ！

ブルターニュ発のキャラメル

ショコラティエ・エ・キャラメリエ アンリ・ルルー

Chocolatier et Caramelier Henri Le Roux
エッフェル塔周辺 MAP 付録P.12 A-3

ブルターニュの港町、キブロンで生まれたスイーツ。塩キャラメルやゆず抹茶、ビターチョコ風味のキャラメルは大人気。ボンボンショコラやフルーツゼリーも充実ラインナップ。

☎ 01-82-28-49-84
Ⓜ 8号線La Tour-Maubourgラ・トゥール・モブール駅から徒歩4分 🏠52 Rue Saint-Dominique, 7e 🕐11:00～14:00、15:00～19:00 休日・月曜 Ⓔ�

塩キャラメルなどのアソート

↑ブルターニュの自然を表現したインテリア

キャラメルのアソート

↑好きな味をチョイスしておみやげに！

コンフィチュール
↑ストロベリーやタタン、カシスなど風味豊か

魚形のチョコレート
↑チョコレートミルクやホワイトチョコ味など

€30

€16.5

ガトー・バスク クレーム・ダマンド
❷アーモンド風味のバスク地方伝統菓子

€12.2

カヌガ
❷看板商品。キャラメル＆ショコラが絶妙

詰め合わせのパッケージもおしゃれ

素朴な伝統菓子が揃うパティスリー

パリエス

Pariès
サン・ジェルマン・デ・プレ MAP 付録P.18 C-1

1895年創業のバスク地方・バイヨンヌで産声を上げたショコラティエ。オリジナルな商品を生み出し、バスクの伝統的なお菓子の老舗として今も人気を博している。どこか懐かしい素朴な味わい。パリではここ一軒のみ。

☎ 01-45-44-64-64 Ⓜ 10,12号線Sèvres Babyloneセーヴル・バビロヌ駅からすぐ 🏠9bis, Rue Saint Placide,6e 🕐10:00～19:00 休日・月曜 Ⓔ�

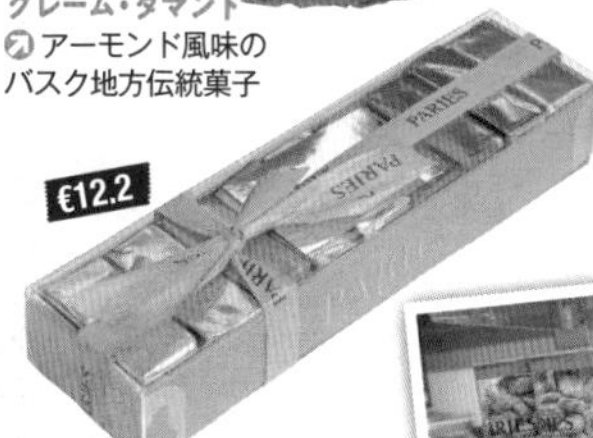

↑南仏をイメージさせる明るい店内

ムシュー（15個入り）
↑中にクリームの入っていない、バスク地方の素朴なマカロン

€18.2

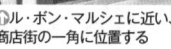

↑ル・ボン・マルシェに近い、商店街の一角に位置する

はしごして、おすすめを食べ比べしてみよう

アイスクリーム好きにたまらない店 ④ 店

**夏はもちろん、冬でも食べたいアイスクリーム。
スイーツに厳しいパリっ子も納得のショップは、常に列をなしている。**

↑アモリーノ
の素材へのこ
だわりを明記
したプレート

1. アイスケーキも豊富 2. スタイ
リッシュな店内。奥にサロン・ド・
テがある 3. 行列ができる店

各€6.70

←アイスバー、
エスキモー

スタイリッシュなお店が素敵

ユヌ・グラス・ア・パリ

Une Glace à Paris
マレ **MAP**付録P.14 B-3

厳選された素材から作られるアイス
やソルベはパティスリー世界大会で
も優勝経験のある職人こだわりの
味。パリらしいスタイリッシュな店
舗でおしゃれにアイスクリームを！

☎01-49-96-98-33 Ⓜ1,11号線Hôtel de
Villeオテル・ドゥ・ヴィル駅から徒歩6分 ⌂15 Rue
Sainte-Croix de la Bretonnerie,4e ⏰13:00
～19:00 🈡月・火曜 🄔🈲

€6.90

←ペッシュ・
ネロリと
ショコラ・
デュ・メキ
シック味

←クラシッ
ク・コーン(左)、
クラシック・チョ
コ・コーン＋マカ
ロン・ア・ラ・グラ
ス(右)

€5.50

€7.80

イタリアンジェラート
先駆けの店

アモリーノ

Amorino
サン・ジェルマン・デ・プレ **MAP**付録P.26 B-2

フランスを中心に店舗を展開するイタ
リアンジェラートのチェーン店。ジェ
ラートをバラの花びらのようにして入
れてくれるのが特徴。価格は大きさで
決まり、フレーバーはいくつでも選べ
るのがうれしい。

☎01-43-26-57-46 Ⓜ4,10号線Odéon
オデオン駅から徒歩3分 ⌂4 Rue de Buci,6e
⏰11:00～24:00(金・土曜は～翌1:00) 🈡無
休 🄔🈲

1. 天使がアイコンのか
わいい店内 2. マカロ
ンとの組み合わせも
3. テラスもある

クリエイティブな味の虜

グレイズド

Glazed
モンマルトル
MAP付録P.23 D-4

コンサルタントから食
の世界に転向したアン
リ・ギテ氏が、思いきっ
た発想で作るアイスク
リームが大人気。ダー
ク・サイドやモヒート・
ド・トーキョーなどク
リエイティブな味。

☎09-81-62-47-06 Ⓜ
2,12号線Pigalle ピガー
ル駅から徒歩4分 ⌂54
Rue des Martyrs,9e ⏰
11:30～19:30 (土・日曜
は～20:00) 🈡月曜 🄔🈲

↓ブルーと
ミスターグ
リーン

↓ロックなエス
プリのアイスを
作るアンリ

€5.5

€5.5

←モヒート・ド・
トーキョーとダー
クサイド

1. イートインスペースがある 2. 人工の香料
や着色料は使用しないフレーバーアイス

←ショコラ・
コルネ＋3
クープ。ショ
コラ・ソース
の追加も可

€4.90

ブルターニュの職人技

マルタン・ランベール

Martine Lambert
エッフェル塔周辺 **MAP**付録P.11 F-3

ドーヴィルにアトリエがあり、
地元の牛乳と旬のフルーツを生
産者から直接取り寄せ丹精込め
て作っている。砂糖控えめ、フ
ルーツの素材が100％引き出さ
れていて、後味もさわやか。

☎01-40-62-97-18 Ⓜ8号線Ecole
Militaireエコール・ミリテール駅から徒
歩3分 ⌂39 Rue Cler,7e ⏰10:30～
19:00(日曜は10:00～14:00) ※季節に
よって変動あり 🈡10～3月の月・火曜

€9.0

€4.90

↑ショコラ・
ムース(120ml)
(左)。ソルベ・
モヒート
(120ml)(右)

1. 商店街の一角
にある小さな
お店 2. 旬のフ
レーバーが豊
富 3. 温かな雰
囲気の店内

YOUR UNFORGETTABLE LUNCH AND DINNER

グルメ

🍴

食はパリの誇り！

Contents

パリの食事で気をつけよう 食べたいものを食べる!

食事は旅の楽しみのひとつ。美食の国フランスでは食事は人生そのものといわれるほど。
毎日フルコースを食べる必要はなく、フランスならではの新鮮でおいしい食事を堪能しよう。

出かける前に

どんな店を選ぶ?

本格的なフルコースだけがフランス料理ではない。フランス人も大好きなステーキ＆フライや鴨のコンフィ、エスカルゴ、サラダ、キッシュなどカジュアルに楽しめるフランス料理も多い。本場の料理やワインが楽しめるのはパリだからこそ、旅の予算やシーンに合わせて店を選んでみよう。

レストラン ……… Restaurant

P.140

星付き一流レストランと中級レストランがあり、格式と値段に差がある。

ビストロ ……… Bistro

P.132

伝統的なフランス郷土料理をカジュアルに楽しめるフランス人御用達の店。

ブラッスリー ……… Brasserie

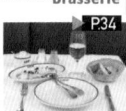

P.34

ビストロと同じだが通し営業をしている（お酒を提供している）ことが多い。

カフェ ……… Café

P.150

軽食を一日中提供しているので、急ぎの食事やタイミングを逃したときに便利。

サロン・ド・テ ……… Salon de thé

P.152

本格的な紅茶とケーキなどのフランス菓子が楽しめる。コーヒーもある。

©Thomas Dudan

クレープリー ……… Crêperie

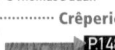

P.148

クレープの店。甘いもののほか、サラダやハム、卵のトッピングの食事系も。

予約は必要?

レストランへはなるべく予約を入れてから出かけよう。Webサイトでの予約やホテルのコンシェルジュにお願いするとスムーズだ。人気のビストロも予約を。通常は当日の予約でも問題ないが、人気店は数週間前、数カ月前から予約がいっぱいになるので、お目当ての店があれば早めに予約を。

ラ・フルシェット
lafourchette
🔗 www.lafourchette.com

予約なしで入るコツは?

予約を受け付けていない店では開店直後がねらい目。並ぶ際には店側が待ち時間の目安を教えてくれる。予約が取れなかった店で当日キャンセルがあれば入れてくれることもある。

ドレスコードって?

3ツ星レストランを訪れる際には男性はネクタイ着用、女性は男性に見合う上品な服装が理想だ。ビストロやカフェは入店の際のドレスコードはないが、店の雰囲気に合った服装を心がけよう。フランス人は見た目を気にする。

パリにもハッピーアワーがある?

ハッピーアワーを実施しているカフェやラウンジも多い。17時から20時までの時間限定で、飲み物が割引になる。詳細は店先の看板などに注目してみよう。

入店から会計まで

入店して席に着く

入店したら「ボンジュール」とあいさつして予約の有無や人数を告げよう。テーブルに案内されるまで勝手に店内を歩き回らないこと。

料理を注文する

着席するとすぐ食前酒や飲み物を聞かれる。一流店ではシャンパンを飲みながらメニューを吟味するのがフランス流、飲めない人は水を注文。

🗨 注文できますか。
Puis-je commander ?
ピュイージュ コマンデー

ワインを注文する

ワインは料理を注文したあとに選ぶ。フルボトルでグラス6杯分が目安、グラスワインも。テイスティングは注文した人が行う。

食後のチーズとワイン

食後はデザートの前にチーズをすすめられるのでワインを残しておくとよい。追加注文も可。

会計する

支払いはテーブルで行う。担当の係の人に頼み、勘定書の中身を確認したら着席のままで支払おう。チップの取り扱いは→P131。

🗨 会計をお願いします。
L'addition, s'il-vous-plaît.
ラディスィオン スィルヴプレ

アート

ショッピング

スイーツ

グルメ

歩いて楽しむ

エンターテインメント

ホテル

お店に行ってから

水、パンは有料?

レストランやカフェで食事の際に提供されるパンは無料。おかわりもできるが料理の前に食べすぎないよう注意しよう。水は水差しやボトルに入った水を無料で提供してくれる。有料のミネラルウォーターを注文してもよい。

🔍 パンをもう少しいただけますか。
**Encore un peu de pain,
s'il-vous-plaît.**
アンコール アン プ ード パン スィルヴプレ

メニューの組み立て方

フランスで前菜+メイン+デザートを注文すると日本人ではなかなか食べきれないことも。まず前菜とメインを注文して食べ終わってからデザートやチーズを注文してもよい。デザートは必ず食べたい、という人はメインコース+デザートの注文でもOKだ。

組み合わせ方の例
●前菜+メイン+チーズまたはデザート
●前菜+メイン
●メイン+デザート

肉の焼き加減はどう答える?

ステーキを注文すると必ず焼き加減を聞かれるので、フランス語での言い方を覚えておくと便利。フランスではあまり火を通さないほうが好まれる。

🔍 レア
Bleu ブルー
ミディアム・レア
Saignant
セニャン
ミディアム
à Point ア・ポワン
ウェルダン
Bien cuit
ビヤン・キュイ

チップは必要?

チップは会計に含まれていることもあるので会計時に確認しよう。会計に含まれていても気持ちのよいサービスや、特別なことをしてくれた給仕人にはおつりの小銭を置いていくか、高級レストランでは食事代の5%程度を帰り際に渡すとスマートだ。

知っておきたいテーブルマナー

テーブルごとに担当が決まっているので別の人を呼ばない。パンは一口大にちぎって食べ、残りはパン皿かテーブルに。一流店ではソースをパンで浸さないほうがよい。鼻をすする、靴を脱ぐ、食べ物を音を立ててすする行為はマナー違反だが鼻をかむのはOK。

料理をシェアしたいときは?

フランスでは1人1皿の食事が基本。もしシェアするなら前菜やデザートだけ、メインコースはそれぞれ1皿を食べるものと心得ておこう。

🔍 シェアしたいのですが。
On voudrait partager.
オン ヴドレ パルタジェ

たばこは吸っていい?

飲食店など閉鎖された空間での喫煙は禁じられている。カフェなどのテラス席や屋外では喫煙可だ。

メニューの読み方

店先にある黒板のメニューを読んでから入店しよう。セットメニューなどがわかりやすく書いてあり、地元の人もこれを注文する。

Menu

Entrée + Plat + Dessert €32
Entrée + Plat ou Plat + Dessert €24

Entrée
Tartare de veau, coques, asperges blanches
Couteaux, carottes, courgettes

Plat
Viandes ou Poissons
Poulette, oeuf, asperges vertes
Merlu poêlé, légumes de saison

Dessert
Piña colada
Pain perdu caramel
ou Plateau de Fromages

— **Menu** メニュー

— **Entrée** 前菜
Plat メイン
Dessert デザート

このメニューの場合、下の料理の中から選んで、前菜+メイン+デザートで€32、前菜+メイン、またはメイン+デザートで€24。

— **Viandes** 肉料理
Poissons 魚料理

— **Fromages** チーズ
Plateau de Fromagesは、さまざまなチーズがのせられたワゴンが運ばれ、その場で選ぶことができるもの。庶民的なレストランだと、大皿にチーズの盛り合せをのせられることが多い。

基本単語

朝食 **petit déjeuner** プチ デジュネ	牛肉 **bœuf** ブッフ
昼食 **déjeuner** デジュネ	豚肉 **porc** ポール
夕食 **dîner** ディネ	若鶏肉 **poulet** プレ
ミネラルウォーター **eau minérale** オー ミネラール	仔羊肉 **agneau** アニョー
グラスワイン **vin au verre** ヴァン オ ヴェール	焼いた **rôti** ロティ
ビール **bière** ビエール	煮込んだ **mijoté** ミジョテ
シャンパン **champagne** シャンパーニュ	生の **cru** クリュ
紅茶 **thé** テ	付け合わせ **garni** ガルニ

気取らずにお手ごろ料金で! 味で勝負しています

文句なしの最上級ビストロ6店

何度訪れてもぶれない味。高品質な食材を用い、熟練した料理人の技が宿るパリ有数のビストロへご案内。

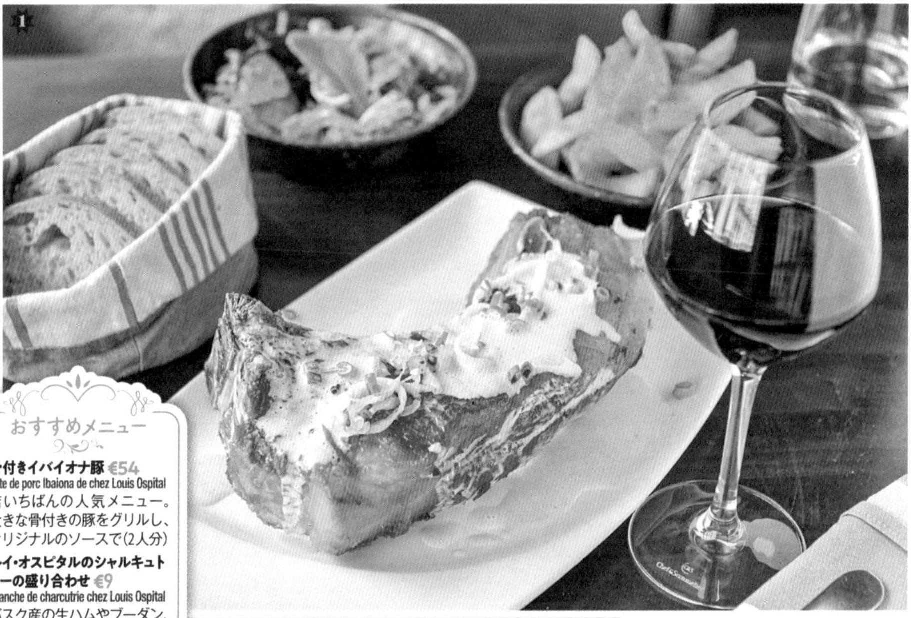

おすすめメニュー

骨付きイバイオナ豚 €54
Côte de porc Ibaiona de chez Louis Ospital
店いちばんの人気メニュー。大きな骨付きの豚をグリルし、オリジナルのソースで(2人分)

ルイ・オスピタルのシャルキュトリーの盛り合わせ €9
Planche de charcutrie chez Louis Ospital
バスク産の生ハムやブーダン、サラミなどの盛り合わせはおつまみ感覚で

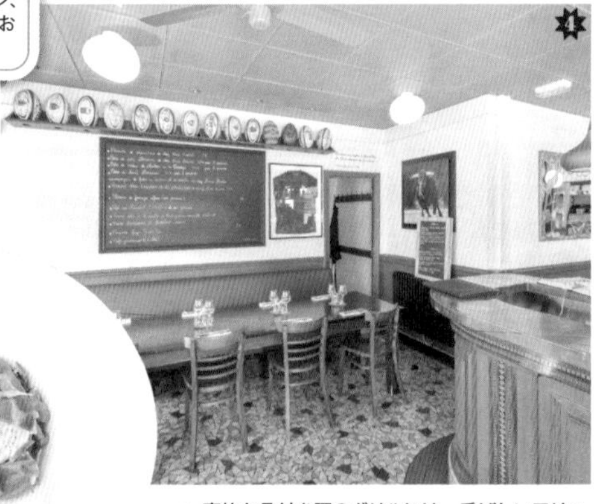

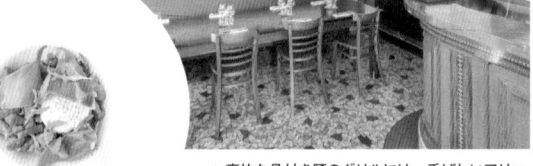

4. ラグビーファンのシェフのコレクションが店内を飾る
5. ジロル茸のソテー。旬の食材を上手にアレンジ

何を食べてもおいしい人気店

ル・グラン・パン

Le Grand Pan

市街南西部 MAP 付録P.17 F-4

3ツ星のル・グラン・ヴェフールや名店のトロケで腕をふるってきたブノワ・ゴティエ氏の店。バスクの生産者から仕入れる肉やシャルキュトリーは最上の味。セップ茸のポワレやイバイオナ豚、ホタテ、モンブラン…どれもリピートしたくなるおいしさ。

☎01-42-50-02-50 交M13号線Plaisanceプレザンス駅から徒歩5分 所20 Rue Rosenwald,15e 営12:00～14:00、19:30～23:00 休土・日曜

1. 豪快な骨付き豚のグリルには、香ばしいフリッツとサラダが付いてくる 2. 住宅街にある本店。向いにはセカンドのル・プチ・パンを併設 3. いつもにこやかな笑顔で、常連さんとの会話も弾むシェフのブノワ氏

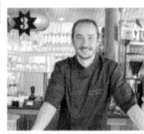

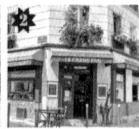

アート

ショッピング

スイーツ

グルメ

歩いて楽しむ

エンターテインメント

ホテル

おすすめメニュー

ラング・ドゥ・ブフ ソース・ピカン・ピュレ・メゾン
Langue de boeuf.sauce piquante,Purée maison
びりっと辛い牛タンの煮込み
自家製ポテトのピュレ添え
（写真は一例）。日替わりで
前菜・メイン・デザートで
€26のメニューがある。

パリジャンたちの憩いの場
ル・ビストロ・ポール・ベール
Le Bistrot Paul Bert
バスティーユ MAP 付録P.15 F-4

パリのビストロの代名詞的な存在のこ
のお店。仕入れた新鮮食材が盛り込ま
れた本日のメニューは毎日黒板に書か
れ、それを見てじっくりと選んでいる
常連の姿が目につく。

☎01-43-72-24-01 ⊗Ⓜ8号線Feidherbe
-Chaligny フェデルブ・シャリニー駅から徒歩3分
㊟22 Rue Paul Bert,11e⊛12:00〜14:00、
19:30〜23:00 ㊡日・月曜 🅴💬

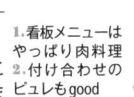
1.看板メニューは
やっぱり肉料理
2.付け合わせの
ピュレもgood

3.ランチでもグラスワインは当たり前 4.タイルやポスター。小物
など、店内のどこもかしこもチャーミング 5.この店がある通りに
はオーナーが同じワインバーや他のビストロが並び、さながらグ
ルメ通りだ

1.シンプルな卵料理はビストロ料理の定番 2.手作りソーセージ
も人気 3.料理長のティエリー・コラス氏 4.テラス席もランチど
きは満席に 5.駅のショッピングモールにあり、モダンな空間 6.気
軽に食べられるカウンター席

有名シェフが監修する評判の店
ラザール
Lazare
オペラ・ガルニエ周辺 MAP 付録P.6 C-3

3ツ星レストランのシェフ、エリック・
フレション氏が監修するモダン・レスト
ラン。定番のビストロ料理を風味豊か
に、丁寧に仕上げたメニューが好評。デ
ザートのパリ・ドーヴィルもおすすめ。

☎01-44-90-80-80 ⊗Ⓜ3,12,13,14号線
St-Lazare サン・ラザール駅からすぐ ㊟
Parvis de la Gare Saint-Lazare,Rue
Intérieure,8e⊛8:00〜23:00(土・日曜は
12:45〜)㊡無休 🅴💬

おすすめメニュー

ミモザ風の卵料理 €15
Oeufs de poule Bio,mimosa,thon et cebette
オーガニックの卵とツナ、ス
プリング・オニオン

ベストソーセージとマッシュポテト €25
La meilleure saucisse purée de Paris
人気メニューのソーセージに
マッシュポテトがよく合う

女性シェフが受け継ぐ老舗
アラール
Allard

サン・ジェルマン・デ・プレ **MAP**付録P.26 C-3

1932年創業。初代の女性シェフ、マルト・アラール氏は出身のブルゴーニュ料理を作り、大繁盛。現在もその家庭的なエスプリを大切にし、エスカルゴや牛肉の赤ワイン煮などが味わえる。

☎01-43-26-48-23 🚇4,10号線Odéon オデオン駅から徒歩5分 🏠41 Rue Saint-André des Arts,6e 🕐12:00～14:00、19:00～22:00 🈺無休 🄴🈓🍴🅿🖥

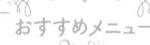

おすすめメニュー

エスカルゴのハーブ・バター ソース €24 12 Escargots en coquilles,beurre aux fines herbes
ブルターニュの郷土料理、エスカルゴはハーブたっぷり！

イル・フロタント、バニラ風味 Ile Flottante à la vanille
浮島という名のごとく、カスタードクリームに卵白が浮かぶ

1.昔の面影を残した建物。2013年にアラン・デュカス氏が引き継いだ 2.ブルゴーニュなど300種類以上のワインをソムリエがサーブ 3.30年代の花柄の壁や赤の椅子に囲まれて 4.シェフのポリーヌ・ベルゴニエ氏 5.軽やかなデザート。自慢メニューのエスカルゴ

パリジャンにも愛される本格派
レザンファン・ルージュ
Les Enfants Rouges

マレ **MAP**付録P.14 C-2

定評あるグルメガイドで、ベスト・ビストロに選ばれた人気店。日本人シェフの篠塚大さんは有名店で修業後、独立。おいしく楽しく食べられるための工夫をし、幅広い客層に愛される。

☎01-48-87-80-61 🚇3,11号線Arts et Métiers アールゼ・メチエ駅から徒歩5分 🏠9 Rue de Beauce,3e 🕐12:00～14:00、19:00～22:00 🈺火曜・水曜、木曜のランチ 🄹🈓🄴🍴🖥

おすすめメニュー

うさぎの背肉のロースト フォアグラ包み、根セロリと茸のパイ添え
Râble de lapin farci au foie gras, feuilleté au céleri rave, champignon tourné, épinard et jus corsé
ウサギの背肉でフォアグラを巻きロースト。パイの中は根セロリの煮込みが入っている
€50、€85、€120(7品)

1.赤枠の窓や店のロゴがアクセントになった典型的なビストロスタイル 2.味覚のバランスを大切にする職人肌のシェフ 3.北マレの中心に位置する 4.ウサギの背肉料理は伝統的なフランス料理の一つ。フォアグラの新しい世界を味わう 5.ハーブで煮込んだ洋梨、黒コショウを効かしたメレンゲ、はちみつのムース、ピスタチオ添えレンゲ添え

流行に流されない一皿を
ラシエット
L'Assiette
モンパルナス **MAP** 付録P.18 C-4

下町14区のおいしいお店
といったらここ。地元の人
たちで連日賑わう。一皿一
皿がほどよい量なので、前
菜からデザートまでシェア
せずしっかり1人前ずつ味
わうのがおすすめ。

☎01-43-22-64-86 ⊗Ⓜ13
号線Pernety ペルネティー駅から
徒歩5分 ⋒181 Rue du
Château, 14e ⏰12:00〜
14:30、19:00〜22:30 ⊗月・
火曜 ⒺⓈ🔲

> **おすすめメニュー**
>
> **カスレ・メゾン** €39
> Cassoulet maison
> オープン当初から変わらない
> シェフの思い入れのあるメニュー
>
> **クレーム・キャラメル・**
> **オ・ブール・サレ** €15
> Crème caramel au beurre salé
> 創業以来人気のデザート

1. アール・ヌーボーな天井が素敵 2. アットホームな雰囲気 3. 本場ビスト
ロの雰囲気 3. シェフのダヴィッド氏は巨匠アラン・デュカス氏に師事。ユー
モアたっぷりのお人柄

左岸のブラッスリーで気ままに過ごす
**サンジェルマンの小径にある大型ブラッスリーで、ランチから
夜まで自由に利用できるブラッスリーの存在がうれしい。**

定番料理にこだわる
ブラッスリー・デ・プレ
Brasserie Des Prés

サン・ジェルマン・デ・プレ **MAP** 付録P.26 C-3

フランス料理の伝統とアール・ド・ヴィ
ヴルを大切に考える若手仕掛け人、
Nouvelle Gardeにより展開されるブラッス
リー。ブラッスリー料理の定番、オニオン・
グラタンや豚のリエットなどがおいしい。

☎01-42-03-44-13 ⊗Ⓜ4,10号線Odéonオデ
オン駅から徒歩1分 ⋒6 Cour du Commerce
Saint-André, 6e ⏰
12:00〜22:30 ⊗無休
Ⓔ🔲

1. ポワロー・ヴィネグレッ
トやオニオン・グラタン
2. オデオン駅近くの小径
にあり、テラス席も人気
3. バーのコーナーなども
あり、2・3階もある

> **おすすめメニュー**
>
> **ポワロー・ヴィネグレット**
> Poireaux Vinaigrette
> ビストロのクラシック料理で
> 自家製ヴィネグレットがポワ
> ローを引き立てる。オニオン・
> グラタンやミモザエッグ、ソー
> セージとピュレなども

アート

ショッピング

スイーツ

グルメ

歩いて楽しむ

エンターテインメント

ホテル

産地と部位と腕前と
カジュアルな肉料理**④**店

肉のすべてを知り尽くしたシェフの逸品をがっつりと。
普通のビストロのステーキじゃ物足りないあなたに！
いま話題の肉専門店をご紹介。

フォー・フィレ・セヴェロ&フリット
Faux-Filet Severo,frites €49.50
見よ！この厚みを。この熟
成肉はぜひレアな焼き加減
でいただきたいもの

ステック・タルタル&フリット
Steak tartare,frites €26
肉本来の味をダイレクトに
食べるならこの一品

熟成肉の極み、ここにあり
ル・セヴェロ
Le Severo
モンパルナス **MAP** 付録P.18 C-4

長年肉屋をしていたウィリアム氏の手
によって店の地下のカーブで熟成され
る肉は、味が濃く、深く、独特の風味
がある。ステーキのイメージを変える
極上の味だ。焼き加減ももちろん絶妙。
日本にも支店があるが、ぜひ本店なら
ではのこだわりの味を食してほしい。

☎01-45-40-40-91 Ⓜ4号線Mouton
Duvernet ムトン・デュヴェルネ駅から徒歩5分
🏠8 Rue des Plantes, 14e 🕐12:00～
14:00、19:30～22:00 🈁土・日曜のほか休暇
時期に1～3週間の休業あり Ⓙ🅔🅔✂️📠

1.小さなお店なので要予約 2.30年
以上の歴史を持ち常連も多い 3.
オーナーの一人ガエル氏は日本語も
少々 4.食べ方は超シンプルに。ポ
テトも侮れない美味しさ

塩漬け肉と新鮮な肉のポテ
POTÉE AUX VIANDES SALÉES ET
FRAÎCHES €28（選ぶ肉の量で変動）
新鮮な豚バラ肉と塩漬けの豚肩ロ
ース肉のコントラストが楽しめる

パリの目利き肉職人の食堂
ラ・ターブル・デューゴ・
デノワイエ
La Table d'Hugo Desnoyer
市街南西部 **MAP** 付録P.2 B-3

16区の閑静な住宅街で精肉店と食堂を開
く。大地からの自然な栄養を与えて飼育
する家畜農家から選ぶ上質な肉だけを扱
いほどよい肉質と旨み、やわらかさに定
評がある。牛肉のステーキも賞味したい。

☎01-46-47-83-00 Ⓜ9号線Jasminジャ
スマン駅から徒歩4分🏠28 Rue du Docteur
Blanche, 16e 🕐10:30～19:30（要予約）🈁
日・月曜 🅔📠

©Karine Sicard Boucanier

1.精肉店の横にイートインできるスペースがある 2.肉を吟味するユー
ゴ・デノワイエ氏 3.フランスの大定番の仔牛のブランケット€14（選ぶ肉
の量で変動）4.精肉売場ではいろいろな部位が並ぶ 5.伝統的なポテ

©Marielle Gaudry

北マレにあるビーフ専門店

ラレー・ルトゥール
L'Aller Retour
マレ **MAP** 付録P.14 C-2

フランスのシャロレ種やアイルランド産のビーフ、シメンタル牛のリブステーキなど新鮮で上質な肉を専門に出すビストロ。約80種類のワインを揃え、肉とのペアリングも楽しめる。

☎01-42-78-01-21 Ⓜ3,5,8,9,11号線République レピュブリック駅から徒歩3分 ⊕5 Rue Charles-François Dupuis,3e ⏰12:00〜14:30、19:30〜22:30(土・日曜はディナーのみ、夏期に変動あり) 休無休 🅱🅴📶

1. 北マレの静かな通りに面する 2. 前菜のオス・ア・モワル 3. コストを抑えながら、おいしいビーフを提供しているという店長のオリヴィエ氏 4. 絵画やランプを配した趣のある室内 5. ランチは2皿とドリンク付きで€11.90という安さが人気の理由

オス・ア・モワル (牛の骨髄)
Os à moelle fendu pain grillé & fleur de sel €9
オス・ア・モワルのとろとろの中身を、焼いたパンにつけ、塩をつけて味わう
アイルランド産の牛のオングレ
Onglet de Bœuf Irlandais €19
アイルランド産の牛の赤身のオングル(横隔膜の上)を焼いて、胡椒のソースとブルー・ソースで

オベルカンフで話題の肉屋

ビドッシュ
Bidoche
マレ **MAP** 付録P.14 C-2

有名肉屋で経験を積んだアレクサンドル氏がオープンした肉屋とレストラン。店では、上質な牛肉、仔牛、仔羊、豚、鶏肉や生ハムやサラミなどを販売。奥のレストランでは、店で選んだ肉を、好きな量、焼き加減で焼いてくれる。厳選された肉の旨みを存分に堪能しよう。

☎01-40-31-57-95 Ⓜ5,9号線Oberkampf オベルカンフ駅からすぐ ⊕7 Rue Jean-Pierre Timbaud,11e ⏰12:00〜13:00、19:00〜22:00(金・土曜は〜21:45) 休日・月曜 🅱🅴📶

1. 金融関係の仕事から肉を専門としたガストロノミーの世界に入った若きオーナーのアレクサンドル氏。店には50日、100日の食べ頃の熟成肉が並ぶ 2. 熟成肉をカットする肉職人さん 3. カジュアルな雰囲気のレストラン 4. 絶妙な焼き加減のステーキ

店で選んでカットした肉のステーキ
Nos morceaux à la coupe (Bœuf, Veau, Agneau, Porc) €108/kg
お店で好きな肉を選び、レストランで焼いてもらう。焼き料は料金に含まれる

カキやムール貝から始めますか?

専門店が競い合う
魚介料理が自慢の④店

パリでおいしい魚が食べられない! とお嘆きの
あなたもきっと納得。トラディショナルから
ナチュラル派のお店まで、シーンで選びたい。

クルージング気分でシーフード
ル・デュック
Le Duc
モンパルナス **MAP**付録P.19 D-3

1967年開業、パリで魚のカルパッチョ
を出し、料理界にセンセーショナルを
巻き起こした店。目新しいものだけに
とらわれず、食欲と心を満たすという
正しいレストランのあり方を大切にし
ている。2代目オーナーとシェフが生
み出す一皿をぜひ。

☎01-43-20-96-30 ⊗Ⓜ4号線Raspailラ
スパイユ駅からすぐ 🏠 243 Boulevard
Raspail,14e ⊗12:00〜14:00、19:30〜
22:30 ⊗日・月曜 Ⓔⓢ▭

**パルード・ア・ラ・クレーム・エ・
オタン**
Palourdes à la crème et au thym
€35
貝のタイム風味クリーム仕立て。
まろやかで風味豊か。白ワイン
とともに

1. 清潔感あふれる白い外観が目印 2.
入口の扉から内観、細部にわたり船
をイメージする装飾。先代のこだわ
りがうかがえる 3. 白い布製ナップ
がかかった正統派レストラン

1. 刺激的でスパイシーなセヴィ
ーチェ。このほか食してみたい
メニューが充実 2. 香り高いビネ
ガーが効いた貝のバター蒸し

世界の食通が注目する1ツ星
クラマト
Clamato
バスティーユ **MAP**付録P.15 E-4

パリでは珍しい魚専門のビスト
ロで、旬の食材に世界各国の調
味料を合わせた斬新な味付け。
食材に合わせ、メニューを毎日
更新。

☎01-43-72-74-53 ⊗Ⓜ9号線
Charonne シャロンヌ駅から徒歩3分 🏠
80 Rue de Charonne、11e ⊗12:00
〜14:30、19:00〜22:30(土・日曜は
12:00〜23:00) ⊗無休 Ⓔ 🔲 ▭

貝のバター蒸し Coque de Batz sur mer,beurre au vinaigre fumé
貝をバターとスモーキーなビネガーで蒸し煮にしたもの
白身魚のセヴィーチェ Ceviche de maigre,champignon fermenté, oseille €17
白身魚のメーグルに、マッシュルームやオゼイユの葉を
あしらったスパイシーな味

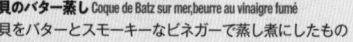

3. セプティームの隣にある 4. 草花があふれる中庭に面
している

14区の人気魚介専門店
ラ・カグイユ
La Cagouille
モンパルナス **MAP** 付録P.18 B-3

政界関係者や俳優も訪れる人気のレストラン。カキ養殖家のダヴィッド・エルヴェ氏の上質なカキを扱う。ズワイガニやタラ、ムール貝など旬の魚介が揃い、シンプルな調理で供される。

☎01-43-22-09-01 Ⓜ13号線
Gaîté ゲテ駅から徒歩3分 ⑩10
Place Constantin Brancusi,14e
🕐12:00〜14:30、19:00〜23:00
休無休 📧📱🔲

ヒメジのグリル Rouget Grillé
新鮮なヒメジをパリっと香ばしくグリル。塩をさっとふっていただく

1. シックなトーンでまとめた室内 2. 人気のレストランが集まるエリアにある 3. コニャックやワインのリストも本格的 4. メイン料理の添えのマッシュポテト 5. 素材の良さを素直に表現した料理

ノルマンディ気分のビストロ
ユゲット
Huguette
サン・ジェルマン・デ・プレ
MAP 付録P.26 B-3

サン・ジェルマンのグルメ街にある陽気な雰囲気の魚介店。ブルーと白のストールやモザイクの床がさわやかな印象。魚のスープやカキやロブスター、マテ貝などフランスならではの味覚を堪能しよう。

☎01-43-25-00-28 Ⓜ10号線
Mabillon マビヨン駅から徒歩3分 ⑩
81 Rue de Seine,6e 🕐12:00〜
23:30 休無休 📧📱🔲

海の幸の盛り合わせ Fruits de mer €45
ブルターニュやノルマンディの生ガキや手長エビ、カニなどの盛り合わせ

マテ貝 Couteaux sauvages €21
フレッシュな身の引き締まったマテ貝は香味野菜とソテー

1. 明るいテラス席は早めの予約を 2. ノルマンディなどから運ばれてくるカキが並ぶ 3. カキは少量でも盛り合わせてくれる 4. 店内もカジュアルなデコレーション 5. 豪華な海の幸の盛り合わせ。冷たい白ワインとともに

アート

ショッピング

スイーツ

グルメ

歩いて楽しむ

エンターテインメント

ホテル

139

調理はもとより何もかもが超一流

一生に一度の超高級レストラン4店

グルメ都市のパリで、どこで食事をするか。完成度の高い料理を提供する天才シェフのいる星付きレストランで、一度は贅沢な美食を心ゆくまで楽しみたい。

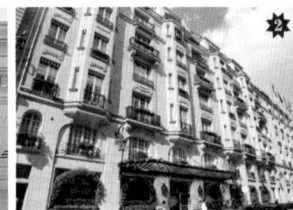

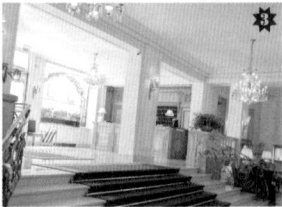

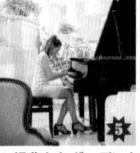

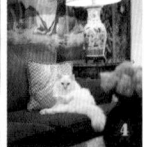

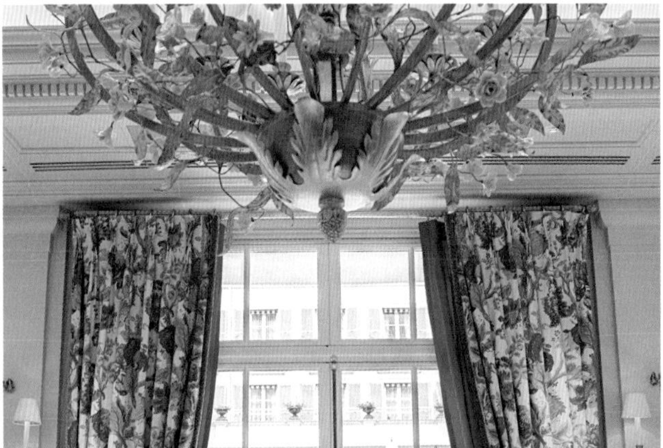

1.緑豊かなガーデンから差し込む陽光もさわやかなレストランの室内 2.パラスの貫禄たっぷりのホテル。王族の利用も多い 3.開放的なホテルのエントランス 4.ホテルの人気者、猫のファラオン 5.ロビーではピアノ演奏も

おすすめメニュー

ロイヤル・ラングスティーヌ
Langoustines Royales
タマネギとマンゴー、柑橘類とコリアンダーのブイヨン風味

マカロニの黒トリュフ詰め
Macaronis Farcis, Truffe Noire
黒トリュフ、アーティチョーク、カモのフォアグラが織りなすマカロニ料理

予算 Ⓛ€250～ Ⓓ€450～

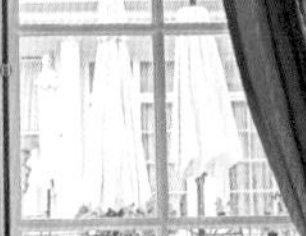

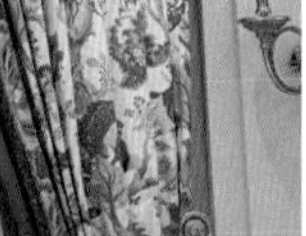

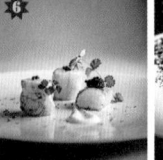

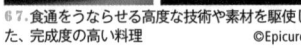

6 7.食通をうならせる高度な技術や素材を駆使した、完成度の高い料理 ©Epicure

フレンチの最高峰を宮殿ホテルで

エピキュール ル・ブリストル・パリ

Epicure-Le Bristol Paris

シャンゼリゼ大通り周辺 MAP 付録P.6 B-4

5ツ星より上の最高級クラス「ハラス」認定第1号の称号を持つ老舗ホテル。メインダイニングの「エピキュール」は3ツ星レストランでフランスの美食の殿堂ともいえる店。最高級の素材で繰り広げられる料理、トップレベルのホスピタリティに優雅な時間を過ごせる。

☎01-53-43-43-40 交Ⓜ9,13号線 Miromesnil ミロメニル駅から徒歩5分 所Ⓗル・ブリストル・パリ(→P178)内 営7:30～10:30、12:00～13:30(火・土曜)、19:30～21:30(火・土曜) 休日・月曜のランチと夕食 E 英

© Laurence Mouton

おすすめメニュー

トマトとプチトマトの間で
Au cœur des tomates et
"cerise-tomates"
トマトとプチトマトのタル
タルに、シェリービネガー
風味のジュレを添えて
予約 Ⓛ €260～ Ⓓ €680～

1. 美しい色どりの野菜が奏でる
味覚のハーモニーを楽しむ

世界最高峰レストランで優雅な宴
ギィ・サヴォワ
Restaurant Guy Savoy
サン・ジェルマン・デ・プレ MAP 付録P.26 C-1

世界のレストラン上位ランキング
1000の「ラ・リスト」で、2019年の
トップに輝くギィ・サヴォワ。「美し
きバッカスの巫女」や「図書室」と名
付けられた豪華なサロンで、独創的な
モダン・フレンチを賞味できる。
☎01-43-80-40-61 交Ⓜ7号線Pont Neuf ポ
ン・ヌフ駅から徒歩7分 所Monnaie de Paris,
11 Quai de Conti,6e 営12:00～14:00、
19:00～22:30 休日・月・火曜
Ⓔ€ⓀⅰＬ

2.
©Laurence MOUTON

©RGS

2. グレイッシュな色調で
まとめられた室内 3. セー
ヌ川に面する造幣局の建
物内にある

おすすめメニュー

**和牛ビーフのミルフィーユ、
マッシュルーム添え**
Feuille à feuille de bœuf Wagyu
« Grade 5 », aux Gros Paris
最高級の和牛ビーフをミル
フィーユ仕立てにし、
レタスとビーツでいただく
予約 Ⓓ €380～

洗練された料理とワイン
ル・クラランス
Le Clarence
シャンゼリゼ大通り周辺
MAP 付録P.12 A-1

ラセールやルドワイヤンなどで
キャリアを積んだクリストフ・
ペレ氏がシェフに就任、ミシュ
ラン2ツ星を獲得。瀟洒な館で、
技を凝らした料理の数々と上質
なワインを楽しめる。
☎01-82-82-10-10 交Ⓜ1,13号線
Champs-Élysées Clemenceauシャン
ゼリゼ・クレマンソー駅から徒歩3分 所31
Avenue Franklin D. Roosevelt,8e 営
12:30～13:30、19:30～21:00 休日・月・
火曜 Ⓔ€ⓀⅰＬ

1. ロン・ポワン・デ・シャン
ゼリゼの近く 2. 彩りも美し
く食欲をそそるメニュー

3. 18世紀の優美なスタイルのダイ
ニングルーム

おすすめメニュー

**生のホタテ、アボカド、オレ
ンジの調味料、ルッコラの花**
Saint-Jacques à cru,avocat,condiment
à l'orange,fleurs de roquette
新鮮な生のホタテは、アボカ
ドとオレンジの風味。ルッコ
ラの花を添えて（料理は一例）
予約 Ⓛ €150～ Ⓓ €250～

若きスターシェフの美食の殿堂
アレノ・パリ
Alléno Paris
シャンゼリゼ大通り周辺 MAP 付録P.12 B-1

1792年に創業し、ナポレオン・ボ
ナパルトと妻のジョセフィーヌが
愛したレストランとしても知られ
る。現在はフランス国内にミシュ
ラン3ツ星レストランを2軒持つヤ
ニック・アレノ氏がプロデュース。
☎01-53-05-10-00 交Ⓜ1,13号線
Champs-Élysées Clemenceauシャン
ゼリゼ・クレマンソー駅から徒歩5分 所
8 Avenue Dutuit,8e 営19:30～
22:00 休土・日曜 Ⓔ€ⓀⅰＬ

1. メインの定番料理、和牛ビーフ 2. シェフ
が春のはじめをイメージしたひと皿 3. 整然
としたキッチンで料理人たちが調理をこな
していく 4. ネオ・クラシックな典雅なダイ
ニングルーム。天井や壁の意匠は創業当時
からのもの 5. シャンゼリゼ大通りの奥まっ
たところに面し、エレガントなたたずまい

正統フレンチで修業した天才たちの独自の境地

旬のシェフが腕をふるう気鋭のフレンチ⑤店

超一流レストランで輝かしい実力を発揮してきたシェフや今をときめくシェフたちが作る、創意工夫に満ちたフレンチ。才能が光る料理人ならではの今どきフレンチを味わいたい。

ブラス親子が作る穀物料理
アール・オ・グラン
Halle aux Grains
ルーヴル美術館周辺 **MAP** 付録P.13 F-2

21世紀のフランス料理を代表するミッシェル・ブラスと息子のセバスチャンが、ブルス・ド・コメルスの美術館内に開いたレストラン。世界各地から仕入れた穀物や豆を用いた料理に取り組む。

☎01-82-71-71-60 Ⓜ4号線Les Hallesレ・アール駅から徒歩5分 Ⓟ2 Rue de Viarmes, 1er Ⓣ12:00～0:00(火曜は19:30～) Ⓗ火曜の昼

おすすめメニュー

**紫アーティチョーク
タマネギのコンフィ添え**
Ⓛ €57
Ⓓ €108
Artichauts violets farcis d'oignons confits
元は穀物市場だった場所をリスペクト。大麦やキビ、小豆、えんどう豆など世界の穀物や豆を使った料理に挑戦する

Chef's Profile

ミッシェルと
セバスチャン・ブラス親子
Michel et Sébastien Bras
フランス中南部のオーブラックで自然派の料理に取り組む

1.フォンダンビスキュイとアイスクリーム 2.窓からはサントゥスタッシュ教会などが見晴らせる 3.モノトーンでクールなインテリア 4.季節の旬の野菜と穀物を使った料理

©Maxime Tetard / Bourse de Commerce / Collection Pinault

おすすめメニュー

**低温加熱したイワナ、
ヴァン・ジョーヌのサバイヨンソース**
Ⓛ €65～
Ⓓ €135
Omble chevalier, sabayon vin jaune
アミューズ5品と前菜2皿に、魚と肉のメイン料理、デザート2皿のおまかせ料理

Chef's Profile

杉山あゆみ&ロマン・マイ
Ayumi Sugiyama & Romain Mahi
パリの名店で経験を積んだ日仏カップル。ほぼすべての食器も2人のお手製

驚きとミステリアスな味覚が新鮮
アクサン・ターブル・ブルス
Accents Table Bourse
オペラ・ガルニエ周辺 **MAP** 付録P.13 E-1

オーナー&シェフ・パティシエの杉山あゆみとシェフのロマン・マイが作るオリジナリティにあふれた料理とデザートで、食通を魅了する。サーモンのバーベキューや繊細な飴細工仕立てのデザートやシフォンケーキに夢中になる。

☎01-40-39-92-88 Ⓜ3号線Bourseブルス駅から徒歩2分 Ⓟ24 Rue Feydeau, 2e Ⓣ12:00～13:30、19:00～20:00 Ⓗ日・月曜

1.オリーブ入りのディプロマット、ヨーグルトアイス、黒ニンニクのテュイル・ライムのデザート 2.ライトで爽やかな味付けの魚料理 3.季節の花や絵画に囲まれた1ツ星レストラン

アート

ショッピング

スイーツ

グルメ

歩いて楽しむ

エンターテインメント

ホテル

ときめく料理に会いに行く！
メゾン
Maison
バスティーユ周辺 **MAP** 付録P.15 E-2

料理のクオリティの高さで評判のメゾン。シェフの渥美創太が厳選した食材を使い、薪窯の火入れまでこだわる。鱒とほうれん草の葉のグリルや鳩の薪火ローストなど美味しさが尽きない。

☎01-43-38-61-95 Ⓜ3号線 Rue Saint-Maurリュ・サン・モール駅から徒歩1分 🏠3 Rue Saint-Hubert, 11e ⏰12:30～13:30、19:30～21:00 休月・火曜、水曜の昼、日曜の夜 🄴🄴🌀▦

Chef's Profile

渥美創太
Sota Atsumi
トロワグロやステラ・マリスを経て、2019年にオーナーシェフに

©James Bort

おすすめメニュー
アスパラのグリルローリエ風味
Asperges vertes grillées au laurier
季節の温野菜は、グリーンハーブやタラマ、ピスタチオなど隠し味が施されている

Ⓛ €85
Ⓓ €145

1. 2階にオープンキッチンのダイニングが広がる
2. 小さな生産者から直接取り寄せる食材で、その日のメニューを決める

スターシェフが挑むグリル料理
クローバー・グリル
Clover Grill
ルーヴル美術館周辺 **MAP** 付録P.13 F-2

常に注目され続ける2ツ星シェフ、ジャン＝フランソワ・ピエージュが手がけるグリルの専門店。上質な肉やオマール、魚、野菜が持つ素材本来の旨みを味わい尽くせる。

☎01-40-41-59-59 Ⓜ1号線Louvre Rivoliルーヴル・リヴォリ駅から徒歩2分 🏠6 Rue Bailleul, 1er ⏰12:00～14:30、19:00～22:30 休無休 🄹🄴🄴🌀▦

Chef's Profile

ジャン＝フランソワ・ピエージュ
Jean-François Piège
2ツ星レストラン、Le Grand Restaurantほか3店舗を経営

おすすめメニュー
€18/100g～
コート・ドゥ・ブフ（牛のリブ）2人前
Côte de Boeuf
バルトの熟成肉からアバディーン・アンガスまで選りすぐりの肉を選び、プロの火入れで絶妙なタイミングで焼き上げる

1. リブやサーロイン、ステーキなどグリル肉を選び、お好みに焼いてもらう
2. ピッツァのような風味のものやフォアグラのグリルの前菜もある

©Nicolas Lobbestael

世界の味をヘルシーに楽しむ
サピド
Sapid
サン・マルタン運河 **MAP** 付録P.8 A-3

アラン・デュカスが長年一緒に仕事をしてきたシェフ、ロマン・メデーと世界中の味覚や食感、調理法、スパイスを駆使したヘルシーで色彩豊かな料理を提案。爽やかなインテリアも好評。

☎01-81-89-18-95 Ⓜ7号線 Poissonnièreポワソニエール駅から徒歩3分 🏠54 Rue de Paradis, 10e ⏰12:00～14:00、19:00～22:00（土・日曜ブランチ11:00～15:00）休無休 🄴🄴🌀▦

Chef's Profile

ロマン・メデー
Romain Meder
アラン・デュカス・オ・プラザ・アテネなどで長年勤務
©Maki Manoukian

おすすめコース
ベジ・バーガー
Burger végétal, toum épicé
野菜を使ったバーガーで、レバノン風ガーリック風味。旨みや香りを大切にしている

Ⓛ €22～
Ⓓ €54

1. キノコとセロリのブランケット
2. ビーツやジャガイモ、オニオンの入った人気のベジ・バーガー
3. 食器街のパラディ通りに面し、おしゃれな地元っ子が集う

パリならではのエスニック料理④店

食通のパリジャン&パリジェンヌも絶賛！

アジアやアフリカなど移民が多いパリでは本格的なエスニックを賞味することができる。
フレンチが続いたときに選択肢に入れてみては。話題の店や定評のある店をご紹介。

彩りや盛り付けにも
気を配った極上の味

牛肉のスパイシータオカンソース €31

Filet de boeuf spicy,
sauce TaoKan et oignons acidulés

スパイシーな風味が効いた牛肉は驚くほどやわらかく、絶品のおいしさ

ロブスターとハーブの生春巻 €15

Rouleaux de printemps cantonais
Langouste et herbes fraîches

豪華なロブスターとフレッシュなハーブが入った生春巻は大人気

カニのソテー €31

Crabes mous sautés, sel,
poivre et piments frais

ふわっと唐揚げにしたようなカニに、胡椒とフレッシュな唐辛子味

点心盛り合わせ €16

Assortiments de Dim Sum vapeur

エビやホタテのラビオリやシュウマイなど7種の蒸し物が入っている

タオカン

パリの食通が通う洗練の点心

TaoKan

サン・ジェルマン・デ・プレ **MAP** 付録P.13 D-4

サン・ジェルマンの奥まった小道に店を構える中国料理店。コンテンポラリーなインテリアのなかで、繊細な味わいの点心や素材を厳選した正統派の料理の数々が運ばれてくる。

☎01-42-84-18-36 Ⓜ4号線St-Sulpice
サン・シュルピス駅から徒歩3分 🏠8 Rue du
Sabot,6e ⏰12:00～14:30、19:30～22:30
(日曜はディナーのみ) 🈳日曜のランチ 🅔🈂️

オープンキッチンがあるモダンなしつらえの店内が心地いい

隠れ家のようなたたずまい。右岸にも店舗がある

アート

ショッピング

スイーツ

グルメ

歩いて楽しむ

エンターテインメント

ホテル

ベトナムの祖母伝来の家庭料理

アン・ジュール・アノイ

UN JOUR À HANOÏ

モンパルナス **MAP** 付録P.19 D-4

1980年代にハノイの街角で供されていた祖母のレシピに基づくベトナム料理を出す。フォーや生春巻、ボブン、ビーフサラダなどパリジェンヌもお気に入りのメニューを味わってみたい。

☎01-42-18-16-92 Ⓜ4,6号線、RⒺRⒷ線Denfert-Rochereauダンフェール・ロシュロー駅から徒歩4分 ㊙46 Rue Daguerre, 14e ⏰12:00～15:00、19:00～22:30 ㊡日曜

14区の活気ある商店街の中ほどにあり、グリーンの外観が目印

ハノイの古き良き時代をイメージした内装

祖母のレシピでつくる懐かしい味

フォー €15
PHO
麺と牛肉や鶏肉、野菜、ハーブなどが入った一番人気のスープ

トム・コム €9.50
Tom Com
クリスピー・グリーン・ライスをからめたエビ料理も美味！

インドシナの風味を楽しむ

タラのバナナの葉包み
Filets de cabillaud cuits dans une feuille de bananier
バナナの葉にタラを包んで蒸したココナッツ風味の料理。白のシャブリと味わおう
€20

モダンなしつらいと質の高い料理で人気

左岸の5区にもお店があり、どちらも人気が高い

€12

インドシナ料理をワインと

オ・コワン・デ・グルメ

Au Coin des Gourmets

オペラ・ガルニエ周辺 **MAP** 付録P.24 C-4

パリに古くからあるインドシナ（ベトナム、カンボジア、ラオス）料理の店。生春巻やパパイアのサラダ、牛肉のパプリカ煮込みなど上品な味付け。ワインのリストも充実している。

☎01-42-60-79-79 Ⓜ1,8,12号線Concorde コンコルド駅から徒歩2分 ㊙38 Rue du Mont Thabor,1er ⏰12:00～14:15、19:00～22:00 ㊡日曜

パパイアとエビのサラダ Papaye verte râpée aux crevettes, feuilles de basilic
グリーン・パパイアのラッペとエビを組み合わせたさわやかな一品

食事のあとは、モロッコ名物ミントティーでさっぱりと

モロッコ風クスクスの専門店

ル・キャトルサンキャトル

Le 404

北マレ **MAP** 付録P.14 B-2

店内には絨毯が敷きつめられ、広々とした異国空間でいただく本格的モロッコ料理。クスクスはもちろん、煮込みのタジン、野菜たっぷりのメニューも。モロッコ産ワインも味わって。

☎01-42-74-57-81 Ⓜ3,11号線Arts et Métiers アールゼ・メチエ駅から徒歩2分 ㊙69 Rue des Gravilliers, 3e ⏰12:00～14:30、19:30～23:30(土・日曜は12:00～16:00、19:30～23:30) ㊡無休

野菜と肉の旨みが詰まった絶品タジン

所々にオリエンタルなオブジェが配されている

クスクス・メルゲーズ
Couscous Merguez
野菜と肉をじっくり煮込んだスープをクスクスにかけて味わう
€22

タジン・ダニョー・プリュノー・エ・レザン・セック Tazine d'agneau, pruneaux et raisins secs
プラム、干しブドウの甘みが仔羊肉をまろやかに包む逸品
€26

できたてを求めて開店前から行列です!

パリっ子に定評の**ブーランジェリー** 店

わざわざメトロを乗り継いででも買いに行きたい老舗から、
巷で噂のお店までを厳選徹底調査。オリジナルポイントを総まとめ!

2008年にベスト・ブーランジェリー賞を受賞 **B**

A パン・オ・フリュイ・オ・ルヴァン
イチジクやアンズ、ヘーゼルナッツなどが入っている
€10

€12.8/kg

B パン・デザミ
独自の方法で焼き上げている。栗のような風味としっとりした食感

B エスカルゴ・ピスタチオ
ピスタチオとショコラが入ったエスカルゴ状のパン

€5.50

C ミシュ・ポワラーヌ
(パン・ド・カンパーニュ)
自然発酵させた生地を石窯で焼いた風味あるパン

€6.74/kg
Poilâne®

€13

A ヴァンデ風ブリオッシュ
新鮮なバターと卵を使った生地を三つ編み状にしてある

€3

味わい深いパン・ド・カンパーニュ **C**

Poilâne®

A パン・ベルデュ・ア・ラ・バニーユ
クリーム・ブリュレをパンに閉じ込めたやさしい味

A クグロフ
新鮮なバターと卵を使ったブリオッシュ生地に白レーズンとアーモンドが馴染む

€13

美しいケーキのラインナップも見逃せない **A**

A Les meilleures boulangeries à Paris

人気店で修業の女性が開業
デ・ガトー・エ・デュ・パン
Des Gâteaux et du Pain
サン・ジェルマン・デ・プレ **MAP** 付録P.12 C-4

2006年にオープンしまたたく間に人気となったお店。本格クロワッサンや見た目にも美しいケーキやクッキーなどが評判。

☎なし ⊗Ⓜ12号線 Rue du Bac リュ・デュ・バック駅から徒歩5分 ㊟89 Rue du Bac,7e ⊕10:00〜19:30(日曜は〜18:00) ㊌火曜 🇪🇺▯

B Les meilleures boulangeries à Paris

19世紀のパン屋を思わせる
デュ・パン・エ・デジデ
Du Pain et des Idées
サン・マルタン運河 **MAP** 付録P.8 C-4

最高品質の原材料を使い伝統的工程を堅持しているこだわりのブーランジェリー。確かな味と品質で行列のできる店として知られる。

☎01-42-40-44-52 ⊗Ⓜ5号線 Jacques Bonsergent ジャック・ボンセルジャン駅から徒歩3分 ㊟34 Rue Yves Toudic,10e ⊕7:00〜19:30 ㊌土・日曜 🇪🇺▯

アート

ショッピング

スイーツ

グルメ

歩いて楽しむ

エンターテインメント

ホテル

D クロワッサン €1.20
外はパリッと内側
はきめ細かい層に
なり、バターの風
味がする

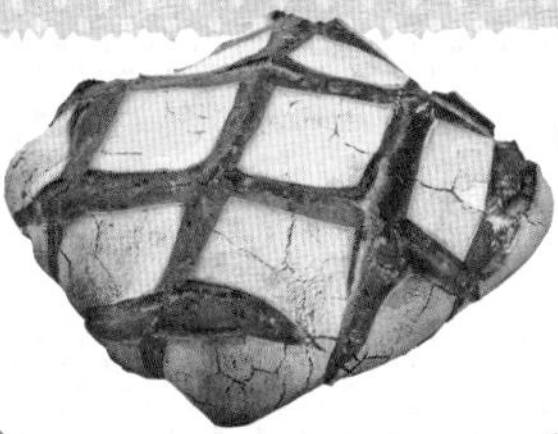

**D 天然酵母の
大型パン**
天然酵母と厳選
した小麦粉を使
い外はハードで
中はもっちり

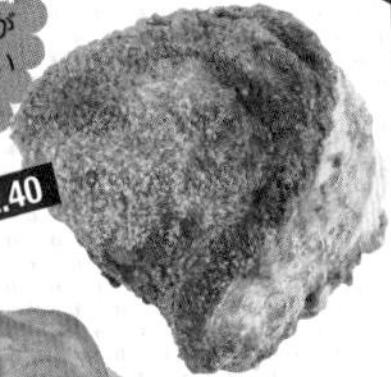

**D ショッソン・
ア・ラ・ポンム** €2.50
リンゴ1個分が
入っているとい
う贅沢な作り
€2.40

D ルレ・セザム
炭入りロールの
中に、黒ゴマのク
リームが入る

オーガニック食材を使ったパンが人気

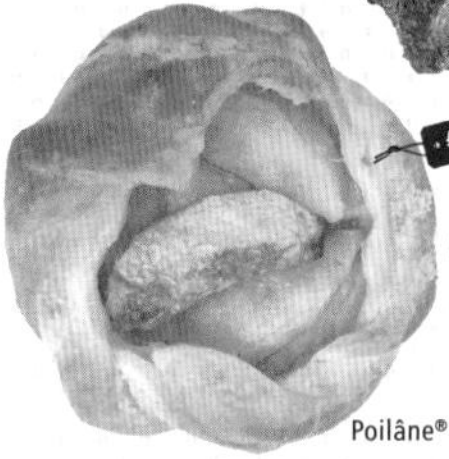

C タルト・オ・ポム
（りんごのタルト）
リンゴの素朴な甘
さが口いっぱいに
広がる
€3.15
Poilâne®

€10/kg

€22/kg

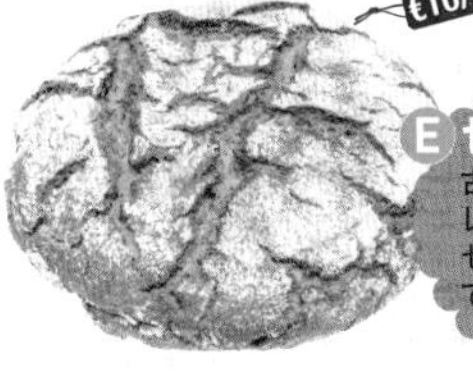

E セーグル
古代小麦種のグ
レー・セーグルと
セーグル酵母で
できている

E ブリオッシュ
素朴なフォルム
が素敵。半分で
も1/4でも買える
のがうれしい

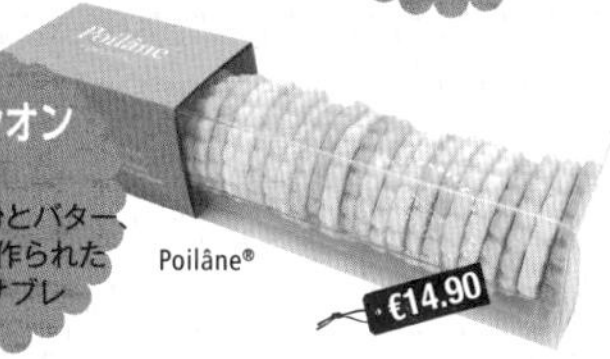

C ピュニシオン
（サブレ）
上質な小麦粉とバター、
卵、砂糖で作られた
花型のサブレ
Poilâne®
€14.90

Les meilleures boulangeries à Paris

C
行列ができる街のパン屋
ポワラーヌ
Poilâne
サン・ジェルマン・デ・プレ **MAP** 付録P.13 D-4
店内にはパンの香りがあふれ行列
ができることも多い。おすすめは
ショッソン・オ・ポムと田舎パン。お
みやげにはサブレを。
☎01-45-48-42-59 🚇4号線St-
Sulpice サン・シュルピス駅から徒歩3分
🏠8 Rue du Cherche-Midi, 6e ⏰
7:15～20:00 休日曜 E

Poilâne®

Les meilleures boulangeries à Paris

D
2024 パリ最優秀バゲット賞受賞
ユートピー
Utopie
マレ～バスティーユ **MAP** 付録P.15 D-2
上質な素材にこだわったパンを提供
しようとラデュレ出身のセバスチャ
ンとエロワンが開いたパンとケーキ
の店。いつも行列のできる人気店。
☎09-82-50-74-48 🚇5,9号線
Oberkampfオーベルカンフ駅から徒歩2
分 🏠20 Rue Jean-Pierre Timbaud,
11e ⏰7:00～20:00 休月曜 E

Les meilleures boulangeries à Paris

E
伝統の作り方を受け継ぐ
ル・ブリシュトン
Le Bricheton
市街東部 **MAP** 付録P.3 F-3
パンを知り尽くした職人が行き着
いた究極のパンを提供。昔ながら
の素材と工程で作る素朴な味は体
にやさしい。営業時間は2～3時間。
☎なし 🚇9号線Buzenvalビュザン
ヴァル駅、Maraîchersマレシェール駅か
ら徒歩5分 🏠50 Rue de la Réunion,
20e ⏰16:00～20:00(日曜は11:00～
13:00) 休月曜 E

ボリュームたっぷりクレープ

ティ・ブレイズ
Ty Breiz

モンパルナス **MAP** 付録P.18 B-2

生地自体のもっちりしたおいしさと具材の豊富さが特徴。日本語メニューもあるので気軽にオーダーできるのも魅力。モンパルナス・ビアンヴニュ駅の東側にある、ブルターニュのかわいいオブジェが店内にあふれている。

☎01-43-20-83-72 Ⓜ4,6,12,13号線Montparnasse Bienvenüeモンパルナス・ビアンヴニュ駅から徒歩5分 ㊍52 Boulevard de Vaugirard,15e ㊦11:00～14:30、18:30～22:30(土・日曜は11:00～22:30) ㊡無休 Ｅ Ｅ

↑リンゴのキャラメリゼ、塩キャラメルのソース、ベルティヨンのアイス添え€12.9(上)。ブルターニュのサロンのような空間で(下)

女性にうれしい野菜たっぷりの一品

フェルミエール
Fermière
€14

チキンのほか、トマトや赤ピーマン、レタスなど野菜がたっぷり

ブルターニュ地方発祥の伝統料理

パリで食べたい
人気クレープリー ❷ 店

ブルターニュからの電車が発着するモンパルナス駅界隈には、昔からクレープのお店が立ち並ぶ。そのなかからパリっ子も通う店をご紹介。

味も量も大満足の人気クレープ

マレシェール
Marraichère
€13.5

ベーコン、卵、ホウレン草、クリーム、チーズたっぷりのガレット

↑田舎の古民家のような店内は落ち着ける雰囲気(上)。混雑し始める12時前には到着したい(下)

↑デザートにおすすめの、塩キャラメルソースとバニラアイスのクレープ€10.5

行列が絶えないモンパルナス1の人気店
クレープリー・ド・ジョスラン
La Creperie de Josselin

モンパルナス **MAP** 付録P.18 C-2

通称「ガレット通り」と呼ばれる通りにある数ある店のなかでも、味、雰囲気ともに定評がある。安さとボリュームが自慢で、昼時は行列が絶えない。ぜひ味わってほしいのが、グルテンフリーのガレット(そば粉のクレープ)。

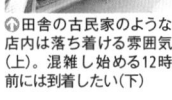

☎01-43-20-93-50 Ⓜ13号線Edgar Quinet エドガー・キネ駅からすぐ ㊍67 Rue du Montparnasse,14e ㊦11:30～23:00 ㊡月・火曜 Ｊ Ｅ Ｅ

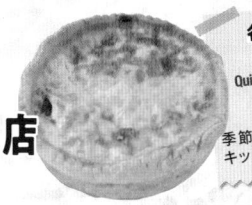

各種野菜の
キッシュ
Quiche aux légumes

€5

季節の野菜を使った
キッシュは定番お惣菜

とってもおいしいお手軽本格フード

テイクアウトでランチ②店

パリにはおいしいお惣菜屋さんやテイクアウトできる人気食材店があるので、パリならではの食材を買って、ピクニック気分でランチを楽しもう。

イベリコ豚の絶品生ハムに感激

ベジョータ・ベジョータ

Bellota-Bellota
シャンゼリゼ大通り周辺 **MAP**付録P.11 F-1

スペインで放牧されてドングリを食べて育ったイベリコ豚。ここは最高品質のイベリコ豚の生ハムを扱う。良質な脂と特別な霜降りが特徴の特選生ハムやスモークサーモン、タラマを買って、バゲットと合わせてぜひ味わってみたい。

☎01-47-20-03-13 🚇①1号線Franklin D.Rooseveltフランクラン・デ・ルーズヴェルト駅から徒歩7分 🏠11 Rue Clément Marot, 8e ⏰10:00～21:00 休日曜

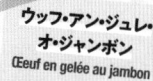

ウッフ・アン・ジュレ・
オ・ジャンボン
Œuf en gelée au jambon

€3.60

中に半熟卵が入り、みじん切りの野菜やポークとともに食べる

↻シャンゼリゼやモンテーニュでの行動の時に利用

↑テイクアウトもイートインもでき、気軽に楽しめる

↻タコやアンチョビなどの厳選された缶詰もおいしい

アニョー・ド・
ケルシー
Agneau du Quercy

ケルシー地方の仔羊とアーモンドが入ったゼリー寄せの断面が美しい

ル・パレタ
Le Paleta

€10.90

イベリコ・パレタの生ハムのサンドイッチと羊乳チーズのセット

↻パテ・アン・クルート。カモとオリーブやフォアグラの組み合わせ

ブッシェ・ア・
ラ・レーヌ
Bouchée à la reine

€7.40

パイ生地の中にクリームソース味の煮込みが入ったもの

パリーのシャルキュトリーでお惣菜を

メゾン・ヴェロ

Maison Verot
マレ **MAP**付録P.14 C-2

1930年にリヨンで創業したシャルキュトリー(食肉加工品)の名店。店頭にはスペシャリテのフロマージュ・ド・テット(豚の頭のゼリー寄せ)や卵のジュレ、キッシュ、ビーツのサラダなど、昔ながらのレシピのお惣菜が並ぶ。

☎01-42-72-27-43 🚇⑧8号線 Filles du Calvaire フィーユ・デュ・カルヴェール駅から徒歩5分 🏠38 Rue de Bretagne,3e ⏰9:30～20:00(土曜は9:00～19:30、日曜は～13:30) 休月曜

↻お惣菜に合わせるパンやデザート、飲み物も販売。商品は6カ月ごとに変わる

アート

ショッピング

スイーツ

グルメ

歩いて楽しむ

エンターテインメント

ホテル

149

好きな時間に、好きな場所で。

愛されおしゃれカフェ7店

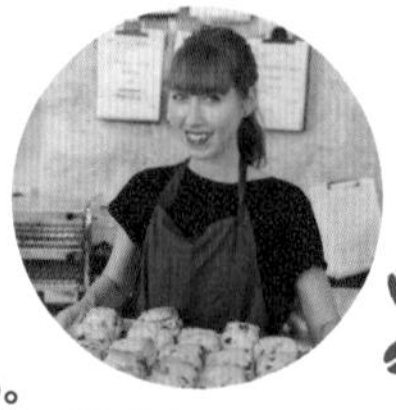

滞在中の行きつけカフェにしたくなる、気になる噂のカフェたち。
本を読んだり、もの思いに耽ったり。自分のお気に入りの席をキープしたい。

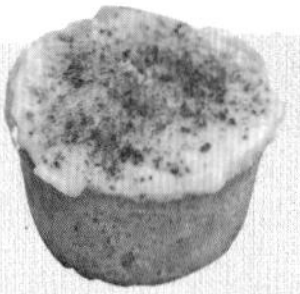

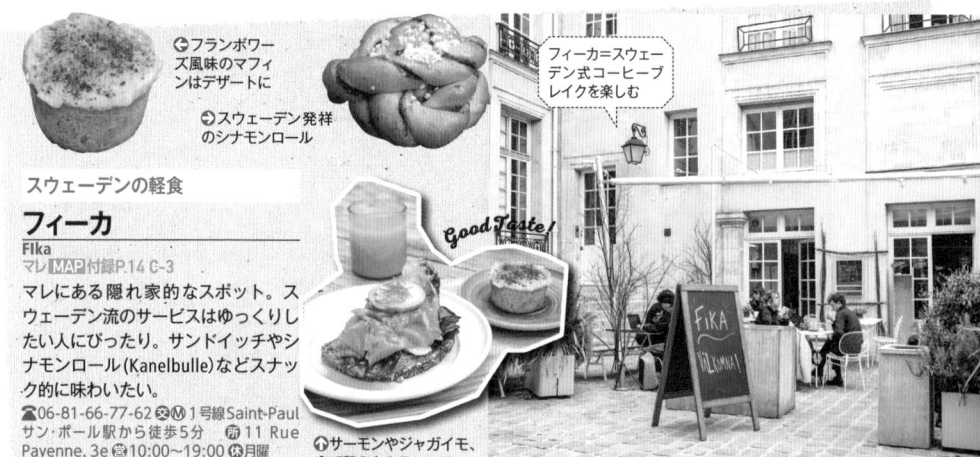

←フランボワーズ風味のマフィンはデザートに

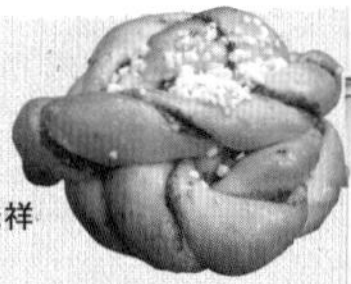

→スウェーデン発祥のシナモンロール

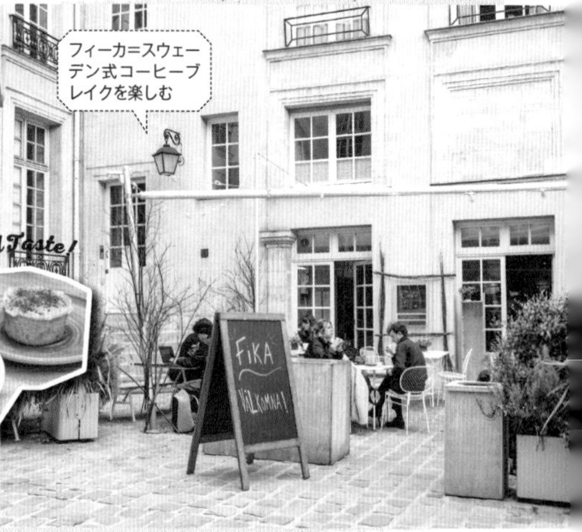

フィーカ=スウェーデン式コーヒーブレイクを楽しむ

スウェーデンの軽食

フィーカ

Fika
マレ MAP 付録P.14 C-3

マレにある隠れ家的なスポット。スウェーデン流のサービスはゆっくりしたい人にぴったり。サンドイッチやシナモンロール(Kanelbulle)などスナック的に味わいたい。

☎06-81-66-77-62 交Ⓜ1号線Saint-Paulサン・ポール駅から徒歩5分 所11 Rue Payenne, 3e 営10:00~19:00 休月曜 E 🗔

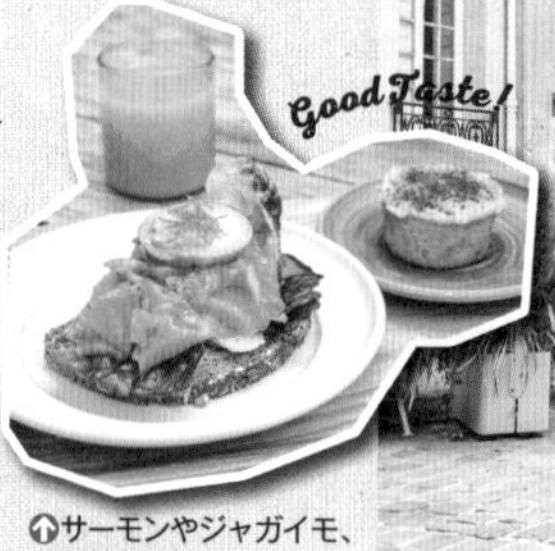

Good Taste!

↑サーモンやジャガイモ、ゆで卵のタルティーヌ

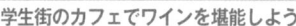

学生街のカフェでワインを堪能しよう

カフェ・ド・ラ・ヌーヴェル・メリー

Café de la Nouvelle Mairie
カルチェ・ラタン MAP 付録P.19 F-2

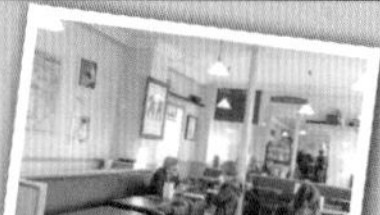

カルチェ・ラタンの学生街にあるカフェ。ナチュラルワインのみを扱う。グラスでオーダーできるので、いろいろ飲み比べてみるのも楽しい。

☎01-44-07-04-41 交Ⓜ10号線Cluny La Sorbonneクリュニー・ラ・ソルボンヌ駅から徒歩11分 所19 Rue des Fossés Saint-Jacques, 5e 営8:00~24:00 休土・日曜 E 🗔

↑気取らない雰囲気

↘壁にはワインリスト&ボトルがズラリと並ぶ

Good Taste!

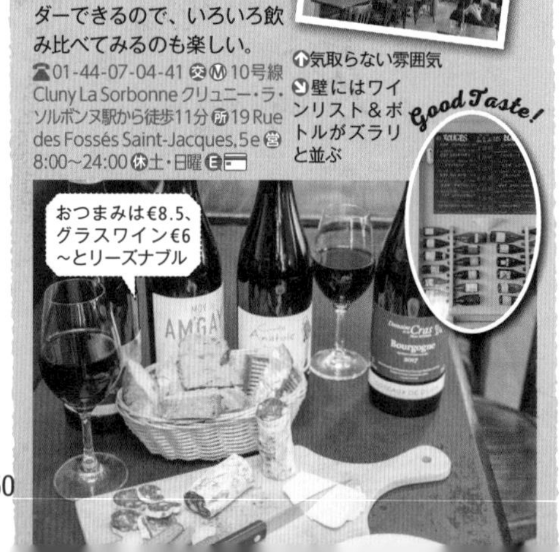

おつまみは€8.5、グラスワイン€6~とリーズナブル

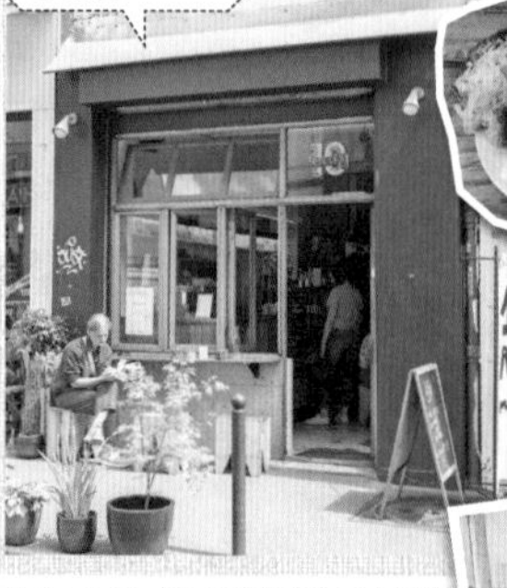

縁側のようなテラス席はひなたぼっこに最高

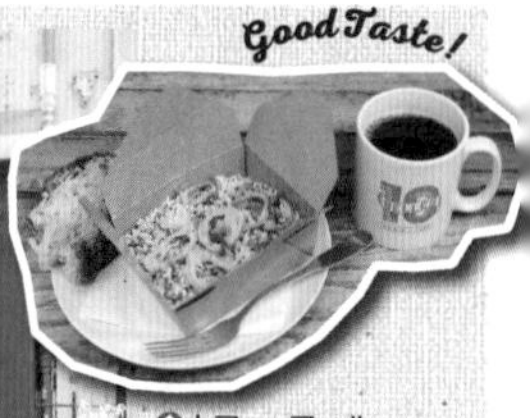

Good Taste!

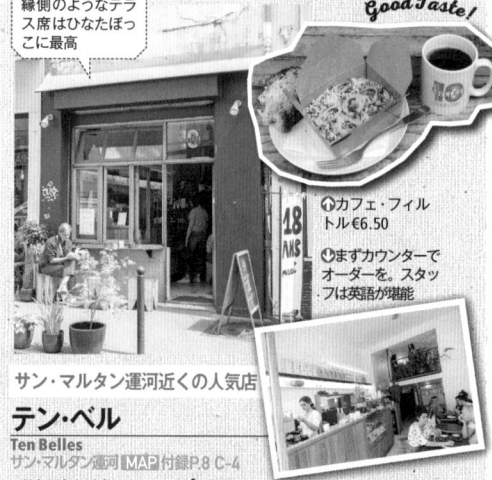

↑カフェ・フィルトル€6.50

↓まずカウンターでオーダーを。スタッフは英語が堪能

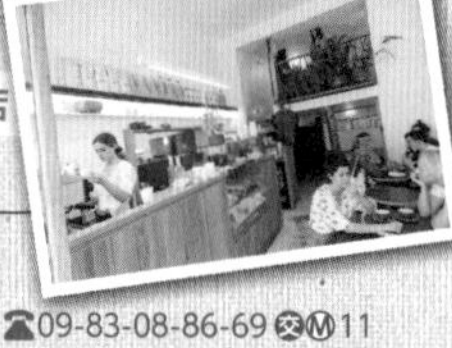

サン・マルタン運河近くの人気店

テン・ベル

Ten Belles
サン・マルタン運河 MAP 付録P.8 C-4

パリでおいしいフィルターカフェを広めた立役者のなかの一店がここ。店内はロフト風で、小さいながらも落ち着く雰囲気。オリジナルグッズをおみやげに。

☎09-83-08-86-69 交Ⓜ11号線Goncourtゴンクール駅から徒歩5分 所10 Rue le la Grange aux Belles, 10e 営8:30~17:30(土・日曜は9:00~18:00) 休無休 E 🗔

Good Taste!

ミュロのスペシャリテ「アマリリス」などのスイーツを楽しみたい

↑野菜やスモークサーモンの Salade Lady Sweet

↓木立のある中庭のテラス席も心地いい

有名パティスリーのカフェ

カフェ・ミュロ
CAFÉ MULOT
バスティーユ MAP付録P.14 C-4

ヴォージュ広場に面するヴィクトル・ユゴー記念館の中にある。サンジェルマンのパティスリーの名店、ミュロのカフェで、優雅にケーキや軽食がとれる。

☎01-82-83-03-80 ⊗M1、5、8号線Bastilleバスティーユ駅から徒歩6分 所6 Place des Vosges, 4e 営10:00〜17:45 休月曜 🈂

Good Taste!

パレ・ロワイヤル近くの老舗カフェ

カフェ・エ・テ・ヴェルレ
Cafés et Thés Verlet
ルーヴル美術館周辺 MAP付録P.13 D-2

1880年から続く老舗。伝統的なフランス式の焙煎方法と淹れ方で優雅なカフェタイムを。有名パティシェのカール・マルレッティ氏とこのカフェのコラボスイーツにも注目。

↑タルト・サレ・デュ・ジュール€16.10

←2階の日当たり抜群な窓際席がおすすめ

☎01-42-60-67-39 ⊗M1,7号線Palais Royal Musée du Louvreパレ・ロワイヤル ミュゼ・デュ・ルーヴル駅から徒歩3分 所256 Rue Saint-Honoré, 1er 営10:00〜18:30 休日曜 🈂

ガトー€12.50、カフェティエール(2人分)€15.90

名門書店が開いたスタイリッシュなカフェ

シェイクスピア＆カンパニーカフェ
Shakespeare and Company Café
サン・ジェルマン・デ・プレ MAP付録P.27 E-3

文人が通ったシェイクスピア＆カンパニー書店の隣にオープン。店内は床のタイルや石壁からカフェのカップやケーキ、本棚まで70年代風。

↑セーヌ川に面する書店

☎01-43-25-95-95 ⊗M4号線St-Michel サン・ミッシェル駅からすぐ 所37 Rue de la Bûcherie,5e 営9:30〜19:00（土・日曜は〜20:00）休12/25 🈂

←可愛い器に入った抹茶ラテ€6.50

Good Taste!

窓辺からノートル・ダム大聖堂が望める特等席

図書室風のおしゃれな部屋で、ブレイクタイム

ルーヴル美術館の帰りに立ち寄りたい

ル・フュモワール
Le Fumoir
ルーヴル美術館周辺 MAP付録P.13 E-3

木の床に艶のあるテーブルや椅子を配した大きなカフェ。手前にはバーカウンター、奥には図書室風の部屋があり、気分によって席を選べる。

←ノンアルコールのサングリア€8

↓温サーモン、野菜とイクラ添え、レモンソース

Good Taste!

☎01-42-92-00-24 ⊗M1号線Louvre Rivoli ルーヴル・リヴォリ駅からすぐ 所6 Rue de l'Amiral de Coligny,1er 営9:00〜翌1:00 休無休 🈂

華やかなサロン・ド・テ④店

優雅に過ごす午後のひととき

パリはカフェ文化といわれ、街角で気楽にお茶することができる。でもゆったりと優雅にお茶、となればこの4店だ。

↰クラシック菓子をベースにしたフランスならではの紅茶のおとも

小説家のお気に入り 優雅な暖炉のあるサロン
サロン・プルースト
Salon Proust

オペラ・ガルニエ周辺
MAP 付録P.25 D-3

高級ジュエリー店が立ち並ぶヴァンドーム広場にある一流ホテル、リッツ・パリ内のサロン・ド・テ。貴族の応接間のようなサロンでソファでマドレーヌと極上の紅茶を。

☎01-43-16-33-74 ⓂⒹ3,7,8号線Opéra オペラ駅、8,12,14号線Madeleine マドレーヌ駅から徒歩5分 🏠Ⓗリッツ・パリ(→P178)内 ⌚14:00～20:00 休無休 🅔🅔🗒

↰リモージュアビランド製の白磁に焼き菓子が並ぶ。セットメニューは€75～
©Matthieu Cellard

かつては文豪や芸術家が宿泊したバラス

作家プルーストの肖像画が掛けられ、古き良き時代を偲ばせる

観葉植物が配され、大きな窓からはセーヌ川が見渡せる

LVドリームに満ちた夢見心地な空間
カフェ・マキシム・フレデリック・アット・ルイ・ヴィトン
Café Maxime Frédéric at Louis Vuitton

シテ島周辺 MAP 付録P.27 D-1

ホテル・シュヴァル・ブラン・パリのシェフパティシエのマキシム・フレデリックがパティスリーを担当。LVモノグラムのデザインの食器や軽食、スイーツなど楽しいサプライズがいっぱい！

☎09-77-40-40-77 ⓂⒹ7号線Pont-neuf ポン・ヌフ駅から徒歩1分 🏠2 Rue du Pont-Neuf, 1er ⌚11:00～20:00 休無休 🅔🅔

↰カフェの隣のコーナーでは、LVのロゴ入りのチョコレートショップがある

↰さまざまな展示が実施される展覧会LVドリーム

↰モノグラムデザインのアントルメ・ショコラは繊細な甘さ

パリジェンヌに大人気のスイーツ！
リッツ・パリ・ル・コントワール
Ritz Paris Le Comptoir マドレーヌ寺院周辺 **MAP**付録P.24 C-3

ホテル・リッツ パリのシェフ・パティシエ
のフランソワ・ペレのスイーツが味わえる。
細長いミルフィーユや色彩鮮やかなマド
レーヌ、ケーキ、サンドイッチが大好評。

☎01-43-16-30-26 ⓂⓂ3,7,8号線Opéra
オペラ駅から徒歩6分 ⓐ38 Rue Cambon, 1er
🕐8:00～19:00 休日曜 🅔🍴

ミルフィーユ・
トゥー・ゴーや
リ・オ・レを賞味

↑マドレー
ヌ、レモン
風味大 €18

マドレーヌは
1個€5から選
べる

↑好きな味が選べる
ギフトボックス入り
マドレーヌ5個€30

↑カンボン通りに面
するスイーツショップ

→美しくデザインされ
たタルト・オ・フレーズ
2人用€28

実力派シェフが作るスイーツを堪能
ケーエル・パティスリー
KL Pâtisserie 凱旋門周辺 **MAP**付録P.5 F-2

パリや各国の一流レストランやパティス
リーで経験を積んだ若手実力派シェフ、ケ
ヴィン・ラコット氏が開いた店。中にアト
リエがあり、できたてのスイーツが登場。

☎01-45-71-64-84 ⓂⓂ3号線Wagram ワグラム
駅からすぐ ⓐ78 Avenue de Villiers, 17e
🕐10:00～19:00 (日曜は～13:00) 休月曜 🅔🍴

→17区の落ち
着いた住宅街に
あり、スイーツ
ファンが訪れる

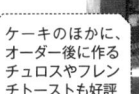

コージーなおしゃれ
なインテリアで、気
分も盛り上がる

ケーキのほかに、
オーダー後に作る
チュロスやフレン
チトーストも好評

↑キャラメル風味の
カラ・ダミア€7.50

←パリブレストを100%
ピスタチオで再現したパ
リ・テヘラン€7.50

アート
ショッピング
スイーツ
グルメ
歩いて楽しむ
エンターテインメント
ホテル

パリっ子の食卓を彩るさまざまな食品が勢揃い！

パリの**フードストリート**を歩いてみよう

食べることは人生そのものというフランス人たちが家庭で口にする食材に出合えるストリートをご紹介。チーズやスイーツ、加工品はおみやげとしても◎。

小説『パリの胃袋』の舞台はここ
モントルグイユ通り
Rue Montorgueil
マレ周辺 **MAP**付録P.13 F-1

12世紀からのパリ中央市場付近にあり今なお一番活気のある通りは、さながらパリの商店街。食材店のほかにもビストロやカフェが並び、おみやげ用食品のショッピングとグルメが楽しめる。パリで最も古いケーキ店は観光名所。

Ⓜ3号線 Sentier サンティエ駅からすぐ、4号線 Étienne Marcel エチエンヌ・マルセル駅から徒歩3分

↓家庭の定番、シャルキュトリーと呼ばれるハムやソーセージ、パテ、テリーヌ

©iStock.jp/thupton

フランスの家庭では何種類ものチーズを常備しており、街なかにもチーズ店が多い

↑典型的なビストロ料理と生ガキで有名なビストロは17世紀の建物内に

©iStock.jp/eendup

「ラ・ムフ」の愛称で知られる
ムフタール通り
Rue Mouffetard
カルチェ・ラタン **MAP**付録P.20 A-2

狭い通りに商店がひしめき合う通り。バゲットやペストリー、シャルキュトリー、フルーツなどすぐにでも食べたくなるものが店頭に。各国料理店や星付きレストランが軒を並べ、ソルボンヌ大学の学生が通うバーなどもある。

Ⓜ7号線 Censier Daubenton サンシェ・ドーバントン駅から徒歩3分、7号線 Pl. Monge プラス・モンジュ駅から徒歩3分

↓歩き疲れたら通りに点在する個性的でかわいいカフェに立ち寄って

パリで最も古い通りのひとつは石畳で雰囲気もよく歩行者専用でのんびり歩ける

↑カフェテラスで通行人ウォッチも

パリらしいお店が軒を連ねる
クレール通り
Rue Cler
エッフェル塔周辺 **MAP**付録P.11 F-3

最もパリらしいお店が並ぶ通り。美しい花屋やブーランジェリー、スイーツ店、チーズ専門店などあらゆるものが揃う。カフェやビストロも多くのんびり過ごせる。地元の人たちがブランチの食材を求めて賑わうのは日曜日の朝。

Ⓜ8号線 École Militaire エコール・ミリテール駅からすぐ、8号線 La Tour Maubourg ラトゥール・モブール駅から徒歩4分

ショッピングのあとは地元の人たちと同じようにテラスでお茶や食事を楽しもう

PARIS, AREA WALKING

歩いて楽しむ

📷

ストーリーにあふれるパリの街

Contents

CHADON

★オルセー美術 P.78

↑印象派の美術家の作品が主に展示されている

ソルフェリーノ駅

R. de l'Unive

バック通り
Rue du Bac

ジャック・ジュナンやモンブランで知られるアンジェリーナなど、スイーツ店が多く集まる。

リュ・デュ・バック駅

ラスパイユ大通り
12号線

マイヨール美術館

R. du Bac

R. de la Chaise

R. de Gr

R. St-Gui

Bd. Raspail

優雅なティータイムを楽しめる地下のカフェ・プレヴェールにも注目

奇跡を起こしたとされる伝説のメダイユが手に入る、人気のパワースポット

バック通り

奇跡のメダイユ聖堂

R. de Babylone

セーヴル・バビロヌ駅

R. de Sevres

・ブシコー公園

ル・ボン・マルシェ P.107

10号線

火・金曜に朝市、日曜にはビオ・マルシェが開催される

P.116 マルシェ・ラスパイユ

レンヌ駅

N

0　　　　100m

4号線

サン・プラシッド駅

> 知的な気配が漂う左岸の文化的エリア

サン・ジェルマン・デ・プレ周辺
Saint-Germain-des-Prés

凱旋門・
・ルーヴル
★美術館
─エッフェル塔

サン・ジェルマン大通りとレンヌ大通りの交差点を中心に広がるエリア。1920年代からボヘミアンな作家や画家たちが集まり、知的文化の一大中心地となった。

MAP 付録P.13 C-3〜F-4、付録P.18 B-1〜E-1

**左岸派と呼ばれた知識人たちによる
パリ随一の文化圏は今も伝統を継承**

　エリアの中心となるサン・ジェルマン・デ・プレ教会前のレ・ドゥ・マゴ(P.33)やカフェ・ドゥ・フロール(P.32)、ブラッスリー・リップ(P.34)などで画家や作家たちが醸した知的文化を継承している。映画『ミッドナイト・イン・パリ』の、1920年代のモンパルナスで作家フィッツジェラルドの妻ゼルダが、ここはもう飽きたからサン・ジェルマンに行きたいといっているのは、文化人たちの溜まり場の推移を暗示している。やがて第二次世界大戦後にはサルトルやボーヴォワール、ヌーヴェル・ヴァーグの映画人たちがカフェの客となって知的文化の隆盛を誇ることになり、今も有名女優や作家を見かけることが多い。最近の注目エリアは西のバック通りで、有名パティシエのスイーツ店が並び、パリジェンヌに人気がある。

★徒歩の目安時間

サン・ジェルマン・デ・プレ教会
徒歩1分
サン・ジェルマン大通り
徒歩12分
バック通り
徒歩20分
サン・シュルピス教会
徒歩25分
オルセー美術館

アクセスと交通

Ⓜ4号線
サン・ジェルマン・デ・プレ駅
サン・シュルピス駅
Ⓜ12号線 リュ・デュ・バック駅
Ⓜ10・12号線
セーヴル・バビロヌ駅

アート
ショッピング
スイーツ
グルメ
歩いて楽しむ
エンターテインメント
ホテル

↑ ルーヴル・リヴォリ駅
1号線
R. de Rivoli

ルーヴル美術館 P.72

↑ オペラ・ガルニエ周辺

ロワイヤル橋

Quai François Mitterrand

カルーゼル橋

R. C線

Quai Voltaire

サン・ジェルマン・ロークセロワ教会

ポン・ヌフ駅
7号線

カレ・リヴ・ゴーシュ
Carré Rive Gauche
高級古美術商が集まるエリア。7区は18世紀から王家や貴族たちの居住区で現在もその末裔が住み、需要がある。

ポン・デザール P.24

セーヌ川

P.25/P.26 ポン・ヌフ

ヴェール・ギャラン広場

グラン・オーギュスタン河岸

パリ最古の橋を渡って散策するのもいい

ドーフィヌ広場

裁判所

↓1887年の創業以来、教会の近くで営業を続けている

国立美術学校 ⊗

R. Bonaparte

R. Jacob

貨幣博物館

R. Guénégaud

R. Dauphine

無料で見ることができるピカソの公共作品

P.32 カフェ・ドゥ・フロール

R. Saint-Germain サン・ジェルマン大通り

アポリネール像

国立ドラクロワ美術館

ピカソが1937年にゲルニカを描き上げたアトリエで知られている

ピカソのアトリエ

サン・ジェルマン大通り
Boulevard Saint-Germain
かつては"実存主義"ゆかりの地として知られたが、現在は高級ブランド商店街の顔も持つ。

サン・ミッシェル広場

サン・ミッシェル駅

★サン・ジェルマン・デ・プレ教会

P.34 ブラッスリー・リップ

P.33 レ・ドゥ・マゴ

サン・ジェルマン・デ・プレ駅

4号線

カルチェ・ラタン周辺

R. des SS-Pères

サン・シュルピス通り
Rue Saint-Sulpice
サン・シュルピス教会に接する通りで、個性的なインテリア雑貨の店や、人気のブティックが並ぶ。

R. du Four

マビヨン駅

R. Mabillon

R. de Seine

10号線

オデオン駅

Bd. Saint Germain

サン・シュルピス駅

R. Bonaparte

マルシェ・サン・ジェルマン

R. Lobineau

若い頃のヘミングウェイを支援したシルヴィア・ビーチの経営していた書店

クリュニー・ラ・ソルボンヌ駅

R. de Rennes

R. St-Sulpice

サン・シュルピス広場

R. Palatine

旧シェイクスピア・アンド・カンパニー書店

↓そびえ立つ鐘塔は街のシンボル。かつては3つあったが、現在は1つ

サン・シュルピス教会

映画『ダ・ヴィンチ・コード』の舞台で有名

↑1732年に創建されたパリ第2の大きさの教会

↓ モンパルナス周辺

多様な建築様式が見られるパリ最古の教会
サン・ジェルマン・デ・プレ教会
Église de Saint Germain des Prés
MAP 付録P.26 A-2
ロマネスク様式の鐘塔が目を引く、現存するパリ最古の教会で、6世紀に創建された修道院が前身。入口右手にある大理石の『慰めの聖母像』や拝堂のステンドグラスが見どころ。

☎01-55-42-81-10 ⊗Ⓜ4号線St-Germain-des-Prés サン・ジェルマン・デ・プレ駅からすぐ ⓐ157 Boulevard Saint-Germain, 6e ⑩8:00〜20:00(季節による) ⑰無休 ㉠無料

リュクサンブール公園 P.159

芸術家たちの中心地だったラ・クロズリー・デ・リラ（P.34）

モンパルナス通り
Rue du Montparnasse

ガレット（クレープ）通りとも呼ばれ、「クレープリー・ド・ジョスラン」などのクレープ店がずらりと並ぶ。

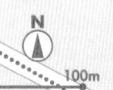

12号線

N

0　　　100m

1940年6月18日広場 ●

モンパルナス・ビアンヴニュ駅

★ トゥール・モンパルナス

モンパルナス・
ビアンヴニュ駅　1973年に建てられた、高さ210m、59階建ての超高層オフィスビル

6号線

モンパルナス駅　13号線

エドガー・キネ駅
アダム・モンパルナス ●

ゲテ駅

エコール・ド・パリ時代の本拠地

モンパルナス 周辺
Montparnasse

凱旋門 ●
● ルーヴル美術館
★
エッフェル塔

シャガールは「このとき芸術の太陽はパリだけを照らしていた」と言った。1920年代の「エコール・ド・パリ（パリ派）」時代のこと。その中心がモンパルナスだった。

MAP 付録P.18 A-2〜E-4

戦前「狂乱の地」と呼ばれた解放区は商業地と観光地が交錯する高級街区に

　今は高級住宅地が広がっているが、1920年代、文化人たちがモンマルトルから移動したのは家賃など生活費が安かったからだ。特徴的なのは彼らの多くが異邦人だったことで、ピカソ、モディリアーニ、ダリ、ミロ、ベケット、アポリネール、マン・レイ、藤田嗣治などだ。それにシュールレアリストも集っていた。当時のパリは自由な空気に満ち、それに憧れて世界中から若者がやってきた。そのメッカがヴァヴァン駅周辺のカフェ（P.30〜33）で、今も文化人をよく見かける。ヘミングウェイが主に執筆に精を出したのはやや外れのラ・クロズリー・デ・リラ（P.34）で今も静かな風情を醸し、このあたりからリュクサンブール公園を抜けるのもいい。公園を散策しセーヌを目指せば、左岸の主要エリアを歩くこともできる。

★徒歩の目安時間

トゥール・モンパルナス
徒歩5分
モンパルナス通り
徒歩3分
カフェ・ド・ラ・ロトンド
徒歩7分
カンパーニュ・プルミエール通り
徒歩12分
リュクサンブール公園

アクセスと交通

Ⓜ4・6・12・13号線
モンパルナス・ビアンヴニュ駅
ⓇⒺⓇB線
リュクサンブール駅

映画の常識を覆したヌーヴェル・ヴァーグ

1950年代後半から1960年代前半にかけて、商業映画に束縛されず自由な映画制作を行った若手グループの映画。「新しい波」の意。映画評論誌『カイエ・デュ・シネマ』のアンドレ・バザンやクロード・シャブロルやジャン＝リュック・ゴダールらが、世界各国の映画人に影響を与えた。

★リュクサンブール公園

リュクサンブール駅

↑園内には90もの彫像が配されている

市民が憩う人気の公園

リュクサンブール公園

Le Jardin du Luxembourg

MAP 付録P.19 E-1

約23haの広大な公園で、フランス式庭園やマロニエの並木が美しい。もとはリュクサンブール宮殿の庭園部分。1631年に建てられたリュクサンブール宮殿は、現在フランス元老院の議事堂として使用されている。

☎01-42-34-20-00 Ⓜ4,10/ODEON、10/Mabillons 4/Saint-germains des prèsから徒歩10分 ⚑Place Edmond Rostand,6e 季節により異なる 無休 無料

ガートルード・スタインのアパート

ハドリーが一時住んだアパート

サン・プラシッド駅

ノートル・ダム・デ・シャン駅

Bd. Raspail

カフェ・ド・ラ・ロトンド P.30

ル・セレクト P.31

モンパルナス大通り
Bd. du Montparnasse

ヴァヴァン駅

ヴァヴァン交差点周辺に4つの老舗カフェが並ぶ

ヴァヴァン交差点

ラ・クポール P.34

ル・ドーム P.32

ヘミングウェイの2番目のアパート

ネイ将軍の像　天文台の噴水

ラ・クロズリー・デ・リラ P.34

ポール・ロワイヤル駅

カンパーニュ・プルミエール通り
Rue Campagne Première

カンパーニュ・プルミエール通り
Rue Campagne Première
1900年代からモディリアーニや藤田嗣治など多くの画家や写真家が住みついた建物やアトリエがたくさん残る。ゴダールの『勝手にしやがれ』のロケ地もここ。

ラスパイユ駅

ホテルイストリア

ヴァル・ドゥ・グラース

ルイ13世の妻アンが建設した修道院。内分フレスコ画が有名。入場€5

モンパルナス墓地

パリ3大墓地のひとつ。敷地面積は約19ha。各界の名士たちの墓も多く、それぞれの墓の位置を記した地図を事務所でもらって巡ることもできる

カルティエ財団
現代アート美術館

カルチェ・ラタン周辺

↑ルイ14世の誕生に感謝して建てられたのが由来

↑厳かで物静かな雰囲気が墓地内を包む

ダンフェール
ロシュロー駅

初期キリスト教徒の地下墓所。天井や壁には壁画や碑文が残されている

カタコンブ

ビストロやカフェが軒を連ねるムフタール通り

学生街のお店と不思議異空間

カルチェ・ラタン 周辺
Quartier latin

凱旋門・　ルーヴル美術館・
★
・エッフェル塔

数多くの教育機関が集中して存在し歴史的にも学生街として知られてきたエリア。気軽に利用できるバーやレストランなども多く、連日若者で賑わいをみせる。
MAP 付録P.19 F-1〜3、P.20 A-1〜F-4

パリの学生もお茶する時間が好き
そんななかに遺跡やモスクがある

「ラテン語地区」を意味するパリ5区と6区にまたがるエリアで、かつて学生たちがラテン語を共通言語として話していたのでこの名称がある。ソルボンヌ大学やグランゼコール（高級教育学校）、コレージュなど教育機関が集中し、昔から学生街として知られてきた。1968年の"5月革命"の中心的場所でもあった。比較的低料金のナイトスポットやバーも多く、ムフタール通りには下町的な各国の料理店などが並ぶ。パンテオンや特異な内部構造が見られるサンティエンヌ・デュ・モン教会、イスラム教の寺院、植物園敷地内にある国立自然史博物館の"進化大陳列館"、ローマ時代の遺跡「リュテス円形競技場」など、見どころも多い。100年以上の歴史を持つ"シネマ・デュ・パンテオン"も興味深い。

★徒歩の目安時間

ソルボンヌ大学
徒歩10分
パンテオン
徒歩7分
ムフタール通り
徒歩10分
グランド・モスケ・ド・パリ
徒歩1分
国立自然史博物館

アクセスと交通

Ⓜ10号線
クリュニー・ラ・ソルボンヌ駅
Ⓜ7・10号線
ジュシュー駅

（地図）

サン・ミッシェル駅
4号線
オデオン駅
R. Danton
Bd. Saint Germain
10号線
R. de l'École de Médecine
R. Monsieur le Prince
R. de l'Odéon
クリュニー・ラ・ソルボンヌ駅
クリュニー美術館
R.E.R. B線

サン・ミッシェル大通り
Bd.St-Michel
大学に通う学生が通るので、本屋や文具店が多く並ぶ。

ソルボンヌ大
Bd. St-Michel
R. CVictor Cousin

100年以上の歴史を持つ映画館「シネマ・デュ・パンテオン」

シネマ・デュ・パンテオン
R.Soufflot
リュクサンブール駅

モンパルナス周辺

● リュクサンブール公園 P.159

異国情緒漂うイスラム寺院
グランド・モスケ・ド・パリ
Grande Mosquée de Paris
MAP 付録P.20 B-2

第一次世界大戦で戦死したイスラム教徒のために建てられたモスク。礼拝堂には入れないが、併設のレストランやサロン・ド・テ、ハマム（蒸し風呂）などが楽しめる。

☎01-45-35-78-17 Ⓜ7号線Pl. Monge プラス・モンジュ駅から徒歩4分 ⓐ2bis Place du Puits de l'Ermite, 5e Ⓞ9:00〜18:00（ラマダン中は9:00〜17:00）Ⓗ金曜、イスラムの祝日 Ⓟ€3

Ⓝ緑が生い茂る美しいパティオでひと休み

シテ島　　サン・ルイ島　　サン・ポール駅

サン・ミッシェル/ノートル・ダム駅

セーヌ川

R.E.R. C線

ノートル・ダム大聖堂　P.27/P.28

St-Séverin

シェイクスピア＆カンパニーカフェ P.151

サン・セヴラン教会

サン・ジュリアン・ル・ポーヴル教会

アルシュヴェッシェ橋

サン・ジェルマン大通り

R. des Bernardins

R. St-Jacques

モベール・ミュチュアリテ駅

Bd. St-Germain

R. des Écoles

警察博物館

ソルボンヌ大学
Sorbonne

神学者ロベール・ド・ソルボンが1257年に設立した神学寮を起源とする、フランスを代表する名門大学。

パリの守護聖女・聖ジュヌヴィエーヴの石棺がある教会

R. Descartes

10号線

★ パンテオン

サンテティエンヌ・デュ・モン教会

R. de l'Estrapade

R. Lhomond

ムフタール通り

R. Mouffetard

R. d'Ulm

R. Érasme

ムフタール通り
Rue Mouffetard

レストランやカフェ、ビストロ、食材店、市場などがずらりと並ぶ600mほどのグルメストリート。(P.154)

R. Lacépède

R. du Cardinal Lemoine

カルディナル・ルモワヌ駅

リュテス闘技場跡。ガロ・ローマ文化時代に造られた円形闘技場の遺跡

リュテス闘技場跡

R. Monge

R. des Arènes

プラス・モンジュ駅

ブルボン朝時代からの研究収集物が集まる

ジュシュー駅

ジュシュー通り

R. Jussieu

R. Linné

キュヴィエ通り R. Cuvier

動物園

パリに立つ重厚な神殿
パンテオン
Panthéon

MAP 付録P.19 F-1

ギリシャとゴシックの建築様式を美しく融合させた巨大建造物で、1790年に完成。クリプト(地下埋葬所)はフランスの偉人や英雄たちの墓所となっている。キュリー夫妻も眠る。

☎01-44-21-18-00 Ⓜ10号線Cardinal Lemoine カルディナル・ルモワヌ駅から徒歩10分 🏠Place du Panthéon, 5e ⏰10:00〜18:00(4〜9月は〜18:30) ※入場は閉館45分前まで 🚫1/1、5/1、12/25 💶€13 PASS

建築家スフロによる18世紀末の建築傑作で知られている

サン・ベルナール通り
Quai St-Bernard

アラブ世界研究所

アラブ文化に関する情報発信の場。フランスの世界的建築家ジャン・ヌーヴェルが設計

アラベスク模様をイメージした壁面が特徴的

実物大の動物模型を展示する、迫力満点の進化大陳列館が人気

植物園

国立自然史博物館

鉱物博物館

グランド・モスケ・ド・パリ

R. Daubenton

ビュフォン通り R. Buffon

R. Geoffroy-St-Hilaire

R. Censier

サンシェ・ドーバントン駅

公園のような雰囲気の植物園

ロード・ベルナール通り
R. Claude Bernard

コンコルド広場の由緒あるオベリスクと噴水は必見

威厳と誇りのなかに粋なパリの匂いも漂う

オペラ・ガルニエ～ルーヴル周辺
Opéra Garnier ~ Louvre

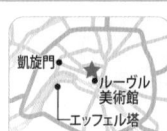

凱旋門・
ルーヴル美術館
エッフェル塔

パリ観光やショッピングの中心エリア。歴史的な建物から多彩な美術館・博物館が点在。フランス屈指のブランド通りや、おしゃれなパッサージュなどにも注目したい。

MAP 付録P.6 B-4～F-4、P.12 A-1～F-3、P.24-25

有名建築物や広場でオノボリさんをし高級品やプチプラをショッピング三昧

　歴史と文化と高級店舗がぎっしり詰まったエリアで、パリ観光の中心といっていい。歴史的なスポットとしては、ギリシャ神殿を彷彿させるマドレーヌ寺院、眩惑的な大広間やシャガールの天井画で知られるバロック建築の精華オペラ・ガルニエ、フランス革命の処刑場だったコンコルド広場などが見学。美術館・博物館も多いエリアだが、同じルーヴルのマルサン翼にある装飾芸術美術館も見逃せない。買い物を楽しむならサントノレ通り～フォブール・サントノレ通りやラ・ペ通りは外せない。高級ブランド店がずらりと並ぶ。また、パリで最も美しいパッサージュ"ギャルリー・ヴィヴィエンヌ"(P.49)もこのエリアにある。観光やショッピングに疲れたら、美しいチュイルリー公園が待っていてくれる。

★徒歩の目安時間

カルーゼル凱旋門
徒歩5分
パレ・ロワイヤル
徒歩15分
オペラ・ガルニエ
徒歩8分
マドレーヌ寺院
徒歩8分
コンコルド広場

アクセスと交通

Ⓜ1号線 チュイルリー駅
Ⓜ1,8,12号線 コンコルド駅
Ⓜ3,7,8号線 オペラ駅
Ⓜ8,12,14号線 マドレーヌ駅

古代ギリシャの神殿を模した教会

マドレーヌ寺院　サン・ラザー

Église de la Madeleine

MAP 付録P.24 C-2

52本の高さ30mのコリント様式による柱に囲まれた、新古典主義建築のカトリック教会。フランス革命などで度々工事が中断したが、1842年に完成。

☎01-44-51-69-00　Ⓜ8,12,14号線 Madeleine マドレーヌ駅からすぐ 🚇 Place de la Madeleine, 8e 🕐9:30～19:00(宗教行事、有料コンサート中は見学不可) 🈺無休 🈯無料

「マグダラのマリア」を守護聖人とする

サントノレ通り～フォブール・サントノレ通り
Rue Saint Honoré ~ Rue du Fourbourg Saint-Honoré

高級ブランドが立ち並び、世界の注目を集めるパリ屈指のファッションストリート。

R. Tronchet
マドレーヌ寺院 ★
マドレーヌ
フォブール・サントノレ通り
R. du Faubourg St-Honoré
R. Duphin
R. Royale
R. St-Honoré
サントノレ
R. St-Honoré
ガブリエル通り
Av.Gabriel
ロワイヤル通り
R. St-Florentin
コンコルド駅
R. de Rivoli
★ コンコルド広場
ジュ・ドゥ・ポーム国立美術館
マリー・アントワネットはこの広場でギロチン刑に処された
● チュイルリー公園
P.82
● コンコルド橋
● オランジュリー美術館
Terrasse du Bord l'Eau
レオポール・セダール・サンゴール
レジオン・ドヌール博物館
ミュゼ・ドルセー
↑ オランジュリー美術館

1862年から変わらない名物のミルフィーユは€15

シャルル・ガルニエ設計の老舗
カフェ「カフェ・ド・ラ・ペ」

宮殿のような大歌劇場
オペラ・ガルニエ
Opéra Garnier
MAP付録P25 E-2

13年余りの歳月を費やして1875年に完成。古典からバロックまで、さまざまな建築様式を採用してシャルル・ガルニエが設計した、眩惑的な巨大建造物だ。
P172

↑『オペラ座の怪人』の舞台ともされる劇場

ギャラリー・ラファイエット・パリ・オスマンP106

オーベル駅

ショセ・ダンタン駅

● オペラ座博物館

カフェ・ドゥ・ラ・ペ

★ オペラ・ガルニエ

R. du Helder

リシュリュー・ドゥルオー駅

9号線

Bd. Montmartre

8号線

● グレヴァン博物館

グラン・ブールヴァール駅

ラ・ペ通り
Rue de la Paix
"平和通り"の意。ヴァンドーム広場から北に延びる道で、高級店が並ぶ。

オペラ大通り
Avenue de l'Opéra
1864年から1879年にかけてパリ近代化計画の際に整備された大通り。

↑床には美しいモザイク画が描かれている

8号線
Bd. des Capucines

オペラ駅

カトル・セプタンブル駅
R. du 4 Septembre

R.E.R. A線

3号線

R. de Richelieu

ブルス駅

R. Vivienne

サンティエ駅

R. Cambon

R. de la Paix

サンタンヌ通り
Rue St-Anne
定食屋やお弁当屋など日本食のレストランが点在する、通称「日本人街」。

パリで最も美しいアーケードが残るパッサージュ。ランチも楽しめる

ヴァンドーム広場

ルイ14世を讃えるために1702年に設置。現在はナポレオン像が立つ

R. des Petits Champs

R. Sainte-Anne

★ ギャラリー・ヴィヴィエンヌ
P.49

R. du Mail

ピラミッド駅

R. des Pyramides

モリエールの噴水

R. Molière

★ パレ・ロワイヤル

R. du Louvre

R. Etienne Marcel

サントゥスタッシュ教会

チュイリー駅

サン・ロック教会

フランス革命の始まりともなった歴史的建造物。現在はカフェやギャラリー

R. de l'Echelle

ナポレオンの命により1808年完成した最初の凱旋門だが、気に入らないためにエトワール広場にも建てた

R. de Rivoli

パレ・ロワイヤル・ミュゼ・デュ・ルーヴル駅

★ カルーゼル凱旋門

N
0 100m

セーヌ川

● ルーヴル美術館 P72

↑ルーブル美術館の目の前に立つかつての王宮

ルーヴル・リヴォリ駅

アート

ショッピング

スイーツ

グルメ

歩いて楽しむ

エンターテインメント

ホテル

163

赤レンガの建物に囲まれたヴォージュ広場

中世の名残とおしゃれファッションと

マレ～バスティーユ周辺
Marais ～ Bastille

凱旋門・ | ・ルーヴル美術館 ★ | ・エッフェル塔

かつてはフランス貴族が好んで居住した地域で知られ、多くの邸宅が建てられた。今はがらりと変身し、パリの若者が集う流行の情報発信スポットとして注目されている。

MAP 付録P.14-15

豪華な城館の素敵な中庭を歩いたりトレンドやオリジナルのお買い物！

　13～17世紀は多くのフランス貴族がこのエリアに邸宅を構えたが、19～20世紀になるとユダヤ人社会が発展した。戦後になると、かつての数々の素晴らしい屋敷建築は放置され、荒廃していったが、ド・ゴール政権下の文化大臣アンドレ・マルローによって保護・保存計画が実施され、それらの建物は、例えばピカソ美術館(P.84)やコニャックとジェ夫妻のコレクションを展示するドノン館などとして再生されている。現在は感性豊かなおしゃれなエリアとして定着。センスの良いギャラリーや雑貨類をはじめ、さまざまなタイプのショップ、雰囲気がなんともステキなカフェ、新鮮な食材が手に入るマルシェ(市場)などが揃い、パリ市民ばかりではなく観光客も多く訪れる。日曜も営業している店が多いのも人気の要因だ。

★徒歩の目安時間

パリ市庁舎
徒歩20分
ヴィラージュ・サン・ポール
徒歩15分
バスティーユ広場
徒歩13分
ピカソ美術館

アクセスと交通

Ⓜ1,11号線
オテル・ドゥ・ヴィル駅
Ⓜ1,5,8号線 バスティーユ駅
Ⓜ11号線 ランビュトー駅

パリ・ルネサンス様式で再建

パリ市庁舎
Hôtel de Ville
MAP 付録P.14 A-3

サン・ルイ

14世紀に現在地に建てられたが、1871年にパリ・コミューンによって焼失し19年後に再建。パリに関する催しが定期的に実施される。

☎01-42-76-40-40 Ⓜ1,11号線Hôtel de Ville オテル・ドゥ・ヴィル駅から徒歩3分 所Hôtel de Ville 開休料内部見学は事前予約のグループのみ

↑さまざまな政治的事件の舞台でもある

des Gravilliers

R. de Bretagne

ブルターニュ通り

北マレ～サン・マルタン運河

フィーユ・デュ・
カルヴェール駅

Bd. Beaumarchais

ボーマルシェ通り

マルシェ・デザイン・ルージュ

R. Charlot

R. de Saintonge

R. Debelleyme

R. de Poitou

R. Froissart

隣接して立つモン
ジュラス館とでユ
ニークな狩猟自然博
物館となっている

● ゲネゴー館

● スービーズ館

グラン・ブルジョワ通り
des Francs Bourgeois

メルシー ●

サン・セバスチャン・
フロワッサール駅

★ ピカソ美術館
P84

R. Elzevir

R. de Thorigny

R. de Turenne

● ドノン館
（コニャック・ジェ美術館）

R. St-Gilles

R. Payenne

R. de Sévigné

フラン・ブルジョワ通り
Rue des Francs Bourgeois
流行ファッションやサブ
カルの発信地として若
者から注目を集めるマ
レ地区の目抜き通り。

● カルナヴァレ博物館

シュマン・ヴェール駅

8号線

5号線

パリの歴史的地区

貴族文化が薫る中世の館が点在

マレ地区の中心街フラン・ブルジョ
ワ通り界隈には、15～18世紀に建
てられた貴族邸が並ぶ。館は現在も
数多くが当時の姿を残し、街そのも
のが博物館のような魅力を放つ。街
歩きで文化を
感じることが
できる地区。

PLACE
DES VOSGES

王族以外も利用でき
る庭として、アンリ4
世が1612年に完成さ
せたパリ最古の広場

● ヴォージュ広場

ブレゲ・サバン駅

↑マルシェ・バスティーユ

サン・ポール駅

15世紀の建物で、旧
サンス大司教邸宅。
現在は美術品中心の
図書館となっている

● シュリー館

● ヴィクトル・ユゴー
記念館

1号線

サンス館

ポン・マリー駅

R. St-Paul

R. Castex

Bd. Richard Lenoir

リシャール・ルノワール通り

R. St-Antoine

マルシェ・
バスティーユ
P117

バスティーユ駅

バスティーユ広場

オペラやバレエの公演
が行われる。オペラ・
ガルニエと並ぶパリの
2大劇場

ヴィラージュ・サン・ポール
Le Village Saint-Paul
サン・ポール・サン・ルイ教会の
裏手にある骨董品街。アン
ティークの家具や食器のほか、
現代的な雑貨や芸術品も並ぶ。

R. du Petit Musc

Bd. Henri IV

● オペラ・バスティーユ P174

シュリー・モルラン駅

R.E.R. A線 D線

● サンマルタン運河
クルーズ乗船場

14号線

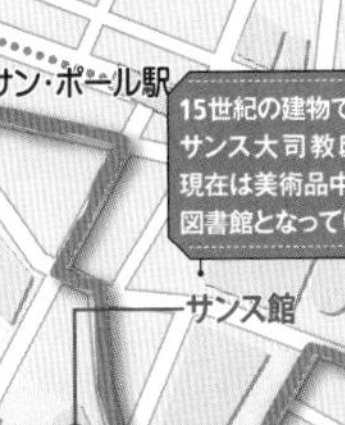

↑アパートの中庭に面し、
綺麗なお店が集まる

セーヌ川

5号線

7月革命記念柱がシンボル

バスティーユ広場

Place de la Bastille

MAP付録P.15 D-4

かつてバスティーユ牢獄が
あった場所で、1789年7月
14日に発生したバスティー
ユ牢獄の襲撃事件がきっか
けになってフランス革命が
始まった。

↑革命前夜祭には市民が集まる

Ⓜ1,5,8号線Bastille バスティー
ユ駅からすぐ　所Place de la
Bastille,11e　休無料見学自由

アート

ショッピング

スイーツ

グルメ

歩いて楽しむ

エンターテインメント

ホテル

165

サン・マルタン運河には、2つの開閉式の橋がある

若者たちのおしゃれなエリア
北マレ〜サン・マルタン運河
Nord du Marais 〜 Canal Saint-Martin

凱旋門 ●
★
ルーヴル美術館
エッフェル塔

水門を行き交うクルーズ船を眺めながら、落ち着きのあるカフェでブランチを。レピュブリック広場を中心に、迷路のような路地では個性的なショップに出会える。

MAP付録P8-9

橋をくぐる運河のクルーズを楽しみ
気楽な若者たちに混じってのんびり

　ギャール・ドゥ・レスト駅から歩いて5分ほどの距離。北のラ・ヴィレットと南のバスティーユを結ぶ約4.5kmのサン・マルタン運河は、2001年に公開してヒットしたフランス映画『アメリ』でもおなじみ。運河沿いの閑静な並木道はゆったりとした散歩にぴったり。入り組んだ路地に足を踏み入れれば、そこには個性的なカフェやこだわりの品々を揃えるセレクトショップ、センスが光る書店など、なかなかお目にかからない店が点在する。その一方で、マルセル・カルネ監督の映画『北ホテル』(1938年)の舞台となった"オテル・デュ・ノール(北ホテル)"もこのエリアにあり、今は古き良きパリを偲ばせるレストラン/カフェとして人気だ。もちろんラ・ヴィレットやオルセー美術館発着の運河クルーズで遊んでもいい。

★徒歩の目安時間

ブルターニュ通り
徒歩25分
レピュブリック広場
徒歩25分
オテル・デュ・ノール

アクセスと交通

Ⓜ3,5,8,9,11号線
レピュブリック駅
Ⓜ5号線
ジャック・ボン
セルジャン駅

レストランに飾られた『北ホテル』のポスター

映画『北ホテル』の舞台
オテル・デュ・ノール
Hôtel du Nord
MAP付録P.8 C-4
1938年、マルセル・カルネ監督の映画『北ホテル』で知られる建物。現在はレストランやバー、カフェとして運営。
☎01-40-40-78-78 ⊗Ⓜ5号線Jacques Bonsergent ジャック・ボンセルジャン駅から徒歩5分 🏠102 Quai de Jemmapes, 10e ⏰8:00〜翌2:00 🏠一部祝日 🇪🇪🇪

↑昔は映画と同名のホテルとして営業していたが、老朽化によりレストラン、カフェに改装。ディナーが人気

↑古き良きカフェの雰囲気が店内に漂う

『アメリ』など有名作品にも登場
サン・マルタン運河
Canal Saint-Martin
MAP付録P.8-9
ヴィレット貯水池とセーヌ川を結ぶ全長約4.6kmの運河で、1825年に開通した。水位調整用の水門が9カ所設置されている。地下水路となっている部分もある。数々の映画の舞台やシスレーの絵画の題材にもなっている。
⊗Ⓜ3,5,8,9,11号線République レピュブリック駅からすぐ

↑運河沿いでのんびり過ごすのも楽しい。週末になると多くの人が集まる憩いのスポット

ギャール・ドゥ・レスト駅(東駅)

コロネル・ファビアン駅

パリでも長い歴史を持つ駅舎。1849年開業

● ヴィルマン庭園

オテル・デュ・ノール ★

R. des Vinaigriers

マルセイユ通り
R. de Marseille

周辺にはヴェリブ・ステーションが点在しているので気軽にサイクリングが楽しめる

サン・マルタン運河

R. Alibert

ジャック・ボンセルジャン駅

ゴンクール駅

レピュブリック広場

サン・マルタシ大通り
Bd. St-Martin

レピュブリック駅

平和のシンボル的スポット。広場を中心に10本以上の道が交差している

レピュブリック通り

Av. de la République

タンブル駅

オベルカンフ駅

ブルターニュ通り
R. de Bretagne

↑セレクトショップ

フィーユ・デュ・カルヴェール駅

マルシェ・デザイン・ルージュ●

ブルターニュ通り
Rue de Bretagne
通りの周辺にセレクトショップやギャラリーが点在する北マレ地区の中心ストリート。

パリの流行がわかるセレクトショップ。多くの観光客で賑わう

P.90 メルシー

サン・セバスチャンフロワッサール駅

マレ〜バスティーユ

P.84 ピカソ美術館

マリアンヌ像がシンボル

レピュブリック広場
Place de la République
MAP 付録P.14 C-1

10本以上の道路が交差する広大な広場。中央にはフランス共和国を象徴するフランスマリアンヌ(自由の女神)のブロンズ像が立つ。

⊗M3,5,8,9,11号線République レピュブリック駅からすぐ

↑"黄色いベスト運動"のデモ参加者も集まったりと、集会やデモの舞台にもなるので注意

クルーズも楽しい！

運河沿いの景色をより楽しみたいならクルーズがおすすめ

パリ・カナル
Paris Canal
☎01-42-40-96-97 圏1日3便(季節により変動あり)休なし❸€23 E♪

Orsay オルセー美術館発
MAP 付録P.12 C-2
⊗M12号線Assemblée Nationale アッサンブレ・ナシオナル駅から徒歩5分 ⌚Quai Anatole France,7e ⌚9:30〜

Parc de la Villetteラ・ヴィレット公園発
MAP 付録P.9 D-2
⊗M5号線Porte de Pantin ポルト・ド・パンタン駅から徒歩10分 ⌚Foile des Visites du Parc,19e ⌚14:30〜

カノラマ
Canauxrama
☎01-42-39-15-00 圏1日2便(夏期は4便の場合あり※要公式HPで確認)休冬期は予約分のみ運航❸€23 E♪

Port de l'Arsenal アーセナル港発
MAP 付録P.15 D-4
⊗M1,5,8号線Bastille バスティーユ駅から徒歩2分 ⌚50 Boulevard de la Basti-lle,12e ⌚9:45〜、※14:30〜

Bassin de la Villette ヴィレット貯水池発
MAP 付録P.9 D-2
⊗M2,5,7B号線Jaurès ジョレス駅から徒歩2分 ⌚13 Quai de la Loire,19e ⌚9:45〜、14:45〜

※は夏期のみ

アート
ショッピング
スイーツ
グルメ
歩いて楽しむ
エンターテインメント
ホテル

セーヌ川の河岸一帯にはパリの物語がギッシリと

激動の舞台に花開くパリの歴史

ローマ軍に征服されるパリ

パリはパリシイ族に由来

紀元前3世紀にパリシイ族がシテ島にルテティアという集落を形成。これがパリの誕生とされるが、紀元前52年にローマ軍に平定されてしまう。4〜6世紀のゲルマン民族大移動の影響は、パリにも及んだ。ゲルマン民族の一派であるフランク族クロヴィス1世によってフランク王国メロヴィング朝が誕生する。508年にはパリが首都となる。751年にカロリング朝となると、拠点はアーヘンへと移った。

ヴァイキング撃退で国王になる

フランクからフランスへ

9世紀、フランク国王ルイ敬虔王の息子らは国土をめぐって紛争、東・中・西フランク王国に分裂する。885年、セーヌを遡上してきた4万ものノルマン（ヴァイキング）軍に襲撃されるが、パリ伯ウードが撃退し、やがて西フランク王となる。987年になるとウードの大甥ユーグ・カペーがフランス国王に選出され、パリを首都とするカペー朝が始まる。この頃から13世紀にかけて、パリには市場レ・アルやパリ大学が設置され、1163年にはノートル・ダ

○987年にフランス国王に選出され、カペー朝の始祖となったユーグ・カペー。現在のスペイン国王はカペーの子孫

ム大聖堂が建造されるが、12世紀のパリはまだ小規模な街。シテ島とセーヌ右岸に拡大し始めた時期で、モンパルナスあたりは畑と林の台地という風情だった。1180年からのカペー朝7代フィリップ2世の時代、フランスはヨーロッパの強国とされた。ルーヴル宮殿の建設も始まっている。

仏の危機を救うオルレアンの少女

百年戦争と仏ルネサンス

カペー朝が終わり、1328年にフィリップ6世が即位しヴァロワ朝が開かれるが、王位継承を主張するイングランド王エドワード3世と対立、1337年に両国間で「百年戦争」が始まる。パリを含め、国土の大半をイングランドに占領されるが、ジャンヌ・ダルクのオルレアン解放を機に国土を奪回し、百年戦争は終結した。16世紀に入ると、フランソワ1世はダ・ヴィンチらを迎え入れ、フランス・ルネサンスを開花させる。

新しい文化の奨励と財政破綻

太陽王の絶対王政体制へ

プロテスタントの台頭で、1562年に各地で宗教戦争が頻発（ユグノー戦争）。ポン・ヌフの建造などでも知られるアンリ4世が1589年に即位（ブルボン朝）し、「ナントの勅令」で内戦を終結させる。1610年に即位したルイ13世の母マリー・ド・メディシスと摂政リシュリューによって絶対王政体制の基礎を整備。1643年にはルイ14世が即位し、絶対王政を確立。太陽王と称され、国土の拡大や対外的な地位の向上を図った。ヴェルサイユ宮殿なども建築し、フランス文化を促進させた。この頃のパリの人口は約50万人に達していた。ルイ16世の18世紀後半になると、パリは芸術や文化の中心となっていくが、国家財政的には破綻し、さらに農業の不作や疫病の流行などが重なり、やがてフランス革命へと流れていく。

○絶対王政を築いたルイ14世（1638〜1715）。バロック建築のヴェルサイユ宮殿も建造

400	500	600	700	800	900	1000	1100	1200	1300	1400
西ローマ帝国	フランク王国				西フランク王国	フランス王国				
	481 メロヴィング朝 / 508 パリが首都に制定される		751 カロリング朝			987 カペー朝	1096 第1回十字軍遠征		1328 ヴァロワ朝 / 1345 ノートル・ダム大聖堂完成	1431 ジャンヌ・ダルク処刑
同時期の日本		十七条憲法 / 大化の改新	大宝律令 / 藤原仲麻呂の乱		遣唐使廃止 / 平将門の乱	白河上皇院政	保元・平治の乱 / 鎌倉幕府 / 承久の乱	蒙古襲来	室町幕府	

無数の人物によって数多くのドラマが演じられてきた都、パリ。
華やかな歴史の流れをつかんでから訪れれば、観光をより楽しめる。
市民の誇りでもある歴史上の人物たちに思いを馳せよう。

↑ナポレオンも眠るアンヴァリッド

↑8月10日事件におけるカルーゼル広場での戦闘を描いた『チュイルリー宮殿の襲撃』

市民の不満はバスティーユへ
フランス革命と恐怖政治

18世紀、フランスのアンシャン・レジームには階級制度があり、聖職者と貴族には税はなく、人口の98%を占める平民にのみ課税された。財政難による重税を課された平民の不満は膨らむばかりで、1789年7月14日の弁護士カミーユ・デムーランの演説をきっかけにパリ市民は蜂起し、バスティーユ牢獄を襲撃。こうしてフランス革命が始まる。1792年、ジャコバン派が国王のいるチュイルリー宮殿を襲い、王権を停止させ（8月10日事件）、共和制を宣言。翌年、ルイ16世や王妃マリー・アントワネットらがコンコルド広場でギロチン刑となる。ジャコバン派の指導者ロベスピエールによる恐怖政治が始まるが、クーデターによりロベスピエールらは処刑される。

第一帝政からパリの街の整備へ
2人のナポレオンの物語

革命の混乱期に出現したナポレオンは、エジプト遠征から帰国して統領政府を樹立、フランス革命が終了。1804年にノートル・ダム大聖堂で戴冠式を行い、皇帝に即位する。ナポレオン戦争が続くが絶頂期は長くはなく、ロシア遠征での大敗などで、1813年に退位しエルバ島に流刑。15年に復帰するが百日天下で終わる。48年に選出されたナポレオン3世は、ジョルジュ・オスマンに命じてパリを大改造させ、現在の景観の基礎をつくりあげた。

アール・ヌーヴォーと北斎・歌麿
華麗に咲くベル・エポック

第三共和制時代の政情は不安定だったが文化的には産業革命や科学的な発展もあって、パリはベル・エポック（美しい時代）を迎え、さまざまなスタイルの建築・芸術様式が誕生する。建造物では1889年のパリ万博のために建造されたエッフェル塔（この年にキャバレー「ムーラン・ルージュ」も誕生）やオペラ・ガルニエ、大改造されたボン・マルシェ百貨店、メトロ・アベス駅の地上入口、数々のパッサージュなど。芸術面では象徴主義やフォーヴィズム、キュビズムが生まれ、装飾芸術ではルネ・ラリックらによるアール・ヌーヴォーが大流行。さらに万博などの出品を契機に北斎らの作品がゴッホやモネ、ロートレックらに大きな影響を与え、ジャポニズムと呼ばれた。ルイ・ヴィトンのモノグラムも日本の家紋がヒントだという。

↑フランスが威信をかけて開催した1900年のパリ万博。メトロ1号線も開通

「パリは燃えているか」とヒトラー
世界大戦から戦後の開発

連合国と中央同盟国とで展開した第一次世界大戦は1914年に開戦、18年に終結するが、対立関係は残り、39年に第二次世界大戦が始まる。40年7月、パリはドイツに無抵抗で降伏し、以後占領され続ける。解放されたのは44年8月25日だった。58年にド・ゴールが大統領に就任（第五共和制）するが、68年の「五月革命」もあって翌年に辞任。次のポンピドゥーからジスカール・デスタン、ミッテラン大統領の時代に、パリは大きく開発されていく。

	1600		1700		1800		1900		2000
	フランス王国						フランス共和国		
	1589 ブルボン朝 / 1598 ナントの勅令	1643 ルイ14世即位	1682 ヴェルサイユに王宮を移す / 1701 スペイン継承戦争	1740 オーストリア継承戦争	1789 バスティーユ襲撃	1792 第一共和制 / 1804 ナポレオン皇帝に即位	1814 ルイ18世即位（王政復古）/ 1848 第二共和制 / 1852 第二帝政	1870 第三共和制 / 1889 エッフェル塔完成	1914 第一次世界大戦（〜18）/ 1939 第二次世界大戦（〜45）
	織田信長入京 / 豊臣秀吉関白	江戸幕府	生類憐みの令	享保の改革	寛政の改革	天保の改革	日米和親条約 / 明治維新 / 日清戦争 / 日露戦争		関東大震災

ローカル気分でのんびり
ひと足のばして 郊外の公園へ

パリの「緑の肺」と呼ばれる2つの森と市内最大の公園に足を運ぶ。

東京ドーム30個分の広大な敷地

エッフェル塔からも見える憩いの森

パリ市民で賑わう憩いの森
ブローニュの森
Bois de Boulogne

MAP 付録P.2 A-2

パリ西部に広がる、面積846haの森林公園。園内には幾何学式のバガテル公園やロンシャン競馬場、テニス施設のローラン・ギャロス、フォンダシオン ルイ・ヴィトンなどもある。

☎01-53-92-82-82 Ⓜ1号線Porte Maillot ポルト・マイヨー駅から徒歩7分、1号線Les Sablons レ・サブロン駅から徒歩4分、2号線Porte Dauphineポルト・ドーフィヌ駅から徒歩4分、10号線Porte d'Auteuil ポルト・ドートゥイユ駅から徒歩4分 開休料散策自由

バガテル公園
Parc de Bagatelle

1720年にマリー・アントワネットの義兄によって築かれた。フランス有数の規模と歴史を持つバラ園が有名。
☎01-53-64-53-80 開9:30〜17:00(夏期は〜20:00) 休無休 料€2.60(10〜3月は無料)

フォンダシオン ルイ・ヴィトン
Fondation Louis Vuitton

パリを代表するブランドのルイ・ヴィトン財団が手がける美術館。現代アートのコレクションを展示しているほか、定期的に企画展も開催。

ジャルダン・ダクリマタッション
Jardin d'Acclimatation

160年の歴史を持つ遊園地。園内には動物園や農園もある。
☎01-40-67-90-85 開10:00〜19:00(冬期は〜18:00)※土・日曜は変動あり 休無休 料€7

公園利用のアドバイス

●公衆トイレは少ない
トイレは近くのカフェを利用しよう。ただし何かを注文するなどしないと貸してもらえない場合が多い。
●ピクニック&ゴミ
ピクニックするのもおすすめだが、食べ物の持ち込みが禁止されている場所もあるので注意。ゴミは設置されているゴミ袋にちゃんと捨てよう。
●治安
昼間は多くの市民で賑わうが、夜になると雰囲気が一変する。日が沈んだら近寄るのはやめよう。

かつての王族の狩猟場
ヴァンセンヌの森
Bois de Vincennes

MAP 付録P.3 F-4

市街地の東にある森で、面積は995haにも及ぶ。敷地内にはヴァンセンヌ城やパリ花公園、動物園、競馬場などがある。遊歩道も充実。湖ではボート遊びもできる。

豊かな自然が残るパリ東部のオアシス

☎01-49-57-15-15 Ⓜ1号線Château de Vincennesシャトー・ドゥ・ヴァンセンヌ駅からすぐ、1号線Bérault ベロー駅から徒歩5分、8号線Porte Dorée ポルト・ドレ駅から徒歩4分、8号線Liberté リベルテ駅から徒歩4分 開休料散策自由

再開発で現代的な公園に
ラ・ヴィレット公園
La Villette

MAP 付録P.3 F-1

55haの広々とした敷地内には、プラネタリウムもある科学産業博物館やショッピング・レジャーセンター、音楽施設などが揃い、年間を通じて楽しめる。

☎01-40-03-75-75 Ⓜ7号線Corentin Cariou コランタン・カリウ駅から徒歩2分、5号線Porte de Pantin ポルト・ド・パンタン駅から徒歩2分 開休料散策自由(園内の施設は一部有料)

施設も充実のパリ市内で最も大きな公園

フィルハーモニー・ド・パリもここ!

ヴァンセンヌ城
Château de Vincennes

14世紀から17世紀のフランス王の城。パリ最古の歴史的建造物ともいわれる。放棄されてからも処刑場になったりドイツ軍に占領されたりなど、歴史の舞台にもなった。
☎01-48-08-31-20 開10:00〜18:00(9〜4月は〜17:00) 休一部祝日 料€13(18歳未満は無料) **PASS**

ENJOY A GLORIOUS PARIS NIGHT

エンターテインメント

★
きらびやかなショーにうっとり

Contents

> 19世紀のパリ社交界の様子が目に浮かぶような劇場空間は幕が上がる前から気分が高揚

美しすぎるオペラハウスで夢のような夜をレディの気分で

煌びやかに劇場体験。オペラ座の夜

設計者の名前を取ってオペラ・ガルニエと呼ばれるパリのランドマークは、贅を尽くした歌劇場として世界に名を馳せる。良き時代の社交界の息吹を感じながら観劇する贅沢を体験。

貴族の社交場の雰囲気たっぷりの荘厳なバロック様式の劇場

オペラ・ガルニエ

Opéra Garnier
MAP 付録P.25 E-2

ナポレオン3世の命により建築が始まり1875年に落成。まるで宮殿のように美しいバロック様式の建物は、コンクールで選ばれた当時無名の建築家の作品。社交の場としての当時を思わせる豪華絢爛な内装のひとつひとつも見逃せない。劇場内に足を踏み入れただけでもう、タイムスリップして貴族になった気分にさせてくれる夢のような空間だ。

☎01-71-25-24-23(フランス国外から、フランス時間の月〜土曜の9:00〜19:00)、08-92-89-90-90(フランス国内から) 🚇3,7,8号線Opéra オペラ駅からすぐ 所 Place de l'Opéra, 9e 開 休 料 公演によって異なる

オペラ・ガルニエで観劇！

オペラ座での公演は現在バレエの上演がメイン。世界に名高いフランス国立バレエ団の本拠地。

公演を調べる

オペラ座の公式HPではフランス語と英語で、バレエのほかオペラなどジャンル別の公演日程を確認できる。バレ・ガルニエ以外の公演も同時に掲載されているので注意しよう。
HP www.operadeparis.fr

LA FORCE DU DESTIN

チケットを買う

公演のシーズンは毎年9月から始まり翌年6月に終了。年間公演予定は発表済み。
●オンラインで　公式HPからの予約が一番確実だが現在英語とフランス語のみ。クレジットカードで支払い、プリントアウトする。日本の代理店などを通じて予約購入するのも手。チケットを事前に郵送してくれる場合も。
●窓口で　スクリーブ通りとオペール通りの角に窓口があり、座席表を見ながら購入できる。安心な窓口での前売りは2週間前から始まるが、人気の演目は売り切れていることもある。一方でキャンセルのチケットが手に入る場合も。当日券は開演1時間前に販売終了。
☎10:00〜18:30 休無休 E

アート

ショッピング

スイーツ

グルメ

歩いて楽しむ

エンターテインメント

ホテル

オペラ座デビュー!!

チケットを入手したらオペラ座の夜をたっぷり堪能しよう。ガラ公演は正装で、それ以外は普段着でもかまわないが、せっかくのオペラ座、劇場の豪華絢爛な雰囲気になじむよう少しおしゃれをして出かければ、自然と高揚。上流階級の社交界デビューの気分で!

1 まずは建物を見学します

オペラ大通りの向こう側からもはっきり見える建物。眺望を邪魔しないよう街路樹を1本も植えなかったといわれている。

アポロン像
オペラ座の屋根の頂上部分には黄金の竪琴を掲げる『アポロン、詩と音楽』の像が。

黄金の像
色彩豊かな大理石で作られ、左右に分かれる大階段は光のブーケを手にした女神が出迎えドラマチックに観客席へ誘う。黄金に輝く芸術の女神ミューズが左右に鎮座。左が詩、右がハーモニー。

ラ・ダンス
酒の神ディオニュソスとニンフが全裸で踊る像は淫らであると当時批判された。

2 劇場内へと入ってみます

劇場内の雰囲気を存分に楽しみたいから、開場時間には到着していたい

グラン・エスカリエ
←30mにも及ぶ豪華な吹き抜けの中央広間

↓全体が黄金に輝き天井画は音楽史の寓話がテーマ。鏡と窓の効果で空間の広がりを演出

観劇前にアペリティフ
開演前や幕間にはバーコーナーでシャンパンなどを楽しむ程度。軽食を持参して食べる習慣はない。

3 客席に座って舞台鑑賞の始まりです

座席の番号は椅子の背もたれ後部にある。席に着いたら上を見上げて。天井に広がる鮮やかな絵画は『ロメオとジュリエット』や『真夏の夜の夢』など14の作曲家とオペラ曲が題材。

←幻想的でカラフルなシャガールの大作『夢の花束』。観客席により一層の華やぎを添えている

シャガールの天井画

観劇のマナー
あまり着飾りすぎると浮いてしまうので、公演に合ったドレスコードで出かけよう。居眠りや私語は厳禁、ボックス席では入室時同席者に軽く挨拶を。座席までは係員が案内してくれるがオペラ座ではチップ不要。

グラン・フォワイエ

2~5階ボックス席 Loge	ひな壇席 Amphithéâtre
1階ボックス席 Baignoires	バルコニー席 Balcon
	1階席 Orchestre

観劇よりも社交の場としての役割が大きく、舞台がほとんど見えない席もあるので注意

終演は深夜になることも多いが、付近には深夜営業のブラッスリーなどがある。安全を考慮し事前に店や帰りのタクシー乗り場の下調べを。近距離でも必ずタクシーの利用を。

観劇しなくても、建物内部は見学できます

舞台のチケットがなくても、オペラ座の贅沢なつくりと空間美を体験したいという人におすすめの場内見学。テラスから広がる大通りのパノラマとヴァンドーム広場越しに見えるルーヴル宮は必見。

場内見学 営10:00~17:00(季節により異なる) **休**1/1、5/1
※公演のある日に見学不可の場合あり **料**場内見学€15、iPADオーディオガイド€8(1時間)、ガイド付き見学4コース各€23(HPで各事前要予約)

芸術の都パリでハイレベルなオペラや演劇、コンサートを体験

パリの劇場&コンサートホールへ足を運ぶ

世界有数の劇場が点在し、毎晩のように公演が開催されているパリ。世界に誇る舞台芸術に荘厳な劇場、夜のパリは大人の社交場。ドラマチックな気分でいざテアトルへ。

現代のオペラ座は見やすさも抜群

オペラ・バスティーユ
L'Opéra de la Bastille

バスティーユ MAP 付録P.15 D-4

革命200周年を記念して、オペラ座の代わりになる新しいオペラの殿堂としてオープン。フランス・オペラは主にここで上演される。最高の音響と設備で客席からの見やすさも好評。

☎08-92-89-90-90 Ⓜ1,5,8号線Bastille バスティーユ駅からすぐ ⓂPlace de la Bastille,12e ⒽＨhttps://www.operadeparis.fr/en

©Patrick-Tourneboeuf
⬆コンサートホールのような現代的な造り

アール・デコのおしゃれな内装

シャンゼリゼ劇場
Théâtre des Champs-Élysées

シャンゼリゼ大通り周辺 MAP 付録P.11 F-1

フランス国立管弦楽団の本拠地。クラシック・コンサートのほかにオペラやバレエの上演もある。印象派モーリス・ドニによる天井画やアール・デコ調の華麗な内装も見どころ。

☎01-49-52-50-50 Ⓜ9号線Alma-Marceau アルマ・マルソー駅から徒歩3分 Ⓜ15 Avenue Montaigne,8e Ⓗhttps://www.theatrechampselysees.fr/en

⬆日曜朝の室内音楽コンサートが人気

世界的モダン・ダンスの殿堂

パリ市立劇場
Théâtre de la Ville

シテ島周辺 MAP 付録P.27 E-1

ここでの公演をきっかけに世界的に有名になる振付師も多い現代舞踊の殿堂。日本の「山海塾」もここを拠点に活動していた。話題のコンテンポラリー・ダンスはここで見られる。

☎01-42-74-22-77 Ⓜ1,4,7,11,14号線Châtelet シャトレ駅から徒歩3分 Ⓜ2 Place du Châtelet,4e Ⓗhttps://www.theatredelaville-paris.com/en

⬆人気の公演チケットはすぐに売り切れる

PARIS TOPICS

パリ近郊の独創的な音楽複合施設

パリの西玄関、音楽複合施設

ラ・セーヌ・ミュージカル
La Seine Musicale

市街南西部 MAP 付録P.2 A-4

フランス自動車メーカーのルノー工場跡地に立つ音楽複合施設。設計したのは日本人建築家の坂茂氏。川に浮かぶようなモダンなデザインと環境面に配慮したデザインが斬新。太陽の動きによって太陽光パネルが移動し時間によってその形を変える。

☎01-74-34-54-00 Ⓜ9号線Pont de Sèvres ポン・ドゥ・セーヴル駅から徒歩10分 ⓂÎle Seguin, Boulogne-Billancourt Ⓗhttps://laseinemusicale.com/

設計者 Profile

建築家 坂 茂 ばん しげる
ロレーヌ地方にあるポンピドゥー・センター・メスの設計でも知られる建築家。紙管、コンテナを利用した建築や災害支援活動など、国際的に活躍。

世界的な音響設計家が手がけたコンサートホール内部

木製の編み笠のような木組みが使用されているガラスのドーム

⬇川に浮かぶ船のような建物。帆の部分が可動式の太陽光パネル

©Didier Boy de la Tour

↑内観は赤を基調としたスタイリッシュな空間

↑パリのコンサート・アリーナといえばここ

©Nicko GUIHAL

ラ・ヴィレット内の未来派ホール
ル・ゼニット
Le Zenith
市街北東部 **MAP** 付録P.3 F-1
赤とグレーの色使いが印象的な特殊な布のテントを用いたホール。6000人以上を収容できる大型会場で、ロックやジャズなど世界的に著名なミュージシャンのコンサート会場として有名。アイスショーなども開催する。
☎01-44-52-54-56 Ⓜ5号線Porte de Pantin ポルト・ド・パンタン駅から徒歩10分 ⓟ211 Avenue Jean Jaurès, 19e ⓗ www.le-zenith.com/fr/

↑フランスでも人気のL'Arc〜en〜CielやX JAPANも公演

ビートルズも公演した劇場
オランピア劇場
L'Olympia
オペラ・ガルニエ周辺 **MAP** 付録P.25 D-2
1888年オープンの有名な音楽ホール。エディット・ピアフやビートルズも公演したが1990年代に一度取り壊しの危機に直面した。
☎01-47-42-94-88 Ⓜ8,12,14号線Madeleine マドレーヌ駅から徒歩5分 ⓟ28 Boulevard des Capucines, 9e ⓗ https://www.olympiahall.com/

↑復元された有名な赤の内装とファサード
←大改装が行われ生き残った

演劇ファンは必ずチェック！
オデオン座
Théâtre de l'Odéon
サン・ジェルマン・デ・プレ **MAP** 付録P.26 C-4
コメディー・フランセーズの第2劇場としてオープンしたが、現在はヨーロッパ各地の質の高い現代劇を上演して人気を博している劇場。
☎01-44-85-40-40 Ⓜ4,10号線Odéon オデオン駅から徒歩5分 ⓟPlace de l'Odéon, 6e ⓗ https://www.theatre-odeon.eu/en

↑パリで最も先鋭的なプログラムと評判

クラシック音楽中心のホール
サル・ガヴォー
Salle Gaveau
シャンゼリゼ大通り **MAP** 付録P.6 A-4
1907年にオープンしたクラシック音楽ホール。歴史的建造物に指定される前に破産し駐車場へと改造されそうになった経緯がある。
☎01-49-53-05-07 Ⓜ9,13号線Miromesnil ミロメニル駅から徒歩3分 ⓟ45 Rue la Boétie, 8e ⓗ https://www.sallegaveau.com/

↑2001年に改装した

パリでミュージカルを観るなら
テアトル・モガドール
Théâtre Mogador
オペラ・ガルニエ周辺 **MAP** 付録P.7 D-3
ブロードウェイ・ミュージカルの上演で知られる劇場。2016年にオペラ座の怪人の呪いといわれる火災が発生し、公演が無期延期になり話題に。
☎01-53-32-32-32 Ⓜ12号線Trinité-d'Estienne d'Orves トリニテ・デスティエンヌ・ドルヴ駅から徒歩3分 ⓟ25 Rue de Mogador, 9e ⓗ https://www.theatremogador.com/

↑おなじみの演目をフランス語で上演

アート

ショッピング

スイーツ

グルメ

歩いて楽しむ

エンターテインメント

ホテル

▶ **チケットの買い方**

オンラインで買う
ほとんどの劇場が公式HPを開設しているので、チケットはクレジットカードで予約購入できる。旅行中に目当ての公演があって確実にチケットを手に入れたい場合には事前購入がおすすめ。座席や公演時間など詳しい内容も確認できる。英語のサイトも増えてきているので利用しやすい。
●日本の予約サイトで買う
手数料がかかるが日本語で予約購入できるサイトも。チケット郵送の余裕をみて出発の10日前までに手配を。

Classictic
世界中の劇場チケットを取り扱っているサイト。公演内容や座席表、料金もわかりやすくeチケットが発券される。
ⓗ www.classictic.com/ja

パリのプレイガイドで買う
フランスでは大型メディアショップ内にあるプレイガイドでチケットを購入するのが一般的。プレイガイドでは情報収集もできる。またキオスク・テアトルでは半額に値下げした当日券の取り扱いもあるので訪れてみるのもよい。

フナック fnac
ルーヴル美術館周辺 **MAP** 付録P.13 F-2
ⓂLes Halles レ・アル駅から徒歩2分 ⓟForum des Halles 1-7 Rue Pierre Lescot,1er ⓣ10:00〜20:00（日曜は11:00〜19:00）⊗無休 ⓗ https://www.fnac.com/

キオスク・キュルチュール・マドレーヌ
Kiosque Culture Madeleine
オペラ・ガルニエ周辺 **MAP** 付録P.24 B-2
Ⓜ8,12,14号線Madeleine マドレーヌ駅から徒歩2分 ⓣPlace de la Madeleine, 8e ⓣ12:00〜19:30（冬季の日曜は〜15:45）※季節により変動の可能性あり ⊗月曜、夏季の日曜 ⓗ https://www.kiosqueculture.com/

夜ごと繰り広げられるレヴューの世界

大人の娯楽キャバレーショー。身長やルックスの厳しい審査に合格したプロのダンサーだけが
舞台に上がることを許されるレヴューを、シャンパンやディナーとともに堪能しよう。

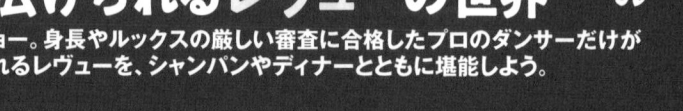

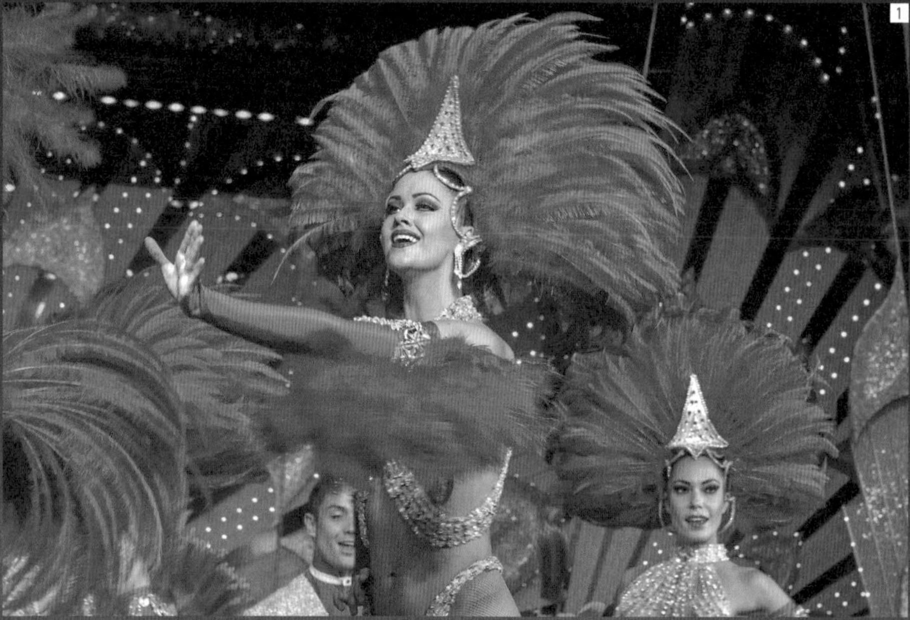

本場フランス大人の娯楽
妖艶なレヴューを見に行こう

ムーラン・ルージュ
Moulin Rouge
モンマルトル **MAP** 付録P.22 B-3
フランス語で「赤い風車」を意味
するムーラン・ルージュ。美男美
女が繰り広げるダイナミックな
ショーの締めくくりは迫力満点の
フレンチカンカン。かつてエディッ
ト・ピアフもここで歌っていた。
☎01-53-09-82-82 ⊗⑩2号線Blanche
ブランシュ駅からすぐ ⊕82 Boulevard de
Clichy, 18e ⊕ディ
ナーショー19:00〜、ド
リンクショー21:00〜、
23:00〜 ⊛無休 ⊕
ディナーショー€225〜
(要予約)、ドリンクショー
21:00〜は€110〜、
23:00〜は€88〜
E:E ⬛

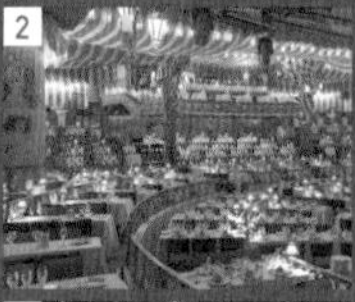

美男美女が繰り広
げるトップレスショー
古き良きパリを感
じられる客席
ショーのアクロバッ
トや早変わりも一流
モンマルトルの麓、
赤い風車が目印

©Moulin Rouge

ハイレベルな踊りと歌で魅了
劇場風の老舗キャバレー

パラディ・ラタン
Paradis Latin
カルチェ・ラタン **MAP** 付録P.20 A-1
100年以上もパリっ子に愛され
ている老舗のキャバレー。盛り
だくさんの要素で観客を飽きさ
せないレヴューが魅力。中規模
の劇場で会場の一体感は格別。
客層もフランス人が多い。

☎01-43-25-28-28 ⊗⑩10
号線Cardinal Lemoine カル
ディナル・ルモワヌ駅から徒歩3
分 ⊕28 Rue du Cardinal
Lemoine,5e ⊕ディナー20:00
〜、ショー21:30〜 ⊛火曜 ⊕
ドリンクなしのショー€90、ドリ
ンクショー€100〜、ディナー
ショー€175〜 E:E ⬛

一体感のあるレベルの高い
踊りと歌が定評のあるパラ
ディ・ラタンのレヴュー

シャンソンの故郷そしてヨーロピアンジャズの中心地パリ！

心地よい余韻に浸るジャズ＆シャンソニエ

昔懐かしいシャンソンやヨーロピアンジャズに身をゆだねて夜を楽しもう。シャンソンはパリの歌謡として独特のジャンル。世界一流アーティストが集まるジャズクラブもある。

老舗の本格派ジャズクラブ
デュック・デ・ロンバール
Duc des Lombards
マレ MAP 付録P.14 A-3

1984年の開業以来国内外の有名アーティストが演奏してきたパリでも最も有名なジャズクラブのひとつ。こぢんまりとした店内はアーティストとの距離が近く臨場感あふれる。本格派向けだが入りやすい店。

☎01-42-33-22-88 Ⓜ1,4,7,11,14号線Châtelet シャトレ駅から徒歩2分 🚇42 Rue des Lombards,1er ⏰19:00～23:30（ライブは19:00～と22:00～）※金・土曜、祝前日は24:00～翌4:00 🈺日曜 💰入場料€29～41、ドリンク€5.5～ 🈷🈂🈳

Philippe Marchin (Omer Avital 5tet) ©Duc des Lombards

◀青いライトの演出が店内の雰囲気を盛り上げる。アーティストの演奏が間近で見られる醍醐味を味わって

学生街にある老舗ジャズクラブ
カヴォー・ドゥ・ラ・ユシェット
Le Caveau de la Huchette
サン・ジェルマン・デ・プレ MAP 付録P.27 E-3

1946年創業、パリ最古のジャズクラブは映画『ラ・ラ・ランド』にも登場。伝統的ジャズからロック調まで幅広く、ダンスフロアで踊る人たちも多く陽気な雰囲気。

☎01-43-26-65-05 Ⓜ4号線St-Michel サン・ミッシェル駅から徒歩2分 🚇5 Rue de la Huchette,5e ⏰21:00～翌2:00（演奏22:15～）※金・土曜、祝前日は～翌4:00 🈺無休 💰入場料€14（金・土曜、祝前日は€16）※ドリンク・食事別途 🈷🈂🈳

©Michel Vespasien

◀地下に下りると洞窟のようなクラブが。週末は翌朝まで営業している

芸術家も通ったシャンソン酒場
オ・ラパン・アジル
Au Lapin Agile
モンマルトル MAP 付録P.23 D-1

ゴッホやピカソなどの画家、歌手、詩人、作家などのモンマルトルのボヘミアンや娼婦の集まる酒場として名を馳せていた。すり減ったテーブルやステージもない質素な造りで本物のシャンソンを聞かせる（予約推奨）。

☎01-46-06-85-87 Ⓜ12号線Lamarck Caulaincourt ラマルク・コーランクール駅から徒歩3分 🚇22 Rue des Saules,18e ⏰21:00～翌1:00 🈺日・月・水曜 💰€35～（入場＋ワンドリンク※26歳未満は土曜と祝日を除いて25€）🈷🈂🈳🈺

◀マイクを使わず人生の喜びや哀しみ、恋や別離などを語るように歌う歌手たち。客と合唱する場面もある

ホテルもこだわって、思い出に残るパリステイを！

パリの**ホテルセレクション**

旅の良し悪しに影響するホテル選び。価格帯やエリアを吟味して、じっくり決めよう。

パラスホテル

厳しい審査をクリアし、5ツ星を超える最高級クラスを獲得したラグジュアリーなホテル。いたれり尽くせりの空間で一生の思い出を

○ ヨーロッパ初進出の新鋭
ペニンシュラ・パリ
Le Peninsula Paris ★★★★★
凱旋門周辺 MAP 付録P.5 D-4

香港の有名ホテルが2014年にオープン。アフタヌーンティーが楽しめる。
☎01-58-12-28-88 ⊗Ⓜ6号線Kléber クレベール駅から徒歩3分 ㊀19 Avenue Kléber,16e ⊛ⓈⓉ€1400～ 客室数200 ⊞https://www.peninsula.com/en/paris ⒺⒻ

○ インテリアデザイナーが手がけるモダンなホテル
ラ・レゼルヴ・パリ
La Réserve Paris Hotel and Spa ★★★★★
シャンゼリゼ大通り周辺 MAP 付録P.12 A-1

☎01-58-36-60-60 ⊗Ⓜ1,9号線Franklin D. Roosevelt フランクラン・デ・ルーズヴェルト駅から徒歩3分 ㊀42 Avenue Gabriel,8e ⊛ⓈⓉ€1800～ 客室数40 ⊞https://www.lareserve-paris.com/en/ ⒺⒻ

○ パリのエレガンスさを象徴する豪華さが魅力
フォーシーズンズ・ホテル・ジョルジュ・サンク
Four Seasons Hotel George V ★★★★★
シャンゼリゼ大通り周辺 MAP 付録P.11 E-1

☎01-49-52-70-00 ⊗Ⓜ1号線George V ジョルジュ・サンク駅から徒歩3分 ㊀31 Avenue George V,8e ⊛ⓈⓉ€2600～ 客室数244 ⊞https://www.fourseasons.com/jp/paris/ ⒿⒺⒻ

○ 世界で最も豪華な有名ホテル
リッツ・パリ
Ritz Paris ★★★★★
オペラ・ガルニエ周辺 MAP 付録P.25 D-3

4年にわたる大改装を経て2017年に再開業したパリを代表するホテル。
☎01-43-16-30-30 ⊗Ⓜ3,7,8号線Opéra オペラ駅、8,12,14号線Madeleine マドレーヌ駅から徒歩5分 ㊀15 Place Vendôme,1er ⊛ⓈⓉ€2600～ 客室数142 ⊞https://www.ritzparis.com/ ⒺⒻ

©Vincent Leroux

○ チュイルリー公園に面したパリでいちばんの老舗
ル・ムーリス
L'hôtel Le Meurice ★★★★★
オペラ・ガルニエ周辺 MAP 付録P.25 D-4

☎01-44-58-10-10 ⊗Ⓜ1号線Tuileries チュイルリー駅から徒歩3分 ㊀228 Rue de Rivoli,1er ⊛ⓈⓉ€1670～ 客室数160 ⊞https://www.dorchestercollection.com/en/paris/le-meurice/ ⒿⒺⒻ

○ 18世紀・フランス建築の最高傑作ともいわれる
オテル・ド・クリヨン
Hôtel de Crillon ★★★★★
オペラ・ガルニエ周辺 MAP 付録P.24 B-3

☎01-44-71-15-00 ⊗Ⓜ1,8,12号線Concorde コンコルド駅からすぐ ㊀10 Place de la Concorde,8e ⊛ⓈⓉ€1910～ 客室数124 ⊞https://www.rosewoodhotels.com/en/hotel-de-crillon ⒿⒺⒻ

○ 映画『ミッドナイト・イン・パリ』に登場したホテル
ル・ブリストル・パリ
Le Bristol Paris ★★★★★
シャンゼリゼ大通り周辺 MAP 付録P.6 B-4

☎01-53-43-43-25 ⊗Ⓜ9,13号線Miromesnil ミロメニル駅から徒歩5分 ㊀112 Rue du Faubourg Saint-Honoré,8e ⊛ⓈⓉ€1990～ 客室数190 ⊞https://www.oetkercollection.com/hotels/le-bristol-paris/ ⒿⒺⒻ

デラックスホテル

パリらしい華美な設えを楽しめるホテル。
サービスやロケーションも高評価なので、
パリ初心者も安心して宿泊できる

○ パリ市内にある珍しいシャトー・ホテル

サン・ジェームス・パリ

Saint James Paris
凱旋門周辺 **MAP** 付録P.10 B-1 ★★★★★

重厚な門をはじめ、ロビーから客
室に至るまで貴族の邸宅のよう。
☎01-44-05-81-81 Ⓜ2号線Porte
Dauphine ポルト・ドーフィヌ駅から徒
歩5分 🏠5 Place du Chancelier Ade-
nauer, 16e 🅑Ⓢ①€710～ 室数 49
🌐 https://www.saint-james-p
aris.com/ Ⓔ🖼

○ 洗練されたインパクトのあるデザイン

ルネッサンス・アルク・ドゥ・トリオンフ・ホテル

Renaissance Paris Arc de Triomphe Hotel
凱旋門周辺 **MAP** 付録P.5 E-3 ★★★★★

☎01-55-37-55-37 Ⓜ1,2,6号線Charles de Gaulle Étoile シャルル・
ド・ゴール・エトワール駅から徒歩5分 🏠39 Avenue de Wagram, 17e 🅑Ⓢ
€405～ ①€465～ 室数 118 🌐https://www.marriott.com/hotels/
travel/parwg-renaissance-paris-arc-de-triomphe-hotel/ Ⓔ🖼

○ 世界で初めて映画が上映された歴史あるホテル

スクリーブ・パリ・オペラ・バイ・ソフィテル

Sofitel Le Scribe Paris Opera
オペラ・ガルニエ周辺 **MAP** 付録P.25 D-2 ★★★★★

☎01-44-71-24-24 Ⓜ3,7,8号線Opéra オペラ駅から徒歩3分 🏠
1 Rue Scribe, 9e 🅑Ⓢ€533～ ①€543～ 室数 213 🌐https://
www.sofitel-le-scribe-paris-opera.com ⒿⒺ🖼

○ 目の前にルーヴル美術館がそびえ立つ立地

オテル・デュ・ルーヴル

Hôtel Du Louvre The Unbound Collection By Hyatt
ルーヴル美術館周辺 **MAP** 付録P.13 E-2 ★★★★★

☎01-73-11-12-34 Ⓜ1,7号線Palais Royal Musée du Louvre
パレ・ロワイヤル ミュゼ・デュ・ルーヴル駅からすぐ 🏠Place André
Malraux, 1er 🅑Ⓢ①€550～ 室数 164 🌐https://www.hyatt.
com/en-US/hotel/france/hotel-du-louvre/paraz ⒿⒺ🖼

○ エッフェル塔を独り占めできる景色が自慢

プルマン・パリ・トゥール・エッフェル

Pullman Paris Tour Eiffel
エッフェル塔周辺 **MAP** 付録P.11 D-3 ★★★★☆

☎01-44-38-56-00 Ⓜ6号線Bir-Hakeimビラケム駅から徒歩7分
🏠22 Rue Jean Rey, 15e 🅑Ⓢ①€327～ 室数 430 🌐https://
www.pullmanparistoureiffel.fr/en Ⓔ🖼

○ オペラ・ガルニエに近いエレガントなホテル

インターコンチネンタル・パリ・ル・グラン

InterContinental Paris Le Grand
オペラ・ガルニエ周辺 **MAP** 付録P.25 D-2 ★★★★★

☎01-40-07-32-32 Ⓜ3,7,8号線Opéra オペラ駅からすぐ 🏠2
Rue Scribe, 9e 🅑Ⓢ①€558～ 室数 470 🌐https://www.ihg.
com/intercontinental/hotels/us/en/paris/parhb/
hoteldetail ⒿⒺ🖼

○ 名所にアクセス抜群の1区にあるホテル

レジーナ・ルーヴル

Hôtel Regina Louvre
ルーヴル美術館周辺 **MAP** 付録P.13 D-2 ★★★★★

☎01-42-60-94-03 Ⓜ1号線Tuileries チュイルリー駅から徒歩3
分 🏠2 Place des Pyramides, 1er 🅑Ⓢ€465～ ①€525～ 室数
99 🌐https://www.regina-hotel.com/en/
Ⓔ🖼

○ 日本のCMにも登場したマレ地区の隠れ家ホテル

パヴィヨン・ドゥ・ラ・レーヌ

Le Pavillon de la Reine
マレ **MAP** 付録P.14 C-3 ★★★★★

☎01-40-29-19-19 Ⓜ8号線Chemin Vert シュマン・ヴェール駅
から徒歩3分 🏠28 Place des Vosges, 3e 🅑Ⓢ①€660～ 室数56
🌐http://www.pavillon-de-la-reine.com/ja/ Ⓔ🖼

○ ビジネスにもおすすめの気取らないサービス

ハイアット・パリ・マドレーヌ

Hyatt Paris Madeleine
オペラ・ガルニエ周辺 **MAP** 付録P.24 B-1 ★★★★★

☎01-55-27-12-34 Ⓜ9号線St-Augustin サントーギュスタン駅か
ら徒歩5分 🏠24 Boulevard Malesherbes, 8e 🅑Ⓢ①€477～
室数 81 🌐https://www.hyatt.com/en-US/hotel/fran ce/
hyatt-paris-madeleine/madel Ⓔ🖼

○ アパルトマンのようなモダンなしつらえが人気

ル・サンク・コデット

Le Cinq Codet
エッフェル塔周辺 **MAP** 付録P.12 A-4 ★★★★★

☎01-53-85-15-60 Ⓜ8号線École Militaire エコール・ミリテー
ル駅から徒歩5分 🏠5 Rue Louis Codet, 7e 🅑Ⓢ①€405～ 室数67
🌐https://lecinqcodet.com/ Ⓔ🖼

アート
ショッピング
スイーツ
グルメ
歩いて楽しむ
エンターテインメント
ホテル

カジュアルホテル

リーズナブルで気取らず過ごせるエコノミー
ホテル。メトロの駅や名所のそばなど、
アクセスにこだわれば快適なステイに

◯ 古き良きパリの雰囲気が味わえる老舗

ショパン

Hôtel Chopin
オペラ・ガルニエ周辺 **MAP** 付録P.7 F-4　★★★★★

☎01-47-70-58-10 Ⓜ8,9号線Grands Boulevards グラン・ブールヴァール駅から徒歩5分 ⓐ46 Passage Jouffroy, 9e Ⓢ€87～ Ⓣ€111～ 室数35 https://hotelchopin-paris-opera.com/en/ Ⓔ

◯ オスマン様式の建物を改装したホテル

オテル・ル・ドゥーズ

Hôtel Le 12
オペラ・ガルニエ周辺 **MAP** 付録P.6 C-3　★★★★★

☎01-89-89-12-12 Ⓜ3,12,13,14号線St-Lazare サン・ラザール駅から徒歩3分 ⓐ12 rue de Vienne ⒼⓈ€209～ 室数30 https://www.le12hotel-paris.com/fr/page/photos-hotel-paris-8.11402.html Ⓔ

◯ シンプルな内装で長期滞在にもおすすめ

ヴァノー・サン・ジェルマン

Hotel Vaneau Saint Germain
サン・ジェルマン・デ・プレ **MAP** 付録P.18 B-1　★★★★★

☎01-45-48-73-11 Ⓜ10号線Vaneau ヴァノー駅からすぐ ⓐ86 Rue Vaneau, 7e ⒼⓈ€262～ Ⓣ€288～ 室数39 Ⓗ vaneausaintgermain.com Ⓔ

◯ 客室ごとに異なるデザインに凝ったインテリア

ルクルブ

Hôtel Lecourbe
モンパルナス **MAP** 付録P.18 A-2　★★★★★

☎01-47-34-49-06 Ⓜ6号線Sèvres Lecourbe セーヴル・ルクルブ駅から徒歩3分 ⓐ28 Rue Lecourbe, 15e ⒼⓈ€179～ Ⓣ€204 ～ 室数43 https://www.hotel-lecourbe-eiffel.com/en/ Ⓔ

◯ エッフェル塔の麓、閑静なエリアにある

パッシー・エッフェル

Hôtel Passy Eiffel
エッフェル塔周辺 **MAP** 付録P.10 C-3　★★★★★

☎01-45-25-55-66 Ⓜ6号線Passyパッシー駅から徒歩3分 ⓐ10 Rue de Passy, 16e ⒼⓈ€163～ Ⓣ€215～ 室数49 https://www.passyeiffel.com/ja/ Ⓔ

◯ エッフェル塔が徒歩圏内。暖色系の内装が落ち着く

ガヴァルニ・パリ

Hôtel Gavarni Paris
エッフェル塔周辺 **MAP** 付録P.10 C-3　★★★★★

☎01-45-24-52-82 Ⓜ6号線Passy パッシー駅から徒歩5分 ⓐ5 Rue Gavarni, 16e ⒼⓈ€119～ Ⓣ€166～ 室数25 Ⓗ www.gavarni.com Ⓔ

◯ こぢんまりとしたかわいい中庭や客室

カステックス

Hôtel Castex
バスティーユ **MAP** 付録P.14 C-4　★★★★★

☎01-42-72-31-52 Ⓜ1,5,8号線Bastille バスティーユ駅から徒歩5分 ⓐ5 Rue Castex, 4e ⒼⓈ€169～ Ⓣ€195～ 室数31 Ⓗ www.castexhotel.com/ Ⓔ

◯ 白壁のヨーロピアンスタイルの建物

マグダ・シャンゼリゼ

Hotel Magda Champs Elysées
凱旋門周辺 **MAP** 付録P.5 E-3　★★★★★

☎01-47-64-10-19 Ⓜ1,2,6号線Charles de Gaulle Étoile シャルル・ド・ゴール・エトワール駅から徒歩5分 ⓐ7 Rue Troyon, 17e Ⓢ€224～ Ⓣ€264～ 室数31 Ⓗ https://www.arcotel-magdachampselysees.com Ⓔ

◯ 4路線走るシャトレ駅そばの立地が便利

グラン・トテル・ドゥシャンペーニュ

Grand Hôtel Dechampaigne
ルーヴル美術館周辺 **MAP** 付録P.13 F-3　★★★★★

☎01-42-36-60-00 Ⓜ1,4,7,11,14号線Châtelet シャトレ駅からすぐ ⓐ17 Rue Jean Lantier, 1er ⒼⓈ€239～ Ⓣ€249～ 室数44 Ⓗ https://grandhoteldechampaigne.com/?lang=en Ⓔ ※2024年11月から最低1年工事のため閉館

◯ コスパよしの広めの客室でゆっくり休める

レノックス・モンパルナス

Lenox Montparnasse
モンパルナス **MAP** 付録P.19 D-2　★★★★★

☎01-43-35-34-50 Ⓜ4号線Vavin ヴァヴァン駅から徒歩3分 ⓐ15 Rue Delambre, 14e ⒼⓈ€170～ Ⓣ€195～ 室数52 Ⓗ www.paris-hotel-lenox.com/ja/ Ⓔ

◯ オペラ・ガルニエやギャラリー・ラファイエットそば

メルキュール・パリ・オペラ・ルーヴル

Mercure Paris Opera Louvre
オペラ・ガルニエ周辺 **MAP** 付録P.7 E-4　★★★★★

☎0825-80-39-39 Ⓜ8,9号線Richelieu Drouot リシュリュー・ドゥルオー駅から徒歩3分 ⓐ95 Rue de Richelieu, 2e ⒼⓈ€144～ Ⓣ€170～ 室数107 Ⓗ https://all.accor.com/hotel/1614/index.fr.shtml Ⓔ

旅の基本情報

旅の準備

パスポート（旅券）

旅行の予定が決まったら、まずはパスポートを取得。各都道府県、または市町村のパスポート申請窓口で取得の申請をする。すでに取得している場合も、有効期限をチェック。フランス入国時には、パスポートの有効残存期間が最低滞在日数＋3カ月は残っている必要がある。

ビザ（査証）

観光目的で過去180日中90日以内滞在する際は日本人はビザが不要。ただしシェンゲン協定加盟国入国の時点でパスポート有効残存期間が3カ月必要。

海外旅行保険

海外で病気や事故に遭うと、思わぬ費用がかかってしまうもの。携行品の破損なども補償されるため、必ず加入しておきたい。保険会社や旅行会社の窓口やインターネットで加入できるほか、簡易なものであれば出国直前でも空港にある自動販売機でも加入できる。クレジットカードに付帯しているものもあるので、補償範囲を確認しておきたい。

- -

☎ 日本からフランスへの電話のかけ方

001	→	33	→	相手の電話番号

国際電話の識別番号　　フランスの国番号

荷物チェックリスト

◎	パスポート	
◎	パスポートのコピー（パスポートと別の場所に保管）	
◎	現金	
◎	クレジットカード	
◎	航空券	
◎	ホテルの予約確認書	
◎	海外旅行保険証	
◎	ガイドブック	
	洗面用具（歯磨き・歯ブラシ）	
	常備薬・虫よけ	
	化粧品・日焼け止め	
	着替え用の衣類・下着	
	冷房対策用の上着	
	水着	
	ビーチサンダル	
	雨具・折りたたみ傘	
	帽子・日傘	
	サングラス	
	変換プラグ	
	携帯電話・スマートフォン／充電器	
	デジタルカメラ／充電器／電池	
	メモリーカード	
	ウェットティッシュ	
△	スリッパ	
△	アイマスク・耳栓	
△	エア枕	
△	筆記具	

◎必要なもの　△機内で便利なもの

入国・出国はあわてずスマートに手続きしたい!

日本からパリまでは13時間弱のフライト。スムーズな出入国に備えておさらいしておこう。

フランス入国

① 入国審査

入国審査に必要なのはパスポートのみ。入国審査エリアまで表示に沿って移動しEU諸国外旅行者のカウンター（Non EU）に並ぶ。質問されることはほとんどないが、ホテル名や滞在日数を英語で聞かれることも。入国スタンプを押されないことも多い。（入国印が必要な場合は人のいる窓口へ）

② 預けた荷物の受け取り

電光掲示板を確認して自分の乗ってきた便の荷物のターンテーブル番号を確認。預けた荷物をピックアップする。

③ 税関手続き

免税範囲内なら申告なしのゲート（緑色）を通過して外へ。免税範囲を超える場合や超えるかどうかわからない場合は、機内であらかじめ書類を受け取り記入したものを持参して赤色のゲートで審査を受ける。

フランス入国時の免税範囲

アルコール類	ワイン4ℓ、ビール16ℓ、および22度を超えるアルコール飲料1ℓ（22度以下のアルコール飲料は2ℓ）
たばこ	紙巻きたばこ200本、または葉巻きたばこ50本、または小型葉巻きたばこ100本、または刻みたばこ250g
物品	航空機または船舶での入国者は€430まで、そのほかは€300までの物品。15歳以下は€150まで
現金	EU諸国外からの出入国に持ち込み制限はないが€1万以上の現金や外貨などの持ち込みには申告が必要

※アルコール類、たばこは18歳以上のみ

シェンゲン協定とは

シェンゲン協定とは一部の欧州諸国で締結された出入国管理政策。加盟国間の移動は国内移動と同等に扱われ入国審査も税関検査も行わない。フランス入国の際に協定加盟国を経由する場合、フランス到着時に入国審査はない。

シェンゲン協定加盟国 オーストリア、ベルギー、デンマーク、フィンランド、フランス、ドイツ、ギリシャ、アイスランド、イタリア、オランダ、ポーランド、ポルトガル、スペイン、スイスなど29カ国（2024年5月現在）

出発前に確認しておきたい!

Webチェックイン

搭乗手続きや座席指定を事前にWebで終わらせておくことで、空港で荷物を預けるだけで済み大幅に時間を短縮することができる。一般的に出発時刻の24時間前からチェックインが可能。パッケージツアーでも利用できるが、一部対象外となるものもあるため、その際は空港カウンターでの手続きとなる。

飛行機機内への持ち込み制限

● **液体物** 100ml（3.4oz）を越える容器に入った液体物はすべて持ち込めない。100ml以下の容器に小分けにしたうえで、ジッパー付きの透明なプラスチック製袋に入れる。免税店で購入したものは100mlを越えても持ち込み可能だが、乗り継ぎの際に没収されることがある。

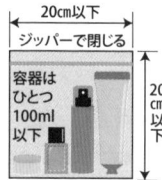

20cm以下
ジッパーで閉じる
容器はひとつ100ml以下
20cm以下

● **刃物** ナイフやカッターなど刃物は、形や大きさを問わずすべて持ち込むことができない。

● **電池・バッテリー** 100Whを超え160Wh以下のリチウムを含む電池は2個まで。100Wh以下や本体内蔵のものは制限はない。160Whを超えるものは持ち込み不可。

● **ライター** 小型かつ携帯型のものを1個まで。

荷物の重量制限

航空会社によって異なるが、日本航空、全日本空輸、エールフランスのエコノミークラスで1個23kgの手荷物2個までは無料。詳しくはウェブサイトなどで事前に確認し、超過料金に注意。

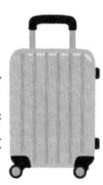

ロストバゲージしたら

万が一預けた手荷物が出てこなかったり、破損していた場合には荷物引換証（クレーム・タグ）を持って受取場内にあるカウンターに出向く。次の旅程やホテルの連絡先などを所定の用紙に記入するか係員に伝えて、届けてもらうなどの処置依頼を交渉しよう。

フランス出国

① 空港へ向かう

搭乗する航空会社によってターミナルが違うため、事前によく確認しておきたい。チェックインがまだであれば2時間30分前、観光シーズンはもう少し余裕をもって着いていたい。

② チェックイン

チェックインがまだであれば、カウンターでパスポートと搭乗券(eチケット控え)を提示。預ける荷物をセキュリティチェックに通し、バゲージクレーム・タグを受け取る。免税を申請するものがあれば、それまでに手続きを行うか、機内持ち込みにする。

③ 出国審査

パスポートと搭乗券を審査官に提示。入国時に指紋を登録していれば、自動のゲートも利用できる。

④ 搭乗

搭乗ゲート前で手荷物のセキュリティチェックがあるため、早めに到着しておきたい。免税店で購入した商品で指定のビニール袋に入れたままであれば、液体物を持ち込むこともできる。

日本帰国時の免税範囲

アルコール類	1本760ml程度のものを3本
たばこ	紙巻きたばこ400本、葉巻きたばこ100本、その他500g、加熱式たばこ個装等20個のいずれか。2021年10月からそれぞれ半分となる
香水	2oz(オーデコロン、オードトワレは含まない)
その他物品	海外市価1万円以下のもの。1万円を超えるものは合計20万円まで

※アルコール類、たばこは20歳以上のみ

日本への主な持ち込み禁止・制限品

持ち込み禁止品	麻薬類、覚醒剤、向精神薬など
	拳銃などの鉄砲、弾薬など
	ポルノ書籍やDVDなどわいせつ物
	偽ブランド商品や違法コピー
	DVDなど知的財産権を侵害するもの
	家畜伝染病予防法、植物防疫法で定められた動物とそれを原料とする製品
持ち込み制限品	ハム、ソーセージ、10kgを超える乳製品など検疫が必要なもの
	ワシントン国際条約の対象となる動植物とそれを原料とする製品
	猟銃、空気銃、刀剣など
	医療品、化粧品など

📍 スムーズに免税手続きをしたい!

付加価値税(TVA)

フランスでは商品の価格に20%の標準税率付加価値税(書籍は5.5%)が含まれている。EU加盟国以外の国籍の旅行者が滞在中に購入した商品を未使用のままEU諸国外へと持ち出す際に一部の税金が還付されるので、よりお得な買い物ができる。商品購入の際にパスポートを提示して簡単な手続きがあるので覚えておきたい。

払い戻しの条件

EU諸国以外のパスポート保持者が、1日あたり1軒の店で€175.01(店舗によって異なる)を超える買い物をし、なおかつその商品を未使用で購入から3カ月以内にEU諸国外へと持ち出すことが条件。現地で人にプレゼントしたものや使用済みの物品などは対象外。確認カウンターで商品を提示できる状態でなければならないので、荷造りの際に注意が必要。

払い戻し方法

◉**お店** 税金払い戻し取扱店舗で支払いの際にパスポートを提示、免税書類(輸出販売明細書)の作成をしてもらう。払い戻し方法(現金かクレジットカード)を選択し同書類にサインをする。書類と投函用の封筒をくれるので出国の空港まで大切に手元に保管する。

◉**空港** 免税書類とレシート(クレジットカードの控えは不可)、パスポート、航空券、未使用の購入品を用意しカウンターへ出向き、確認スタンプを押してもらう。確認スタンプをもらったら、還付代行会社のカウンターへ出向き手続きをする。出発空港に払い戻しのカウンターがない場合、店舗で受け取った返信用封筒に確認スタンプ押印済みの書類を入れてポストに投函する(切手不要)。Pablo(パブロ)マークの付いた免税書類は電子認証端末機でバーコードを読み取り、承認された書類をポストに投函するだけでよい。端末は日本語対応だが、承認されなかった場合カウンターへ再度出向く必要がある。

手続きの注意点

税金の還付手続きはEU諸国を最後に出発する空港で行う。例)フランスからドイツ経由で日本に帰国する場合はドイツの空港での手続き。いずれも未使用の購入商品を提示できるように準備しておく必要がある(買い物から3カ月以内が条件)。現金での還付を希望の場合、空港の両替所に書類を持参するが、クレジットカードへの払い戻しが便利だ。カードへの還付は約2カ月後が目安。

シャルル・ド・ゴール空港

Aéroport Charles de Gaulle

ロワシー(Roissy)の愛称で呼ばれるパリの玄関口。3つのターミナルがあり、日本からの直行便はターミナル1またはターミナル2のホールEなどに到着する。ターミナル3は主に格安航空会社。

ターミナル間の移動
ターミナル1〜3間はシャルル・ド・ゴール・ヴァルCDGVAL(無料シャトル)が4分おきに循環、ターミナル1〜2A間は乗り継ぎバスが循環。乗り継ぎバスは20分に1本程度の運行なので時間に余裕をもって。

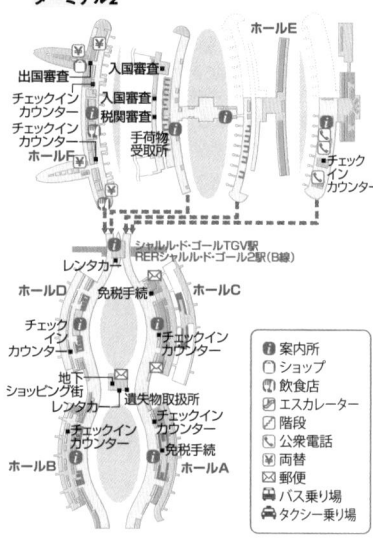

ターミナル1

円筒状の建物からサテライトが7方向に延びている。ショッピングはターミナル2ほど充実していない。
航空会社 全日本空輸(NH)、ブリティッシュエアウェイズ(BA)、ルフトハンザ航空(LH)、シンガポール航空(SQ)など

ターミナル2

左右に細長くA〜Gの7つのホールに分かれておりショッピングゾーンも充実、高級ブランドやフランス菓子店など豊富に揃う。
航空会社 日本航空(JL)、エールフランス(AF)、大韓航空(KE)など※いずれもEホール発着のもの

ターミナル3

格安航空会社やチャーター機の利用が主体のターミナル。
航空会社 エアカイロ(SM)、ペガサスエアライン(PC)など

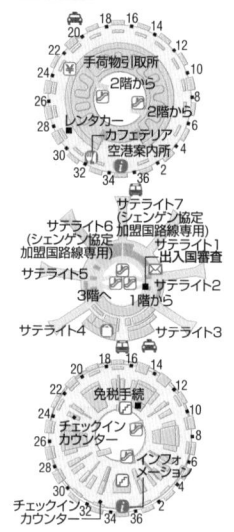

オルリー空港

Aéroport Orly

パリの南側に位置するオルリー空港は主に国内線や中距離の国際線が発着する。2019年から2つのターミナル連結工事が完了し、ターミナルの名称が1・2・3・4に変更になった。

市内へのアクセス
市内へはオルリーバス、オルリーヴァルOrlyval(モノレール)を使って。行き先により所要時間30〜60分程度。パリ市内まで€14.5。メトロ14号線が2024年6月に延長しオルリー空港まで繋がる。パリ市内の駅からオルリー空港まで約1時間。

☑ 空港でしておきたいこと

☐ 両替
空港内の到着エリアでも両替できるが、レートはあまりよくないので市内までの交通費など最小限の両替にしておこう。➡P.186

☐ SIMカードの購入
SIMカードは空港内の売店RELAY(赤字に白の看板)で販売している。フランス大手のオランジュ(Orange)をはじめSFR、ブイグ・テレコム(Bouygues Telecom)各社のカードがあり、自分で開通設定する必要がある。➡P.188

空港からホテルへはスムーズにアクセスしたい！

長時間のフライトで疲れていても迷わずホテルに行けるよう、事前にシミュレーションしておこう。

空港から中心部へ

シャルル・ド・ゴール空港から中心部への交通手段は3種類。それぞれ所要時間や料金が異なるので、到着時刻や旅のスケジュールに合わせて選びたい。

ロワシーバス

所要	約60〜75分
料金	€16.80

 ロワシーバスはシャルル・ド・ゴール空港からオペラ・ガルニエ（オペラ座）行きのみ。パリのメトロやRERの運営会社による公式バスなので安心だ。オペラ座周辺のホテルを予約していれば使い勝手がいいバス。オペラ座の地下鉄駅への乗り換えもできる。

① チケットを買う
自動券売機または直接ドライバーからチケットを買う。

② 乗り場へ向かう
ターミナル1の出口32番付近、ターミナル2のホールEとホールFを結ぶ通路の途中にあるバス停から発車する。

③ 乗車する
大きな荷物は車内なかほどにある荷物置き場に置く。

タクシー

所要	約30〜50分
料金	€56〜65

 シャルル・ド・ゴール空港から右岸まで€56、左岸までは€65の固定料金に。これにチップ€5程度を加えたものをドライバーにカードまたは現金で支払う。ホテルの入口まで連れて行ってもらえるので便利。白タクに声をかけられることもあるが、必ずタクシー乗り場から乗ろう。

※タクシーの乗り方は付録P31に掲載しています

● 送迎バスもおすすめ

日本語で事前にネット予約できる旅行代理店などの送迎サービス。到着ロビーで名前を掲げたドライバーと待ち合わせる。同じ時刻に到着のほかの乗客を待つこともあるので、時間に余裕があるときに利用しよう。

 ◆世界を代表する「シャルル・ド・ゴール空港」。南欧やアフリカ方面への乗継便も充実している

 鉄道（RER）

所要	約30分
料金	€11.8

 荷物の持ち運びができれば、メトロの乗り継ぎもスムーズなRERも使えるが、時差ボケの旅行者を狙うスリが多いので早朝や深夜の利用は止めよう。また普通電車は特に治安が悪いので注意。利用するときは急行や快速に乗車するのが安心。

① チケットを買う
駅の券売機にて現金またはカードで購入する。

② 乗り場へ向かう
ターミナル2からは徒歩でCDG2駅へ、ターミナル1からはCDGVAL無料シャトルでCDG1駅まで移動する。

③ 乗車する
ドアの開閉は手動のためボタンかレバーを使用する。

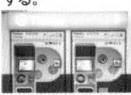 

メトロ（14号線）

所要	約60分
料金	€11.5

オランピアード駅からオルリー空港まで約60分。オランピアード駅からサン・ラザール駅まで約21分。

※オランピアード駅からオルリー空港までは2024年6月に開通されます
※メトロの乗り方は付録P28に掲載しています

【空港→市内中心部 アクセスマップ】

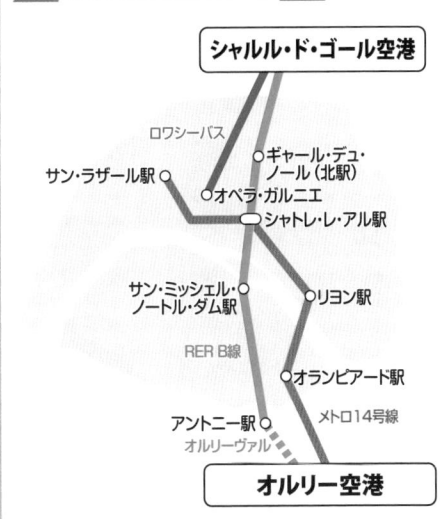

シャルル・ド・ゴール空港
ロワシーバス
ギャール・デュ・ノール（北駅）
サン・ラザール駅
オペラ・ガルニエ
シャトレ・レ・アル駅
サン・ミッシェル・ノートル・ダム駅
リヨン駅
RER B線
オランピアード駅
アントニー駅
メトロ14号線
オルリーヴァル
オルリー空港

フランスのお金のことを知っておきたい！

カード利用が便利なフランスだがチップなどで現金が必要なことも。迷わないようお金の基本をおさらい。

通貨

通貨はユーロ(€)。ユーロ(€)とセント(Cent)はフランス語でそれぞれウーロ、サンティーム。

€1 = 約170円

(2024年5月現在)

1万円 = 約€58.83

スリや盗難の心配があるので多額の現金を持ち歩くのは避けよう。フランスでは少額でもクレジットカードの利用が可能。€200、€100札の利用は店に拒否されることも多いので、少額のお札を多めにしてもらおう。

紙幣		硬貨	
€5		1¢	
€10		2¢	
€20		5¢	
€50		10¢	
€100		20¢	
€200		50¢	
		€1	
		€2	

両替

どこで両替をすればいい?

空港や国鉄主要駅、両替所、大きなホテルで両替が可能。レートや手数料が異なるので事前に必ず確認を。基本的に銀行や郵便局では両替をしていない。日本のほうがレートが良いことがあるので出国前に準備しておくのが得策かも。

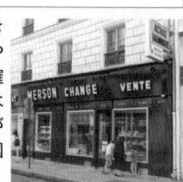

クレジットカードでキャッシング

VisaやMasterなど大手国際ブランドのクレジットカードを持っていればATMで現地通貨を引き出せる。各カード会社の規定による手数料や利息がかかるので、出国前に必ず暗証番号(PIN)とともに確認をしておこう。

海外トラベルプリペイドカード

クレジットカード会社が発行するプリペイドカード。あらかじめ日本でお金をチャージして、現地でクレジットカード同様に使用できる。銀行口座や事前の信用審査が不要、使い過ぎの防止にもなる便利なカードだ。

物価

パリの物価は東京よりやや高い。中級ホテル(3ツ星)で1泊3万3000円～4万2000円くらい、5ツ星ホテルは5万円以上を目安に。外食はコーヒー1杯500円前後、カフェやビストロでカジュアルなランチ(飲み物なし)で5000円から、ディナーは最低でも1万円を目安に予算を考えておこう。

メトロ
€2.15(約365円)

タクシー初乗り
€8(約1360円)

ミネラルウォーター
(500ml)
€1.50～
(約255円～)

ビール
€1.50～
(約255円～)

滞在中に知っておきたいフランスのあれこれ！

文化や習慣、マナーの違いを把握しておけばパリの滞在も快適に。まずは積極的にあいさつしよう。

飲料水

パリの水道水は石灰分を多く含む硬水だが衛生上問題なく飲める。味が気になる人はミネラルウォーターを購入して硬度の違いを飲み比べてみよう。ミネラルウォーターはガス入りの炭酸水(gazeuse)とガスなし(plate)がある。カジュアルなレストランではミネラルウォーターでなく水道水(Carafe d'eau)のオーダーでもよい。

トイレ

公共のトイレが少ないパリでは美術館やデパート、食事先のカフェで済ませておこう。有料のトイレも多く、入るときに€2ほどを機械に入れる。外の公衆トイレは故障中や男女共用で不衛生なことも多いので緊急時のみにしよう。

各種マナー

何よりもあいさつを。店に入る際、エレベーターで同乗の人にも「ボンジュール」とあいさつしよう。

公共交通機関で パリでは交通網や美術館などストライキが頻繁に行われるが事前予告が義務づけられているので、出かける前に確認を。スリ被害に遭うので電車やバスでの居眠りは厳禁。

美術館で 写真撮影がOKの作品も多いがフラッシュが禁止されている場所など表示に注意を払おう。三脚や自撮り棒も禁止の場合が多い。

教会で ミサや結婚式などの際は見学は控え、帽子や肌の露出した服装も禁止。

撮影 子どもは親の許可なしに撮影をしない。勝手にSNSなどにアップしない。

度量衡

フランスの度量衡は日本と同じメートル(m)、グラム(g)。服や靴のサイズは異なるので注意。

ビジネスアワー

パリのショップは10〜19時と短く、デパートは基本20時まで。レストランや個人商店は日曜や月曜が休みのことが多い。夏期バカンスで1カ月休業のこともある。銀行もビジネス街だと土・日曜、住宅街だと日・月曜が休業。パリジャンたちのランチは13時から、ディナーは20〜21時からのことが多く、この時間はレストランが混雑する。営業開始すぐに入るのがおすすめ。

電化製品の使用

電圧は日本と異なる

パリの電圧は220V、電流は50Hz。日本から電化製品を持参する際には変圧器内蔵のものか海外旅行対応製品を使うほか、変圧器が必要。電化製品に100〜240Vと表示されていればそのまま使用できる。誤って使用すると過熱して火災などの危険があるので注意しよう。

プラグはC型が主流

プラグの形は2本型ピンのCタイプが多いが、3本型ピンのSEタイプも。海外旅行用汎用型変換プラグがあると便利。

C型プラグ

郵便

はがき／手紙

郵便局はLa Posteの表示が目印。日本宛のはがきや手紙は20gまで€1.96、100gまで€4.15。自動販売機で購入する。宛名の住所にJAPON(日本)と書こう。

小包

荷物の厚さが3cmを超えると小包扱いとなり0.5kgまで€31.60〜と割高になる。料金は郵便局のHPで確認を。

飲酒と喫煙

飲酒、喫煙とも18歳から。

飲酒するときは身分証明書を携行

フランスでお酒が購入できるのは18歳以上。昼間から飲酒をする人もいるが、酔う人は少ない。公共の場で泥酔状態になることは法律で禁止されている。

喫煙は喫煙スペースで

建物内の公共スペースは喫煙禁止で罰金刑もある。電子たばこも同様に禁止。カフェやレストランではテラス席でのみ喫煙できる。

電話／インターネット事情を確認しておきたい!

情報収集に便利なインターネット接続や、いざというときの電話のかけ方をおさらいしておこう。

電話をかける

> 国番号は、日本が81、フランスが33

フランスから日本への電話のかけ方

ホテル、公衆電話から

ホテルからは
外線番号 → 001 → 81 → 相手の電話番号

国際電話の　日本の
識別番号　国番号
※固定電話・携帯電話とも
市外局番の最初の0は不要

携帯電話、スマートフォンから

0または*を長押し → 81 → 相手の電話番号

※機種により異なる　日本の
国番号
※固定電話・携帯電話とも
市外局番の最初の0は不要

固定電話からかける

ホテルから　外線番号（ホテルにより異なる）を押して
から、相手先の番号をダイヤル。たいて
いは国際電話もかけることができる。公衆電話は現在空港
にはなく、街なかでもほとんど見かけない。

日本へのコレクトコール

緊急時にはホテルから通話相手に料金が発生するコ
レクトコールを利用しよう。

◉**KDDIジャパンダイレクト**
☎**8000-810-001**

オペレーターに日本の電話番号と、話したい相手の名前を伝える。

携帯電話／スマートフォンからかける

国際ローミングサービスに加入していれば、日本で使用し
ている端末でそのまま通話できる。滞在中、フランスの電
話には8桁の番号をダイヤルするだけでよい。日本の電話
には、＋を表示させてから、国番号＋相手先の番号（最初
の0は除く）。同行者の端末にかけるときも、国際電話とし
てかける必要がある。

海外での通話料金　日本国内での定額制は適用され
ず、着信時にも通話料が発生す
るため、料金が高額になりがち。ホテルの電話やIP電話を
組み合わせて利用したい。同行者の端末にかけるときも日
本への国際電話と同料金。

IP電話を使う　インターネットに接続できる状
況であれば、SkypeやLINE、
Viberなどの通話アプリを利用することで、同じアプリ間
であれば無料で通話することができる。SkypeやViberは
有料プランでフランスの固定電話にもかけられる。

インターネットを利用する

パリでは無線LANでインターネットに接続できるWi-Fi(ワ
イファイ)サービスが主流。美術館や図書館、ホテル、デ
パート、カフェ、フランス国鉄駅、公園で無料で利用でき
る。メールアドレスを登録したり、パスワードを入手して
から接続する必要がある場合もあるので、心配な人は日本
からWi-Fiルーターをレンタルするのも一案。海外への電
話もインターネットの通話サービスを利用するなどして、
通話料金をお得に。

インターネットに接続する

海外データ定額サービスに加入していれば、1日1000〜
3000円程度でデータ通信を行うことができる。通信業者
によっては空港到着時に自動で案内メールが届くこともあ
るが、事前の契約や手動での設定が必要なこともあるため、
よく確認しておきたい。定額サービスに加入せずにデータ
通信を行うと高額な料金となるため、不安であれば電源を
切るか、機内モードやモバイルデータ通信をオフにしてお
くことがおすすめ。

SIMカード／レンタルWi-Fiルーター

頻繁に利用するならば、現地SIMカードの購入や海外用
Wi-Fiルーターのレンタルも検討したい。SIMフリーの端
末があれば、空港やショッピングセンターで購入できる
SIMカードを差し込むだけで、インターネットに接続でき
る。2週間有効かつ5GBの通信量で€20など。購入にはパ
スポートが必要。Wi-Fiルーターは複数人で同時に使える
のが魅力。料金は大容量プランで1日500〜1500円ほど。

	カメラ／時計	Wi-Fi	通話料	データ通信料
電源オフ	✕	✕	✕	✕
機内モード	◯	◯	✕	✕
モバイルデータ通信オフ	◯	◯	$	✕
通常モバイルデータ通信オン	◯	◯	$	$

◯利用できる　$料金が発生する

オフラインの地図アプリ

地図アプリでは、地図データをあらかじめダウンロード
しておくことで、データ通信なしで利用することができ
る。機内モードでもGPS機能は使用できるので、通信量
なしで地図データを確認できる。

病気、盗難、紛失…。トラブルに遭ったときはどうする?

事故や病気は予期せず起こるもの。万が一のときにもあわてずに行動したい。

治安が心配

世界中から観光客が集まるパリはスリやひったくりの軽犯罪が多発しており、治安がいいとはいえないエリアも。周囲の人物に常に気をつけて持ち物や財布から手を離さない、スマホに夢中にならないなど基本的なことが重要。ストライキやデモも頻発するのでインターネットやホテルのフロントなどで当日の情報収集も欠かさずに。

緊急時はどこへ連絡?

盗難やけがなど緊急の事態には警察や消防に直接連絡すると同時に、日本大使館にも連絡するように。

警察 ☎17
消防・救急 ☎15（有料）
大使館
在フランス日本国大使館
凱旋門周辺 **MAP** 付録P.5 F-3
☎01-48-88-62-00 🚇7 Avenue Hoche 8e 🌐www.fr.emb-japan.go.jp/
病院
パリ・アメリカン・ホスピタル
市街北西部 **MAP** 付録P.2 B-1
☎01-46-41-25-00（代表）
☎01-46-41-25-15（日本人セクション、9～18時）🚇63 Boulevard Victor Hugo 92200 Neuilly-Sur-Seine

病気・けがのときは?

海外旅行保険証に記載されているアシスタンスセンターに連絡するか、ホテルのフロントに医者を呼んでもらう。海外旅行保険に入っていれば、提携病院で自己負担なしで安心して治療を受けることができる。

パスポートをなくしたら?

① 最寄りの警察に届け、盗難・紛失届出証明書（Police Report）を発行してもらう。

② 証明書とともに、顔写真2枚、本人確認用の書類を用意し、在フランス日本国大使館に、紛失一般旅券等届出書を提出する。

③ パスポート失効後、「帰国のための渡航書」の発行を申請。渡航書には帰りの航空券（eチケット控えで可）が必要となる。「帰国のための渡航書」発行の手数料は€17、所要1～2日。

新規パスポートも申請できるが、発行に所要1週間、戸籍謄本（抄本）の原本が必要となる。手数料は、5年有効が€74、10年有効が€107。支払いは現金のみで、おつりも出ない。

クレジットカードをなくしたら?

不正利用を防ぐため、カード会社にカード番号、最後に使用した場所、金額などを伝え、カードを失効してもらう。再発行にかかる日数は会社によって異なるが、翌日～3週間ほど。事前にカード発行会社名、紛失・盗難時の連絡先電話番号、カード番号をメモし、カードとは別の場所に保管しておくこと。

現金・貴重品をなくしたら?

現金はまず返ってくることはなく、海外旅行保険でも免責となるため補償されない。荷物は補償範囲に入っているので、警察に届け出て盗難・紛失届出証明書（Police Report）を発行してもらい、帰国後保険会社に申請する。

 外務省 海外安全ホームページ＆たびレジ

外務省の「海外安全ホームページ」には、治安情報やトラブル事例、緊急時連絡先などが国ごとにまとめられている。出発前に確認しておきたい。また、「たびレジ」に渡航先を登録すると、現地の事件や事故などの最新情報が随時届き、緊急時にも安否の確認や必要な支援が受けられる。

旅のトラブル実例集

スリ

事例1 メトロの駅構内や路上でコインやハンカチを落としたり、背中に飲み物やクリーム状のものを付けられたりなど、気を取られている際に、後ろにいた共犯者から財布や貴重品を抜き取られる。

事例2 メトロ車内や買い物中に、背後からカミソリなどでバッグを切り裂き、中身を抜き取られる。

対策 多額の現金や貴重品はできる限り持ち歩かず、位置を常に意識しておく。支払いのときに、財布の中を他人に見えないようにする。バッグはいつも腕にかけてしっかりと抱え込むように持つ。

ぼったくり

事例1 空港から市内までのタクシーは固定料金にもかかわらず、メーター料金や高額料金を請求された。

事例2 シャンゼリゼ大通りのカフェで水道水を頼んだつもりが、ミネラルウォーターを開封され料金を取られてしまった。

対策 値段の相場を事前にきちんと調べておく、多額の現金の入った財布を見せないなど自己防衛術を身につける。タクシーに乗った時にレシートが欲しいことを伝えるとぼったくりの回避ができることも。

置き引き

事例1 写真撮影を頼まれ荷物を足元に置いたところ、いつの間にか荷物がなくなる。カフェや朝食のレストランで場所取りに置いたバッグがなくなるなど。

事例2 ホテルのチェックイン、チェックアウトのときに、足元に置いていた荷物を盗まれる。

対策 バッグやスマホなどは手から離さないことが鉄則。自分の持ち物を置いたままその場を離れて安心な場所などないと思って。

STAFF

● **編集制作** Editors
K&Bパブリッシャーズ K&B Publishers

● **取材・執筆** Writers
粟野真理子 Mariko Awano
テラオメグミ Megumi Terao

伊勢本ポストゆかり Yukari Isemoto-Posth
内野究 Kiwamu Uchino
篠原史紀 Fuminori Shinohara
蟹澤純子 Junko Kanisawa

● **撮影** Photographers
井田純代 Sumiyo Ida
井上実香 Mika Inoue

● **編集協力** Editor
村田幸子 Yukiko Murata

● **カバー・本文デザイン** Design
山田尚志 Hisashi Yamada

● **地図制作** Maps
トラベラ・ドットネット TRAVELA.NET
フロマージュ Fromage
宍田利孝 Toshitaka Shishida
山本眞奈美（DIG.Factory） Manami Yamamoto

● **表紙写真** Cover Photo
iStock.com

● **写真協力** Photographs
パリ観光局 Office de tourisme Paris
PIXTA
iStock.com
123RF

● **総合プロデューサー** Total Producer
河村季里 Kiri Kawamura

● **TAC出版担当** Producer
君塚太 Futoshi Kimizuka

● **エグゼクティヴ・プロデューサー**
Executive Producer
猪野樹 Tatsuki Ino

おとな旅プレミアム
パリ

2024年7月8日　初版　第1刷発行

著　　者	TAC出版編集部 (しゅっぱんへんしゅうぶ)	
発 行 者	多 田 敏 男	
発 行 所	TAC株式会社 出版事業部	
	（TAC出版）	

〒101-8383 東京都千代田区神田三崎町3-2-18
電話　03（5276）9492（営業）
FAX　03（5276）9674
https://shuppan.tac-school.co.jp

印　　刷	株式会社　光邦
製　　本	東京美術紙工協業組合

©TAC 2024　Printed in Japan　　　ISBN978-4-300-11279-3
N.D.C.293　　　　　　　　落丁・乱丁本はお取り替えいたします。